Checkliste
Psychiatrie

Checklisten der aktuellen Medizin

Herausgegeben von Alexander Sturm
Felix Largiadèr · Otto Wicki

Georg Thieme Verlag Stuttgart · New York

Checkliste Psychiatrie

Theo R. Payk

1988
Georg Thieme Verlag Stuttgart · New York

CIP-Titelaufnahme der Deutschen Bibliothek

Payk, Theo R.:
Checkliste Psychiatrie / Theo R. Payk. – Stuttgart ; New York :
Thieme 1988
(Checklisten der aktuellen Medizin)

Wichtiger Hinweis: Medizin als Wissenschaft ist ständig im Fluß. Forschung und klinische Erfahrung erweitern unsere Kenntnisse, insbesondere was Behandlung und medikamentöse Therapie anbelangt. Soweit in diesem Werk eine Dosierung oder eine Applikation erwähnt wird, darf der Leser zwar darauf vertrauen, daß Autoren, Herausgeber und Verlag größte Mühe darauf verwandt haben, daß diese Angabe genau dem **Wissensstand bei Fertigstellung des Werkes** entspricht. Dennoch ist jeder Benutzer aufgefordert, die Beipackzettel der verwendeten Präparate zu prüfen, um in eigener Verantwortung festzustellen, ob die dort gegebene Empfehlung für Dosierungen oder die Beachtung von Kontraindikationen gegenüber der Angabe in diesem Buch abweicht. Das gilt besonders bei selten verwendeten oder neu auf den Markt gebrachten Präparaten und bei denjenigen, die vom Bundesgesundheitsamt (BGA) in ihrer Anwendbarkeit eingeschränkt worden sind. Benutzer außerhalb der Bundesrepublik Deutschland müssen sich nach den Vorschriften der für sie zuständigen Behörde richten.

Printed in Germany
Satz und Druck: Druckhaus Dörr, Inhaber Adam Götz, D-7140 Ludwigsburg (Linotype System 5 [202])

ISBN 3-13-710201-4 4 5 6

Anschriften

Prof. Dr. med. Felix Largiadèr
Vorsteher des Departements Chirurgie
und Direktor der Klinik für Viszeralchirurgie
Universitätsspital
CH-8091 Zürich

Prof. Dr. med., Dr. phil. Theo R. Payk
Ärztlicher Leiter des
Zentrums für Psychiatrie
der Ruhr-Universität
Alexandrinenstraße 1–3
4630 Bochum

Prof. Dr. med. Alexander Sturm
Direktor der Med. Universitätsklinik
Ruhruniversität Bochum
Klinikum Marienhospital
4690 Herne/Westf.

Dr. med. Otto Wicki
Chefarzt der Chirurgischen Abteilung
Kantonales Spital
CH-6110 Wolhusen

Vorwort der Herausgeber

Die Checklisten der aktuellen Medizin sollen als Informations- und Nachschlagewerk dienen. Durch ihr handliches Format sind sie immer griffbereit und erlauben dem Arzt eine rasche Orientierung über:

- wesentliche Haupt- und Nebensymptome einer Erkrankung,
- notwendige und wichtige Untersuchungen zu ihrer Diagnostik,
- konservative und evtl. chirurgische Therapiemöglichkeiten,
- differentialdiagnostische und differentialtherapeutische Überlegungen bei schwierigen und wesentlichen Krankheitsbildern.

Die Checklisten wollen und können ein diagnostisches Handbuch oder ein großes Lehrbuch nicht ersetzen; sie sollen als übersichtliche Gedächtnisstütze dienen. Zur straffen, aber nicht vereinfachenden Gliederung wurden die meisten Angaben nur stichwortartig formuliert. Bewußt wurde zugunsten einer übersichtlichen praxis- und kliniknahen Aktualität in Diagnostik und Therapie der Nachteil fehlender Literaturhinweise und der Verzicht auf die Beschreibung sehr seltener Krankheitsbilder in Kauf genommen.
Die Checklisten sind vornehmlich bestimmt für die Klinikärzte, die auf dem im einzelnen abgehandelten Fachgebiet nicht spezialisiert sind, für niedergelassene Ärzte aller Fachrichtungen sowie für fortgeschrittene Studenten. Die Checkliste gliedert sich in 3 Teile:

- Der 1. Teil (graue Balken) beschreibt Untersuchungstechniken in Praxis und Klinik.
- Der 2. Teil (blaue Balken) behandelt Ätiologie, Pathogenese und klinische Symtomatologie, zur Diagnose führende Befunde und Untersuchungsmethoden, evtl. Differentialdiagnose sowie die konservative Therapie der einzelnen Krankheitsbilder.
- Der 3. Teil (rote Balken) enthält – soweit für das besprochene Fachgebiet notwendig – kurze Hinweise zur möglichen Operationsindikation, Operationsprinzip und -technik sowie Hinweise für intensivtherapeutische Maßnahmen.

Bisher erschienen folgende Checklisten:

- Konservative Medizin: Gefäßsystem/Hypertonie, Endokrinologie und Stoffwechsel, Intensivmedizin, Onkologie, Gastroenterologie, Hämatologie, Pneumologie, Dermatologie und Venerologie, Bildgebende Verfahren.
- Operative Fächer: Urologie, viszerale Chirurgie, Gynäkologie, Geburtshilfe, Orthopädie, Traumatologie, Kinderchirurgie, ambulante Chirurgie, Gipstechnik.

Die Fachgebiete Kardiologie, neurologische Notfälle und Arbeitsmedizin sind in Bearbeitung.
Die Herausgeber der aktuellen Checklisten und der Verlag haben lange überlegt, ob auch das Fachgebiet Psychiatrie in Form einer Checkliste abgehandelt werden kann, da dieses Gebiet im Vergleich zu den anderen konservativen und operativen Fächern ein kleineres diagnostisches Instrumentarium beinhaltet und zum anderen auch die

Therapiemethoden nicht immer allgemein anerkannt und von einzelnen „Schulrichtungen" unterschiedlich gesehen werden. Darüber hinaus ist die Psychiatrie in Diagnostik und Therapie im wesentlichen Teil charakterisiert durch verbale Kommunikationen, die im Stil einer Checkliste schwierig wiederzugeben sind. Der Autor, Herr Professor Payk, und die Herausgeber haben zur Lösung dieser Probleme viele Gespräche geführt. Wir sind der Überzeugung, daß es dem Autor gelungen ist, das große Fachgebiet der Psychiatrie fachspezifisch in der Charakteristik der Checklisten darzustellen. Wir hoffen daher, daß sich auch die Checkliste Psychiatrie an die großen Erfolge der Vorgänger anschließen kann.
Wir sind dem Georg Thieme Verlag, insbesondere den Herren Dr. h.c. G. Hauff und Dr. D. Bremkamp für die tatkräftige Förderung und Realisierung dieses gemeinsam erarbeiteten Konzeptes sehr zu Dank verpflichtet.

Herne/Bochum, Zürich, Wolhusen,
November 1987

Alexander Sturm
Felix Largiadèr
Otto Wicki

Vorwort des Verfassers

Die Erstellung eines Textes, der – nach Art einer Checkliste – in knapper Form, ja stichwortartig die wesentlichen diagnostischen und therapeutischen Methoden der Psychiatrie, deren Krankheitslehre und psychopathologischen Grundlagen enthalten soll, erschien auf den ersten Blick als beinahe abenteuerliches Unterfangen.
Auf der einen Seite ist nämlich psychiatrische Tätigkeit aufgrund ihrer ebenso spezifischen wie intensiven Auseinandersetzung mit dem psychisch Kranken in Diagnostik und Therapie gekennzeichnet durch ein hohes Maß an sprachlich-kommunikativer Redundanz. Andererseits ist nicht zu übersehen, daß der „Gegenstand" der Psychopathologie, das krankhaft veränderte Erleben und Verhalten, oft nur unzulänglich klar und eindeutig wahrzunehmen, zu beschreiben, zu definieren und zu übermitteln ist; die Methoden der Psychiatrie entziehen sich häufig einer sinnvollen Operationalisierung.
Daß nun dennoch eine einigermaßen übersichtliche und hoffentlich auch verständliche, dem Bedürfnis nach rascher Information entgegenkommende Synopsis zur klinischen Alltagspsychiatrie vorgelegt werden kann, verdankt der Verfasser nicht zuletzt den geduldigen Herausgebern der „Checklisten der aktuellen Medizin", insbesondere Herrn Prof. A. Sturm, sowie dem Thieme Verlag, der sich in besonders kooperativer Weise der Ausgestaltung und Drucklegung angenommen hat.
Der Leser indessen wird um Nachsicht gebeten für die unvermeidlichen, vielleicht aber auch vermeidbaren Unzulänglichkeiten, die aus dem Kompromiß zwischen anspruchsvollem Inhalt und komprimierter Darstellung resultieren.

Bochum, Herbst 1987 Theo R. Payk

Inhaltsverzeichnis

Anmerkungen

Unerläßliche Voraussetzung für eine wirksame und rationelle Behandlung psychischer Störungen ist deren *diagnostische Abklärung*. Im Gegensatz zur Organmedizin stützt sich jedoch das Erkennen psychischer Erkrankungen weniger auf apparative Untersuchungstechniken als vielmehr auf die durch einen hohen Grad an Interaktion mit dem Patienten gekennzeichneten Methoden zur *Exploration, Verhaltensbeobachtung* und *Anamneseerhebung*.

Psychiatrische Diagnostik verläuft mehrdimensional: Während sich die *sprachliche Verständigung* auf die inhaltlich-begriffliche Seite der mitgeteilten Symptome bezieht (digitale Kommunikation), umfaßt die *nonverbale Kommunikation* die Registrierung des äußeren Verhaltens (analoge Kommunikation). Hierzu gehören *Gesamteindruck* und *allgemeine Psychomotorik, Gestik, Mimik* und *Sprechweise* sowie *Verhalten in der Gruppe*. Die gewonnenen Informationen können differieren: sie müssen dann überprüft und gegebenenfalls gewichtet werden. Auf die zusätzliche körperliche Untersuchung des Patienten sollte nie verzichtet werden.

Ergänzt wird das Untersuchungsprogramm durch *labormedizinische Methoden* wie auch mit Hilfe *psychologischer Testverfahren*.

Kernstücke der Diagnostik bildet die Erhebung des aktuellen *psychopathologischen Befundes*. Dieser setzt sich zusammen aus der Beschreibung der einzelnen psychischen Elementarfunktionen wie *Bewußtseinslage, Orientiertheit, Antriebsverhalten, Motorik, kognitive Leistungen* und *affektive Besonderheiten* (s. Lehrbücher der Psychopathologie).

Der Gesamtbefund stellt jedoch mehr dar als nur die Summe der einzelnen Erlebens- und Verhaltensdimensionen: hinzu tritt immer auch der *Globaleindruck der Persönlichkeit* mit gestalthaften und ganzheitlichen Qualitäten.

Die nur annäherungsweise beschreibbaren, auf vorbewußter Ebene ablaufenden Anmutungen und Eindrücke, die dem individuellen psychischen Befund ihre besondere Färbung verleihen, können durch Gegenübertragungsprozesse oder anderweitige, dem Untersucher nicht bewußte Besonderheiten seiner subjektiven Wahrnehmung *verzerrt* werden. Diese Gefahr, die einen Verlust an diagnostischer Objektivität und Distanz bedeuten kann, läßt sich anhand von Vergleichen interindividueller Untersuchungsergebnisse belegen. Sie sollte erkannt, reflektiert und durch Supervision *kontrolliert* werden.

Unstrukturierte Befragung

Definition

Als „ärztliches Gespräch" *Standarduntersuchungsmethode* in Form eines ausführlichen Gesprächs mit dem Patienten. Ziele sind die Bestandsaufnahme der subjektiven Beschwerden und die Ermittlung des aktuellen psychopathologischen Befundes (s. a. S. 305).

Prinzip

- Diese klassische klinische *Routineuntersuchung* dient der raschen, wenn oft auch nur vorläufigen diagnostischen und differentialdiagnostischen Orientierung insbesondere bei akuteren psychiatrischen Krankheitsprozessen. Die Informationssammlung kann bedarfsgerecht mehr global oder mehr detailliert gestaltet werden.

Durchführung

- Anzustreben ist ein *nur wenig gelenktes Explorationsgespräch* in ungezwungener, ungestörter und vertrauensbildender Atmosphäre. Der hinreichend orientierte und kommunikationsfähige Patient sollte sich frei und ohne Zeitdruck äußern können. Der Untersucher richtet seine Aufmerksamkeit in erster Linie auf die Phänomenologie, weniger auf Pathogenese und mögliche psychodynamische Hintergründe der Symptome und Beschwerden. Therapeutisch wirksam kann bereits die Entlastung infolge der Aussprache werden. Die *Gesprächsdauer* sollte 50–60 Min. nicht übersteigen.

Aussage

- Bei gutem Einfühlungsvermögen und beruflicher Erfahrung besitzen die gewonnenen Informationen eine ausreichende diagnostische Valenz; manchmal gelingt eine verläßliche Diagnose bereits nach kurzer Kontaktaufnahme.
- Auf der anderen Seite kann es infolge der hohen subjektiven Evidenz des ersten Eindrucks sowie von Gegenübertragungsprozessen zu Wahrnehmungs- und Interpretationsverfälschungen kommen. Bei weniger Geübten sind daher dringend Nachuntersuchung und Supervision erforderlich; auf jeden Fall ist eine Absicherung durch fremdanamnestische Angaben anzustreben.

Definition

Untersuchungsmethode der klinischen Psychiatrie in Form *gezielter Befragung* des Patienten, die sich an einer bestimmten Intention des Untersuchers orientiert.

Prinzip

- Hinsichtlich der Thematik und der Inhalte *mehr oder weniger gelenktes Gespräch* mit vorgegebener Zielrichtung, unter Umständen auch im Rahmen strafferer zeitlicher Begrenzung.

Durchführung

- Die strukturierte Befragung eignet sich vor allem bei wiederholten Nachuntersuchungen zur Verlaufsbeobachtung einer Erkrankung mit dem Ziel, Umfang, Ausprägung und Intensität bestimmter Symptome oder Syndrome gezielt zu verfolgen und in ihrem Verlauf zu vergleichen. Die Patienten müssen ausreichend reflexions- und kommunikationsfähig sein und sich verständlich äußern können. Die *Dauer* sollte 40–50 Min. nicht übersteigen.

Aussage

- Bei bereits gesicherter Diagnose bzw. zur Überprüfung der Differentialdiagnose ist diese Untersuchungsmethode *ausreichend zuverlässig*. Die Validitätsproblematik liegt hier weniger in der Gefahr von Wahrnehmungs- und Urteilsverzerrungen als in einer möglichen Verfestigung einer vorgefaßten diagnostischen Meinung. Auch hier sind daher Gegenkontrollen und Supervision durch Fachkollegen empfehlenswert.

Erstinterview

Definition

Frei flottierendes, eher breit angelegtes *Gespräch,* das vor allem in der *tiefenpsychologisch* orientierten Psychotherapie Verwendung findet (s. S. 316).

Prinzip

- Diese *Regeluntersuchungsmethode* der dynamischen Psychiatrie bzw. aller klassischen Psychotherapieformen dient der Aufdeckung der Entstehungsbedingungen und Entwicklung psychischer Störungen, insbesondere solcher erlebnisreaktiver Art.
- Der tiefere Einstieg in die Psychodynamik berührt immer auch schon therapeutische Aspekte auf der Basis der sich entwickelnden Übertragungseinwirkungen.

Durchführung

- Vom Untersucher wird das Gespräch hinsichtlich der Themen kaum gelenkt; die Initiative liegt beim Patienten. Obgleich es auch keine schärfere zeitliche Begrenzung gibt, liegt die *Dauer* im allgemeinen um 90 Min.
- Die Atmosphäre muß weitgehend ungestört und von gegenseitigem Vertrauen geprägt sein. Der Untersucher bemüht sich um einen umfassenden Eindruck über Persönlichkeit, Biographie wie auch aktuelle Symptomatik des Patienten. Erforderlich ist dessen volle Kommunikationsfähigkeit und -bereitschaft.

Aussage

- Je nach Introspektionsfähigkeit und Verbalisationsvermögen des Patienten verschafft sich der Untersucher ein möglichst geschlossenes Bild über Persönlichkeit und Lebenslauf und die daraus abzuleitenden pathogenetischen Faktoren. Die so gewonnene *biographische Anamnese* sollte die spezifischen dynamischen Krankheitsfaktoren weitgehend authentisch beinhalten (s. S. 17).
- Da der Gesprächsverlauf vom Patienten bestimmt wird, sind Informationsdefizite oft nicht zu vermeiden, die in weiteren Sitzungen auszugleichen sind.

Definition

Einzelbefragung als eher *einseitige Erhebungsmethode,* bei der Art, Inhalt und Umfang der Fragen weitgehend vom Untersucher bestimmt werden.

Prinzip

- Infolge der zweckgebundenen Zielsetzung wird der Kommunikationsprozeß zwischen Untersucher und Patienten *asymmetrisch,* läßt aber noch Spielraum für Abweichungen zu. Die atmosphärischen Bedingungen treten eher in den Hintergrund. Der Fragenkatalog liegt mehr oder weniger fest; die Antworten dienen meist größeren Datenerhebungen etwa zu Forschungszwecken.

Durchführung

- Im Gegensatz zur unstrukturierten Befragung ist diese Untersuchungsmethode durch eine wesentlich ökonomischere Informationsgewinnung gekennzeichnet, die sich auch in der strafferen Gesprächsführung mit thematischer Leitlinie widerspiegelt. Die Antworten werden nur stichwortartig festgehalten; die *Gesprächsdauer* liegt um 30–40 Min. Die Patienten müssen voll orientiert und kommunikationsfähig sein.

Aussage

- Im Vergleich zu den vorhergenannten Untersuchungsverfahren *bessere Objektivität* und *höhere Operationalisierbarkeit;* die Einbeziehung statistischer Methoden zur Auswertung ist möglich und wird auch meist angestrebt.
- Demgegenüber werden nicht abgefragte Symptome kaum erreicht, da der Antwortspielraum des Patienten erheblich reduziert ist.

Standardisiertes Interview

Definition

Zielgerichtete Befragung des Patienten mittels nach Anzahl und Inhalt fest vorgegebener Items.

Prinzip

- Diese am meisten *standardisierte Explorationsform* hat die Erfassung bestimmter, vorformulierter psychopathologischer Daten zum Ziel. Große Ähnlichkeit besteht mit psychologischen Tests durch Übernahme der entsprechenden Reliabilitäts- und Validitätskriterien. Ziel ist eine besonders hohe Objektivität und Vergleichbarkeit zu Forschungszwecken etwa bei multizentrischen Studien oder zur Aufstellung systematisierter Therapie- und Trainingsprogramme.

Durchführung

- Der Patient wird mit Hilfe eines Fragenkatalogs untersucht; die Antworten sind im Extremfall nur noch bejahend oder verneinend gestaltet. Die Patienten müssen nicht nur voll orientiert und kommunikationsfähig sein, sondern auch hinsichtlich ihrer Antworten korrekt und motiviert. Im Gegensatz zu den anderen Gesprächsformen wird die Herstellung eines therapeutischen Klimas nicht angestrebt. Die *Interviewdauer* liegt in der Regel um 30 Min.

Aussage

- Diese sehr spezielle Untersuchungstechnik, die der empirischen Sozialforschung entstammt, ist gekennzeichnet durch standardisierte, einfache Auswertungsmöglichkeiten, deren Resultate statistisch bearbeitet werden können. Die Befunde sind weitgehend *unabhängig* vom Untersucher und anderen Variablen. Andererseits besteht ein erheblicher Informationsverlust infolge des einseitigen Abfragens; einige Beiträge des Patienten gehen im allgemeinen verloren.

Definition

Durch Skelettsystem und Muskulatur geprägte körperliche *Gesamterscheinung,* die durch psychische Einflüsse mitbestimmt wird.

Prinzip

- Seelische Faktoren wirken über das Vegetativum auf Gefäß- und Muskeltonus ein, die ihrerseits die Körperhaltung beeinflussen. Aus letzterer lassen sich daher in gewissem Umfang Hinweise auf allgemeine *Befindlichkeit, Aktivitätsniveau, Selbstwertgefühl, Stimmungslage u. ä.* gewinnen.

Anwendung

- Die Beurteilung der Körperhaltung stellt einen wesentlichen Teil der *Verhaltensbeobachtung* dar. Die Registrierung von Gesamterscheinung und Ausdrucksverhalten des Patienten samt mehr oder weniger bewußter Deutung begleitet die klinische Diagnostik von der ersten Kontaktaufnahme an. Im Gegensatz zu den gesprächsgebundenen Untersuchungsmethoden ist die Kommunikationsfähigkeit oder -willigkeit des Untersuchten nicht zwingend erforderlich.

Aussage

- Unter der Vorstellung, daß eine bewußte oder unbewußte Verfälschung von Ausdrucksverhalten über längere Zeit nur schwer möglich ist, erscheint die diagnostische Valenz der Beurteilung von Körperhaltung wie auch anderer Ausdrucksträger – bei geschulter Wahrnehmung – als durchaus *ergiebig.*
- Zu beachten sind jedoch Veränderungen der körperlichen Erscheinung infolge organischer, insbesondere orthopädischer und neurologischer Erkrankungen, die keine seelische Ausdrucksbedeutung besitzen.

Gestik (Pantomimik)

Definition

Im Gegensatz zur statischen Körperhaltung dynamische, expressive *Bewegungskomplexe der Gliedmaßen,* vor allem der Hände.

Prinzip

- Aus der Wahrnehmung der Körperbewegungen wird auf wahrscheinlich zugrundeliegende seelische *Antriebs-, Stimmungs-* und *Aktivitätsimpulse* geschlossen.

Anwendung

- Die gezielte Wahrnehmung des gestikulatorischen Verhaltens wird als wichtige *diagnostische Hilfe* bei allen psychischen Erkrankungen einbezogen, die mit voluntativen, emotionalen und kommunikativen Beeinträchtigungen einhergehen.

Aussage

- Bei Patienten, die nicht verbal kommunikationsfähig sind (z. B. im Stupor, bei Sprachstörungen oder hirnorganischen Ausfällen), stellt die Beurteilung der Gestik und Mimik oft den *wichtigsten diagnostischen Zugang* dar. Der Aussagegehalt wird um so dürftiger, je mehr seelisch *nicht* fundierte, unwillkürliche motorische Abläufe infolge organischer Störungen *(z. B. extrapyramidale Hyperkinesen, Tics oder andere Zwangsbewegungen)* vorliegen.
  Gestikulatorische und mimische Auffälligkeiten (z. B. Automatismen, Echopraxie, Katalepsie oder Manieriertheit) treten vorrangig bei schizophrenen Psychosen auf (s. S. 153 ff.).

Definition

Aufeinander abgestimmte, zielgerichtete *Bewegungsabläufe* des Körpers und der Gliedmaßen als Folge des Zusammenwirkens psychischer, neuronaler und muskulärer Faktoren.

- Hiervon zu unterscheiden ist die *Motilität* als Ausdruck der allgemeinen Beweglichkeit.

Prinzip

- Die Erfassung und Beurteilung der psychisch organisierten Bewegungsabläufe erfolgt unter dem Aspekt ihres Ausdrucksgehaltes bzw. der Prägung durch die *Gesamtpersönlichkeit* samt ihrer *Antriebsgerichtetheiten* und *Motivationen*.

Anwendung

- Die Wahrnehmung und Beurteilung der Psychomotorik stellt – außer bei neurologischen – auch bei allen seelischen Erkrankungen eine *wichtige Untersuchungsmethode* dar.
- Zu achten ist hier insbesondere auf die zielgerichtete und kontrollierte Steuerung der Bewegungsabläufe bzw. deren Beeinträchtigungen in Form von *Unruhe, Hektik, Fahrigkeit, Ziellosigkeit, Unkoordiniertheit, Iteration, Gebundenheit* und *Erstarrung.* Die Beurteilung der *Handschrift* gehört ebenfalls in diesen Bereich.

Aussage

- Veränderungen der Psychomotorik zeigen sich im psychiatrischen Bereich vor allem bei *Bewußtseins-, Antriebs- und Willensstörungen,* aber auch bei *emotionalen* und *kognitiven* Steuerungsschwächen.

  Darüber hinaus können sie als *Begleitwirkungen* psychopharmakologischer Behandlung auftreten (Tremor, extrapyramidale Störungen und Tonusveränderungen der Muskulatur mit Einbußen an Feinmotorik und Modulation s. S. 280ff.).

Physiognomie

Definition

Allmählich geprägter, „gewachsener“ und überdauernd gewordener *Gesichtsausdruck,* unabhängig von der Fluktuation der Gesichtszüge im Mienenspiel.

Prinzip

- Kontinuierlich einwirkende, habituelle *Gestimmtheiten* und *Befindlichkeiten* können Einfluß auf die Physiognomie nehmen, wenn sich bestimmte mimische Attitüden allmählich verfestigen. Hieraus können rückwirkend Vermutungen hinsichtlich der zugrundeliegenden Prägungen angestellt werden.

Anwendung

- Ziel der Beobachtung ist der hinter dem aktuellen Mienenspiel liegende *Gesichtsausdruck,* der vom Untersucher bewußt wahrgenommen und „entschlüsselt“ wird.

Aussage

- Die diagnostische Valenz ist umstritten und daher *kritisch zu bewerten.*
  Die vermeintliche „Denkerstirn“ oder das „brutale Kinn“ stellen keine psychopathologisch verwertbaren Kriterien dar; sowohl angeborene wie erworbene Knochen-, Muskel- und Hautveränderungen können mit physiognomischen Besonderheiten einhergehen, denen keine der vermuteten besonderen seelischen Eigenschaften zugrunde liegt *(Pseudoexpressivität).*

Definition

Im Gegensatz zur Physiognomie Dynamik des *Mienenspiels* als Ausdruck ständig wechselnder Innervation von Muskulatur und Hautdurchblutung.

Prinzip

- Ausgegangen wird von einer *Widerspiegelung seelischer Qualitäten* im mimischen Ausdrucksverhalten, das als unreflektiertes Anmutungserlebnis vom Untersucher registriert und eingeordnet wird. Es beruht auf der engen Verkoppelung von lust- und unlustbetonten Gefühlen mit zentralnervösen Vorgängen. Hauptausdrucksträger sind die Stirn-, Augen- und Mundregion.

Anwendung

- Im Bereich der *nonverbalen Untersuchungsmethoden* nimmt die Beurteilung der Mimik eine zentrale Rolle ein. Die Betrachtung und Deutung der mimischen Äußerungen läßt Rückschlüsse auf Gemütszustände und Gestimmtheiten zu, die nicht verbal geäußert werden. Insbesondere pflegen sich *depressive, ängstliche* und *aggressive* wie auch *wahnhafte* Inhalte in der Mimik widerzuspiegeln.

Aussage

- Bei geschulter Wahrnehmung und gutem Einfühlungsvermögen kann mit einer *hohen diagnostischen Validität* gerechnet werden, die jedoch nicht objektivierbar ist. Die Ergiebigkeit der Verwertung des Ausdrucksverhaltens ist hinsichtlich ihrer diagnostischen Bedeutung nur schwer abgrenzbar von anderweitig gewonnenen Informationen.
- Verfälschte Rückschlüsse können entstehen bei einer Entkoppelung von mimischem Ausdruck und vermuteten Affekten, wie dies bei zentralnervösen und Muskelerkrankungen vorkommt (z. B. als *Zwangslachen* oder *Zwangsweinen* bei hirnorganischen Erkrankungen oder als *Paramimie* bei schizophrenen Psychosen), aber auch in Form von Grimassieren bei Oligophrenie und Schizophrenie (Faxen-Syndrom).

Phonik

Definition

Art und Weise des *Sprachausdrucks* und des *Sprechverhaltens*.

Prinzip

- Das Sprechverhalten umfaßt *Lautstärke, Betonung, Deutlichkeit, Modulation* und *Tonfall* des Sprechens; es wird weitgehend durch psychische Vorgänge mitbestimmt. Die Registrierung und Analyse von Sprechweise und Sprachausdruck lassen somit Rückschlüsse auf die seelische Befindlichkeit zu. Insbesondere bestehen enge Beziehungen zu *Motivation, Antriebsverhalten* und *Stimmungslage*.

Anwendung

- Die Aufnahme und Beachtung des Sprechverhaltens gehören zur stets mitlaufenden *Verhaltenswahrnehmung* des Patienten bei allen verbalen Interaktionen. Voraussetzungen sind Bereitschaft und Fähigkeit des Patienten, sich hörbar mitzuteilen.

Aussage

- Von diagnostischer Bedeutung sind funktionelle Sprachstörungen wie *Stottern* oder *Stimmlosigkeit (Aphonie)* bei neurotischen Erkrankungen. *Stammeln, Poltern oder Lispeln* können Begleiterscheinungen hirnorganischer Leistungsschwäche sein.
- Sprechstörungen aufgrund innerer Gehemmtheit *(Logophobie)* können bis zum *Mutismus* reichen.
- Eine *Logorrhö* hingegen spiegelt einen Verlust von sprachlicher Selbstkontrolle wider, der emotional wie auch hirnorganisch bedingt sein kann.

  (Von den Veränderungen des Sprachausdrucks bzw. den psychogenen Sprechstörungen sind krankhafte Beeinträchtigungen der *Sprachinhalte* zu unterscheiden wie z. B. *wahnhafte Äußerungen, Neologismen, Echolalie* und *Sprachzerfall* bei Psychosen.)

Definition

Schwer analysierbares, *ganzheitliches Anmutungserlebnis* bezüglich der gesamten Erscheinung einer Person, das aus dem Zusammenwirken der seelischen und körperlichen Funktionen resultiert.

Prinzip

- Aus dem summarischen, aber durchaus gestalthaften Gesamteindruck wird global auf *Persönlichkeit* bzw. *Persönlichkeitsveränderungen* geschlossen.

Anwendung

- Die Wahrnehmung und Bewertung des äußeren Erscheinungsbildes des Patienten stellt einen wichtigen Bestandteil der psychopathologischen Beurteilung dar, insbesondere dann, wenn Abweichungen in Richtung *Ungepflegtheit, Verwahrlosung, Kommunikationsstörungen, Verschrobenheit, Unreife u. a.* zu registrieren sind.

Aussage

- Der Gesamteindruck vermittelt unreflektiert eine innere Bewertung der Persönlichkeit des Untersuchten, die durch eine *hohe subjektive Evidenz* gekennzeichnet ist, aber sich andererseits nur mangelhaft wissenschaftlich überprüfen läßt.
  Zu berücksichtigen sind Abhängigkeiten von aktuell-modischen und kulturellen Einflüssen, insbesondere hinsichtlich des Auftretens und Benehmens wie auch der Kleidung.
- Gröbere Beeinträchtigungen werden am häufigsten gesehen bei hirnorganischen *Abbauvorgängen, Suchterkrankungen, Persönlichkeitsstörungen und chronischen Psychosen.*

Familienanamnese

Definition

Ermittlung und Bewertung von Erkrankungen bei blutsverwandten *Familienmitgliedern* bzw. innerhalb der *Sippe.*

Prinzip

- Die Familienanamnese kann *wichtige Hinweise zur Diagnose* bei psychiatrischen Erkrankungen liefern, die durch genetische Faktoren (mit-)verursacht werden.

Durchführung

- Der Patient bzw. dessen Angehörige werden auf Erkrankungen und Lebensalter – ggf. Todesursache – bei *Geschwistern, Eltern und Großeltern* sowie anderen *Blutsverwandten* angesprochen.

Aussage

- Aus vollständigen und korrekten familienanamnestischen Angaben lassen sich diagnostische Hinweise auf *Erkrankungen mit hereditärer Belastung* gewinnen wie z. B. *endogene Psychosen, degenerative Systemerkrankungen* oder *Persönlichkeitsstörungen.*
  Bei älteren Patienten ist allerdings mit größeren Erinnerungslücken zu rechnen; oft fehlen überhaupt Kenntnisse über Erkrankungen und Todesursachen vorausgegangener Generationen.
- Dem Patienten selbst nicht bekannt oder nicht selten verschwiegen werden *Suizidversuche und Suizide, Suchterkrankungen* und *Oligophrenien* in der weiteren Familie.

Definition

Die weitere Anamnese umfaßt über die spezielle Vorgeschichte hinaus alle anderen bedeutsamen *früheren Erkrankungen* des Patienten.

Prinzip

- Die Ergänzung der Krankheitsgeschichte durch zusätzliche Beiträge *auch über andere Krankheiten* dient der Vervollständigung aller Angaben, die für die psychiatrische Diagnostik und Therapie Bedeutung haben könnten.

Durchführung

Obgleich die Erhebung der weiteren Anamnese im Rahmen der strukturierten Exploration einen weniger großen zeitlichen Umfang einnimmt, sollte darauf nicht verzichtet werden.

- Bedeutung für den psychiatrischen Bereich haben insbesondere *prä- und perinatale Komplikationen* sowie auch alle späteren Erkrankungen, welche mit *Schädigungen des zentralen Nervensystems* in Verbindung gebracht werden können.

Aussage

Bei kritischer Einordnung wird die weitere Anamnese zu einem *wichtigen Bestandteil* der gesamten Krankheits- und Lebensgeschichte und trägt vor allem zur Beurteilung von Art und Entwicklung der jetzigen Erkrankung bei, wenn Interferenzen zu letzterer vermutet werden.
Auch hier erscheint eine Absicherung durch *fremdanamnestische Angaben* erforderlich.

Spezielle Anamnese

Definition

Vorgeschichte der *psychiatrischen Erkrankung,* derentwegen der Patient *jetzt* zur Untersuchung und Behandlung kommt.

Prinzip

- Aus der möglichst vollständig zu erfassenden Krankheitsvorgeschichte lassen sich unentbehrliche diagnostische Hinweise zu *Entstehung, Ablauf* und *Form* der jetzigen Erkrankung gewinnen.

Durchführung

- Die spezielle Anamnese ist qualitativ und quantitativ im Rahmen der *Untersuchungsexploration* sorgfältig zu entwickeln und in Stichworten festzuhalten. Fehlende Daten sind möglichst durch fremdanamnestische Angaben zu ergänzen.
  Die Verwendung von Tonträgern sollte eine Ausnahme bleiben; sie bedarf überdies der Einwilligung des Patienten.

Aussage

In der Regel läßt sich aus spezieller Anamnese und aktuellem psychopathologischem Befund zumindest die Verdachtsdiagnose stellen.

- Wenn die gewonnenen Informationen divergieren, ist zu berücksichtigen, daß der Patient seine eigene Krankheitsvorgeschichte aus der momentanen subjektiven Befindlichkeit heraus schildert. Hieraus können *Wahrnehmungsverzerrungen* resultieren; so schildern depressive Patienten z. B. ihre Vorgeschichte meist negativer, als dies tatsächlich war.
- Die Ermittlung des *Erkrankungsbeginns* erscheint insofern wichtig, als einige psychische Erkrankungen an bestimmte Lebensalter gebunden sind. So sind z. B. *Hebephrenie, Drogenabhängigkeit* und *Verhaltensstörungen* eher Erkrankungen des *jüngeren Lebensalters,* während *endogene Psychosen anderer Art, Alkoholismus* und *Neurosen* meist im *mittleren Lebensalter* auftreten. *Hirnorganische Störungen* und *Involutionspsychosen* zeigen sich im höheren Lebensalter.

Definition

Ausführliche Erhebung der *Lebensgeschichte* des Patienten.

Prinzip

- Neben der speziellen Anamnese stellt die Biographie den psychiatrisch wichtigsten Teil der *Vorgeschichte* dar. Es ist davon auszugehen, daß einerseits viele psychische Erkrankungen durch Besonderheiten der *frühkindlichen Entwicklung* und des *späteren Lebensweges* verursacht, in Gang gesetzt oder geprägt werden können, wie sie auch umgekehrt den Lebenslauf entscheidend zu gestalten vermögen.

Durchführung

- Die Erhebung der biographischen Anamnese nimmt gewöhnlich einen *recht breiten zeitlichen Raum* ein. Es kann daher hilfreich sein, den Patienten zusätzlich um eine Niederschrift seines Lebenslaufes zu bitten. Eine zusätzliche Absicherung durch Fremdangaben über Angehörige, Bekannte, Freunde oder Arbeitskollegen ist anzustreben.
  Insgesamt erscheint von Wichtigkeit die Klärung von Zusammenhängen von Lebensgeschichte und Erkrankungsbeginn, -art und -verlauf.
- Schwerpunktmäßig zu erfassen sind: *Atmosphäre* und *Milieu der Kindheit* und der *frühkindlichen Entwicklung. Soziale Herkunft* und *berufliche Verhältnisse der Eltern.* Verhältnis zu den *Geschwistern. Schulbesuch und eigene Berufswahl* wie auch *berufliche Entwicklung. Freundschaften* und *Partnerschaften einschließlich Sexualität.* Schließlich Situation der *eigenen Familie* sowie *private* und besondere *berufliche Belastungen. Wirtschaftliche Verhältnisse* und *Sozialkontakte. Wohnungswechsel. Weitere Lebensplanung.*

Aussage

Die Kenntnis biographischer Fakten ist wichtig zur Beurteilung der *Krankheitsentwicklung;* sie dient ferner dem Aufbau von *Behandlungsstrategien* psychotherapeutischer und sozialpsychiatrischer Art.

Fremdanamnese

Definition

Angaben zur Erkrankung des Patienten von Personen, die mit ihm *näher bekannt* sind.

Prinzip

- Erst durch zusätzliche fremdanamnestische Informationen von Angehörigen oder anderen Bezugspersonen sind oft *verläßliche Hinweise* zum Krankheitsgeschehen bzw. zur Symptomatik zu gewinnen, vor allem dann, wenn der Patient selbst nur unvollständige oder gar keine Angaben machen will oder kann.

Durchführung

- Die nächsten Kontaktpersonen sind in die Erstuntersuchung einzubeziehen; bei einem *bewußtseinsgestörten* oder *stuporösen Patienten* sind deren Angaben unerläßlich.
- Beobachtungen Dritter sind ferner wichtig, wenn der Patient selbst *vermindert krankheitseinsichtig* oder zur *kritischen Selbstbeobachtung* und *-beurteilung nicht in der Lage ist.*
- Zu den fremdanamnestischen Angaben gehören auch ärztliche Berichte aus früheren Behandlungen u. ä.

Aussage

Der *Informationsgewinn* der Fremdanamnese ergibt sich aus den patientenunabhängigen Mitteilungen.

- Die eigenen Angaben des Patienten sind mit den fremdanamnestischen Daten nicht immer in Einklang zu bringen: *Beschönigende* oder *aggravierende zweckgerichtete Angaben* kommen vor, wenn eine enge Beziehung zum Patienten zu emotional getönten Wahrnehmungsverzerrungen geführt hat oder wenn persönliche Interessen Dritter miteingebracht werden.

Definition

Beobachtung und Beschreibung einer Erkrankung über einen *längeren Zeitraum.*

Prinzip

- Das Zurückverfolgen der Krankheit von ihren ersten Anfängen an und die weitere Beobachtung ihres Verlaufs hat zum Ziel, nähere *diagnostische Aufschlüsse* zu erhalten und vor allem Anhaltspunkte für die *weitere Prognose* zu gewinnen.

Durchführung

- Während der (ambulanten oder stationären) Behandlung wird der *Krankheitsverlauf* kurz, aber möglichst prägnant festgehalten, ggf. unter Einbeziehung fremdanamnestischer Angaben.
Die Verlaufsbeurteilung orientiert sich wie auch die übrige Diagnostik an der Untersuchungsdichotomie „subjektives Befinden – objektiver Befund".

Aussage

- Eine verläßliche Katamnese erleichtert prognostische Aussagen hinsichtlich des weiteren Krankheitsverlaufs, was z. B. bei *degenerativen Erkrankungen, endogenen Psychosen und Süchten* bedeutsam ist. Hiermit verbunden können auch Art und Form der *Krankheitsbewältigung (Coping)* beobachtet werden
- In Einzelfällen gelingt überdies erst durch die Verlaufsbeobachtung die endgültige diagnostische Klärung, z. B. bei initial wenig prägnanten Psychosen oder unspezifisch beginnenden hirnorganischen Prozessen.

Allgemeiner körperlicher Befund

Definition

Ergebnis einer orientierenden klinischen Untersuchung der allgemeinen *körperlichen Verfassung* sowie der einzelnen *körperlichen Funktionsbereiche.*

Prinzip

- Die körperliche Untersuchung dient dem Ausschluß einer *organisch* begründbaren psychischen Erkrankung.

Durchführung

- Überprüft werden Zustand und Funktionstüchtigkeit von *Haut und Schleimhäuten, Gliedmaßen und Skelettsystem, Herz und Kreislauf* sowie *inneren Organen* mit Hilfe von Inspektion, Palpation, Bewegung und Auskultation.
  Zusätzlich zu bewerten sind der *Allgemeinzustand* und das Körpergewicht bzw. der *Ernährungszustand.*

Aussage

- Allgemeine Leistungsfähigkeit und körperliche Gesamtverfassung können beeinträchtigt werden durch *kardiale, zirkulatorische, hormonelle* und/oder *metabolische Störungen.*
- Allgemeinbefinden und Körpergewicht werden ferner in Mitleidenschaft gezogen bei *Suchterkrankungen, Demenz* und *chronischer Depression,* vor allem auch bei *Anorexie.*
- Hinweise auf Selbstbeschädigung finden sich bei *schweren Verhaltensstörungen, Suizidalität* und bei *Psychosen.*
- Haut- und/oder Skelettanomalien zeigen sich gehäuft bei hereditär bedingten *Systemerkrankungen.*
- Bei *Fixern* ist nach Einstichstellen in der Haut zu suchen (s. S. 237).
- Unter der Behandlung mit *Neuroleptika* kann es außer zu neurologischen Symptomen zu vegetativen und endokrinen Nebenwirkungen kommen (s. S. 280ff.).
- *Thymoleptika* können mit kardialen Funktionsstörungen einhergehen (s. S. 284ff.).
- *Tranquilizer* und *Betarezeptorenblocker* können über orthostatische Regulationsstörungen zu Müdigkeit und Antriebsmangel führen (s. S. 289ff.).

Definition

Untersuchungsbefund hinsichtlich der organisch faßbaren Funktionen des *zentralen und peripheren Nervensystems.*

Prinzip

- Die neurologische Untersuchung dient dem Ausschluß hirnorganischer bzw. zentralnervöser Ursachen und peripher-neurogener Begleiterkrankungen *psychischer Störungen.*

Durchführung

- Es erfolgt eine klinische Überprüfung der folgenden wichtigsten neurologischen Funktionsbereiche: *Hirnnerven, Motorik und Trophik, Eigen- und Fremdreflexe, Oberflächen- und Tiefensensibilität, Koordination und Vegetativum.* Der Befund wird schriftlich in Stichworten festgehalten.

Aussage

- Da fast sämtliche hirnorganischen Erkrankungen früher oder später mit psychischen Funktionsstörungen und Leistungseinbußen einhergehen, ist zu achten auf Symptome *zerebraler degenerativer Systemerkrankungen, entzündlicher Erkrankungen des Gehirns einschließlich Enzephalomyelitis disseminata, toxischer Schädigungen, zerebraler Raumforderungen, zerebraler Arteriosklerose und unklarer Anfälle.*
- Diskrete neurologische Symptome können bei sog. prä- oder perinatal entstandenen *minimalen zerebralen Schäden (MCD)* vorliegen.
- Festzustellen ist ferner, ob *extrapyramidale Begleitwirkungen* unter neuroleptischer Therapie (Parkinsonoid, akute Dystonien, Akathisie, Spätdyskinesien) oder
anticholinergische und vegetative Nebenerscheinungen thymoleptischer Behandlung (z. B. Mundtrockenheit, Tremor, Schwitzen, Obstipation, Harnverhaltung, Schwindel, Rhythmusstörungen u. Krampfanfälle) vorhanden sind.

Hamburg-Wechsler-Intelligenztest für Erwachsene (HAWIE)

Definition

Standardisiertes Testverfahren, das in erster Linie der quantitativen Erfassung der *Intelligenz* dient.

Prinzip

- Aus den Ergebnissen der Bearbeitung von insgesamt 10 Aufgabengruppen, die je 6 sprachgebundene und 4 sprachfreie Untertests umfassen, wird auf die *intellektuelle Leistungsfähigkeit* geschlossen, ausgedrückt durch den *Intelligenzquotienten (IQ).*

Durchführung

Anhand detaillierter Anweisungen sind die einzelnen Untertests innerhalb von etwa 60–80 Min. zu absolvieren.

- Im *Verbalteil* erfassen die Einzeltests:
  Allgemeines Wissen und Verständnis, Gedächtnisleistungen, rechnerisches Denken, Integrationsfähigkeit und Bildungsstand.
- Im *Handlungsteil* werden überprüft:
  Erkennen und Erfassen von Zeichen und Symbolen, ferner Kombinationsfähigkeit, räumliches Vorstellungsvermögen und Schlußfolgern.
- Zeitbedarf und Qualität der Lösungen werden nach Punkten bewertet. Die *IQ-Werte* werden auf Tabellen abgelesen: die *Normwerte* sind altersabhängig gestaffelt.
- Außer dem Gesamt-IQ können Verbal-IQ und Handlungs-IQ gesondert ermittelt werden.
- Die *Kurzform* (WIP) umfaßt lediglich 4 Subtests. Für *Kinder* gibt es eine spezielle Form (HAWIK).

Aussage

Bei dem HAWIE handelt es sich um das weltweit am meisten verwendete Intelligenzmeßverfahren mit umfassender praktischer Bewährung wie auch abgesicherter Validität.

- Als *IQ-Richtwerte* sind anzusehen:
  90–110 (normale Intelligenz),
  70–100 (leichter Schwachsinn),
  50–70 (mittelgradiger Schwachsinn),
  20–50 und weniger (ausgeprägter bis hochgradiger Schwachsinn).

Intelligenzstrukturtest (IST)

Definition

Sprachgebundenes Testverfahren, das schwerpunktmäßig die *Intelligenzstruktur* erfassen soll.

Prinzip

- Aus den Leistungen des Probanden bei der Lösung von insgesamt 9 verschiedenen verbalen und nonverbalen Aufgabengruppen wird auf *Profil und Struktur* der zugrundeliegenden Intelligenz geschlossen.
- Im einzelnen werden erfaßt: *sprachliches Denken, Urteilsbildung, Kombinationsfähigkeit, Abstraktionsfähigkeit, rechnerisches Denken, Merkfähigkeit und Vorstellungsvermögen.*

Durchführung

- Die standardisierte Testreihe enthält zwei gleichwertige Parallelformen. Die gelieferten Antworten, für die insgesamt etwa 90 Min. zur Verfügung stehen, werden eingetragen und mittels Schablonen ausgewertet. Die Summe der Standardwerte kann als *Intelligenzquotient (IQ)* ausgedrückt werden. Die Intelligenzstruktur kann anhand des Leistungsprofils graphisch dargestellt werden.
- Es existieren *Normen* für verschiedene Altersgruppen unter Berücksichtigung der Schulbildung und der beruflichen Entwicklung. Zusätzlich gibt es als Beispiele Gruppenprofile für etwa 30 verschiedene Berufe.

Aussage

Die Testresultate erweisen sich als hinreichend verläßlich und ermöglichen eine genauere *Begabungsdiagnose.*
Der Intelligenzstrukturtest findet Anwendung vor allem zur Ermittlung von Begabungsschwerpunkten im Rahmen von Eignungsuntersuchungen, Berufsberatungen und Rehabilitationsverfahren.

Progressive Matrizen (Raven-Test)

Definition

Sprachfreier Intelligenztest.

Prinzip

- Verschiedene Zeichen und geometrische Figuren sollen in bestimmter Weise als zusammengehörig erkannt und entsprechend geordnet werden. Die Resultate ermöglichen Rückschlüsse auf die Kapazität der *sprachfreien Grundintelligenz,* insbesondere hinsichtlich des *logischen Denkens, des Erfassens von räumlichen Beziehungen und des Unterscheidens und Vergleichens.*

Durchführung

- In der Standardform werden dem Patienten 60 Aufgaben in je 5 Gruppen mit ansteigendem Schwierigkeitsgrad vorgelegt in Form von Zeichen, Zeichnungen und abstrakten Mustern. Mit Hilfe eines Lösungsschlüssels wird die Zahl der richtig gelösten Aufgaben ermittelt; anhand von Normwerten werden der Prozentrangwert des Testergebnisses und die zugehörige Güteklasse der Leistung berechnet. Die Testdauer ist grundsätzlich ohne Zeitbegrenzung, liegt jedoch im allgemeinen bei etwa 50–60 Min.
- Die *Normwerte* sind altersgebunden aufgeschlüsselt und ermöglichen eine Zuordnung zu einem bestimmten *Intelligenzgrad.*

Aussage

Es handelt sich um eine objektive Meßmethode zur Ermittlung der allgemeinen Intelligenz mit faktorenanalytisch belegter *Verläßlichkeit der Testresultate.* Hervorzuheben ist die hohe Übereinstimmung mit den Ergebnissen anderer Intelligenztests, auch solcher sprachgebundener Art.

Definition

Sprachfreier Test zur speziellen Erfassung der *visuellen Merkfähigkeit.*

Prinzip

- Aus der Fähigkeit, geometrische Figuren korrekt wahrzunehmen und nachzuzeichnen, wird auf die Leistungsfähigkeit des *visuellen Gedächtnisses* geschlossen.

Durchführung

- Dem Patienten werden verschiedene geometrische Figuren jeweils 10 Sek. lang demonstriert, die anschließend nachgezeichnet werden sollen. Die Gesamttestdauer beträgt 15–20 Min.
- Die *Auswertung* erfolgt nach einem standardisierten Schema: sie beruht auf der Ermittlung von Grundfehlern und spezifischen Fehlern sowie einer Auswertung und Interpretation der Gesamtleistung.
- Die aufgeführten *Normwerte* sind abhängig von Lebensalter und Intelligenzgrad.

Aussage

- Der trennscharfe und objektive Test hat sich bewährt bei der Erfassung *hirnorganischer Störungen* und *Schäden* und wird daher besonders zur Beurteilung von Hirnleistungsschwächen herangezogen (s. S. 105ff.).
  Schulische und berufliche Ausbildung haben auf die Testleistung keinen Einfluß.
- Bei nichtorganisch begründeten Leistungseinbußen stellt der Benton-Test keine verläßliche differentialdiagnostische Hilfe dar.

Arbeitskurve (Pauli-Test)

Definition

Aus dem Kraepelinschen Arbeitsversuch entwickelter *standardisierter Rechentest* zur Prüfung der psychischen Leistungsfähigkeit.

Prinzip

- Aus der Rechenleistung bei fortlaufenden Additionen wird auf *kognitive Genauigkeit, Ausdauer* und *Konzentrationsvermögen* geschlossen.

Durchführung

- Innerhalb von rund 60 Min. sind zeilenweise fortlaufend auf entsprechenden Rechenbögen Additionsaufgaben zu lösen.
- Die Leistungen werden auf einem Auswertungsblatt graphisch dargestellt: die *Beurteilung* erfolgt anhand von Altersnormen für Erwachsene und Jugendliche sowie zusätzlich berufsspezifischen Normen.
  Berücksichtigt werden dabei auch Rechenfehler und Verbesserungen.

Aussage

- Das in der Praxis bewährte Testverfahren dient vor allem der Überprüfung der Leistungsfähigkeit *hirnorganisch geschädigter Patienten,* insbesondere im Zusammenhang mit *Rehabilitationsverfahren.*
  In Rechnung zu stellen ist allerdings eine Beeinflussung der Testresultate durch individuelle Lern- und Übungsfaktoren bzw. schulisches Training.

Definition

Testverfahren zur Ermittlung des *Konzentrationsvermögens* bei visueller Wahrnehmung.

Prinzip

- Der Test besteht aus optischem Reizmaterial, das – unter Zeitdruck – korrekt bearbeitet werden soll.
  Im einzelnen sind 16 verschiedene Kombinationen der Buchstaben d und p mit oben und/oder unten gesetzten Strichen zu markieren.
- Aus der Leistung wird auf die Fähigkeit geschlossen, einander ähnliche visuelle Einzelreize rasch und sicher zu unterscheiden. Das Maß für die *visuelle Aufmerksamkeitsspannung* gilt als Ausdruck der Konzentrationsfähigkeit.

Durchführung

- Innerhalb von 20 Sek. ist vom Patienten eine Zeile zu bearbeiten; die gesamte Testzeit beträgt etwa 8 Min.
- Die *Auswertung* erstreckt sich auf die Anzahl der bearbeiteten Zeichen, insbesondere der damit einhergehenden absoluten und relativen Fehlerzahl. Die Rohdaten werden mit Hilfe von Schablonen ausgewertet.
- Die Beurteilung der „Gesamtleistung" und „Mengenleistung" wird anhand von *Normwerten* vorgenommen, die nach Altersklassen getrennt sind.

Aussage

- Das verläßliche und objektive Meßverfahren ist weitgehend unabhängig von der intellektuellen Kapazität wie auch von Bildungseinflüssen.
  Der Einsatz erfolgt bei Verdacht auf Leistungseinbußen infolge *hirnorganischer Schäden:* hier findet sich insbesondere eine Abnahme der Gesamtleistung unter gleichzeitiger Zunahme des Fehleranteils.

Konzentrationsleistungstest (KLT)

Definition

Standardisiertes Testverfahren zur Messung der kontinuierlichen *Konzentrationsleistung*.

Prinzip

- Es handelt sich um einen Rechentest mit 250 Additions- und Subtraktionsaufgaben aus dem Bereich der Grundrechnungsarten.
- Aus der Menge und Qualität der Rechenleistungen wird auf die *konzentrative Ausdauer* geschlossen, darüber hinaus auch auf die *Leistungsmotivation* und *psychische Energie* überhaupt.

Durchführung

- Der Patient hat mittels Kopfrechnen über 30 Min. lang ununterbrochen insgesamt 250 Aufgaben zu lösen. Die Rohwerte werden für die Leistungsmenge und die Fehlerzahl ermittelt und die entsprechenden Standardwerte auf Tabellen abgelesen.
- Es gibt zwei Schwierigkeitsstufen mit Normwerten in Abhängigkeit von Lebensalter, Geschlecht und Ausbildung.

Aussage

- Die Leistungsmenge wird recht zuverlässig erfaßt, die Fehlerzahl weniger korrekt. Bei vergleichenden Validitätsprüfungen ergaben sich insgesamt zufriedenstellende Resultate.
- Das Testverfahren wird vor allem eingesetzt bei *Eignungs- und Ausleseuntersuchungen,* aber auch im Rahmen wissenschaftlicher Untersuchungen.

Konzentrationsverlaufstest (KVT)

Definition

Standardisierter *Zahlensortiertest* zur Messung der *Konzentrationsleistung* und des Arbeitsverlaufs.

Prinzip

- Aus der Zahl und Art möglicher Fehler bei Sortieraufgaben wird auf die *Sorgfaltsleistung* und das *Konzentrationsvermögen* bei geistiger Tempoarbeit geschlossen.

Durchführung

- Vom Patienten sollen 60 Zahlenkarten mit je 36 zweistelligen Zahlen nach vier Kriterien sortiert werden. Die Einzelergebnisse werden festgehalten; das gesamte individuelle Testresultat wird mit Hilfe einer Auswertungsschablone bestimmt.
- Die *Konzentrationsleistung* ergibt sich aus dem Verhältnis von Fehlern zu benötigter Zeit.

Aussage

- Objektivität und Zuverlässigkeit dieses in der klinischen Psychiatrie seltener verwendeten psychodiagnostischen Verfahrens sind als ausreichend zu bezeichnen.
- Der Einsatz erfolgt häufiger bei gutachterlichen Fragestellungen, insbesondere bei Verdacht auf *Hirnleistungsschwäche bzw. nach traumatischen Hirnschädigungen.*
- Die Erfassung von Aufmerksamkeitsleistung und Konzentrationsvermögen erfolgt unabhängig vom Intelligenzgrad.

Rorschach-Formdeuteversuch

Definition

Projektives Testverfahren zur Ermittlung von *Persönlichkeits-* und *Charaktereigenschaften.*

Prinzip

Die Testkonstruktion beruht auf der tiefenpsychologischen Hypothese und „Projektion“:

- *Persönlichkeits-* und *Charakterzüge* des Untersuchten spiegeln sich in dessen Beschreibungen wider, die zu verschiedenen unstrukturierten Figurationen gegeben werden.

Durchführung

- Dem Patienten werden insgesamt 10 Tafeln mit Bildern nach Art von Tintenklecksen vorgelegt (5 grau- und schwarzfarbige, 2 rot- und schwarzfarbige sowie 3 verschiedenfarbige Tafeln).
- Die Antworten werden protokolliert, auch die benötigte Zeit für die einzelnen Antworten wird vermerkt. Die Testdauer ist nicht begrenzt: sie liegt im allgemeinen um 60 Min.
- Die *Auswertung* erfolgt nach einem standardisierten Signierungsschema zu einem „Verrechnungsprotokoll“.
- Die *Interpretation* des Befundes umfaßt den formalen, inhaltlichen und sequenzanalytischen Aspekt der Testantworten. Es gibt Merkmalssyndrome für verschiedene Charaktertypen und Neuroseformen wie auch für psychotische Erkrankungen.

Aussage

- Trotz weltweiter Verbreitung als meistbenutztes projektives Testverfahren ist die Validität umstritten, wenn strengere Gütekriterien angelegt werden.
- Die Beurteilung der Persönlichkeit des Untersuchten ist einerseits abhängig von *psychodynamischen Kenntnissen* und *beruflichem Training* des Untersuchers wie auch andererseits von der *momentanen Befindlichkeit* des Patienten.

Definition

Psychodiagnostische *projektive* Methode zur Erfassung von *Charakter-* und *Persönlichkeitszügen.*

Prinzip

- Aus den Kommentaren, die der Patient zu verschiedenen Bildern abgibt, wird auf hintergründige *Motivationen, Einstellungen, Erwartungen, Intentionen und Bedürfnisse* geschlossen.

Durchführung

- Bis zu 20 überwiegend unscharf und undeutlich gehaltene Bilder mit szenischen Darstellungen werden dem Patienten vorgelegt mit der Bitte, hierzu jeweils eine *Geschichte* zu erzählen. Jedes Testbild besitzt eine besondere „thematische Valenz".
- Die *Auswertung* beruht auf einer Charakteranalyse der geschilderten Hauptfigur in Verbindung mit dem sozialen Kontext zur Umwelt. Die nicht personengebundenen Szenen werden unter dem Aspekt der wiedergegebenen *Anmutungsqualitäten, Gestimmtheiten und Phantasien* interpretiert. Ferner wird geprüft, ob die erzählte Geschichte mit dem Aufforderungscharakter des jeweiligen Testbildes übereinstimmt.

Aussage

- Es handelt sich um ein weltweit sehr verbreitetes Verfahren mit zufriedenstellender Zuverlässigkeit und Gültigkeit, wenn nicht die üblichen strengen Testgütemaßstäbe der Normalpsychologie angelegt werden.
- Als ergiebige Methode der tiefenpsychologischen Diagnostik stehen im Vordergrund Untersuchungen bei *nichtpsychotischen Störungen.*

Baum-Test

Nichtstandardisiertes, einfaches *bildnerisches* Verfahren zur *Persönlichkeitsdiagnostik.*

Prinzip

- Aus der Qualität der Zeichnung eines Laubbaumes im weiteren Sinne wird auf Entwicklungsstand und Störungen im *emotionalen und sozialen Persönlichkeitsbereich* geschlossen.

Durchführung

- Vom Probanden soll auf einem leeren Blatt mit Bleistift ein *Laubbaum* ohne zeitliche Begrenzung gezeichnet werden.
  Diese Zeichnung wird als Ganzes und in ihren Details ausgewertet, wobei auch raumsymbolische und graphologische Merkmale erfaßt und gedeutet werden. Als Interpretationshilfe gibt es eine *Eigenschaftstabelle* mit einer Auflistung von 59 Merkmalen für die verschiedenen Altersklassen.

Aussage

- Bei tiefenpsychologischen Erfahrungen sind Rückschlüsse auf *Antriebsverhalten, Emotionalität, psychische Stabilität, Selbstbehauptung und Sozialverhalten* des Patienten möglich; Gütekriterien im engeren Sinne sind nicht definierbar.
- Anwendung findet der Baum-Test als Ergänzung zur klinisch-psychopathologischen Diagnostik vor allem bei *neurotischen, Entwicklungs- und Verhaltensstörungen.*

Minnesota Multiphasic Personality Inventory (MMPI)

Definition

Fragebogen zur Persönlichkeitsdiagnostik bzw. zur Erfassung *psychischer Auffälligkeiten.*

Prinzip

- Aus den Antworten des Untersuchten zu einer Reihe persönlicher Fragen wird auf *Persönlichkeitseigenschaften* geschlossen, die den folgenden 10 Dimensionen zugeordnet werden: *Depressivität, Hysterie, Psychopathie, Maskulinität/Femininität, Paranoia, Psychasthenie, Schizoidie, Hypomanie* und *Introversion/Extraversion.*

Durchführung

- Mittels dieses recht zeitaufwendigen Fragebogens sind 566 Statements zur Selbstbeurteilung mit „richtig" oder „falsch" zu kennzeichnen.
- Die *Auswertung* erfolgt mit Hilfe von Schablonen: das individuelle *Skalenprofil* wird graphisch dargestellt.
  Erforderlich ist eine besonders aufmerksame und wahrheitsgetreue Mitarbeit des Patienten.

Aussage

- Der MMPI ist wahrscheinlich der am meisten verbreitete Fragebogentest mit ausreichender Objektivität, Gültigkeit und Verläßlichkeit.
  Mit Hilfe von *Kontrollskalen* können sowohl Verfälschungstendenzen des Patienten erfaßt werden wie andererseits Sorgfaltsleistung und Aufmerksamkeit bei der Testdurchführung.
- Der Anwendungsbereich erstreckt sich sowohl auf *psychotische* wie auch auf *nichtpsychotische Störungen.*

Freiburger Persönlichkeitsinventar (FPI)

Definition

Standardisierter *Fragebogen* zur Selbstbeurteilung der *Persönlichkeit.*

Prinzip

- Aus den Stellungnahmen des Patienten zu persönlichen Fragen können Rückschlüsse auf folgende *Eigenschaften* gezogen werden: *Nervosität* und *Erregbarkeit, Aggressivität* und *Dominanzstreben, Depressivität* und *Gehemmtheit, Gelassenheit* und *Offenheit.*
- Zusätzlich werden die Dimensionen *„Extraversion/Introversion"*, *„Neurotizismus"* und *„Maskulinität/Feminität"* erfaßt.

Durchführung

- Der Patient wird mit insgesamt 212 offenen und verdeckten Fragen konfrontiert, die in quantitativer wie qualitativer Weise zu beantworten sind. Die *Auswertung* erfolgt mittels Schablonen: die Resultate können auf einem *Profilblatt* graphisch dargestellt werden.

Aussage

- Die faktorenanalytisch gewonnenen Persönlichkeitsdimensionen besitzen offenbar eine ausreichende Trennschärfe. Das Inventar ist mit zufriedenstellender Verläßlichkeit wie auch in ökonomischer Form für den klinischen Gebrauch geeignet.
- Der Einsatz erfolgt ergänzend zur klinisch-psychopathologischen Diagnostik vor allem bei *psychosomatischen und psychoneurotischen Störungen* (s. S. 178ff.).

Definition

Standardisierter *Fragebogen* zur Ermittlung des persönlichen *Selbstbildes.*

Prinzip

- Die Beurteilung der Persönlichkeit beruht auf einer Auswertung der Antworten des Patienten auf der Grundlage *tiefenpsychologisch relevanter* Kategorien.

Durchführung

- Der Patient wird angehalten, zu insgesamt 40 Fragen bezüglich seiner inneren Verfassung und seiner Umweltbeziehungen („Selbstbild") Stellung zu nehmen. Durch Umstellung der Items kann der Test auch zur Fremdeinschätzung verwendet werden („Fremdbild").
- Die Auswertung der Antworten bezieht sich auf folgende 6 Standardskalen: *soziale Resonanz, Dominanz, Kontrolle, Grundstimmung, Durchlässigkeit und soziale Potenz.* Es läßt sich auch ein sog. Idealselbstbild erstellen.
- Die *Auswertung* erfolgt über Transformation der Rohwerte in Standardwerte; das *Testprofil* kann graphisch dargestellt werden. Die motivierte Mitarbeit des Patienten muß vorausgesetzt werden.

Aussage

- Unter Berücksichtigung der psychoanalytischen Konzeption des Verfahrens zufriedenstellende Validität bei der Einzel- und Gruppendiagnostik als Stütze der klinischen Befunderhebung.
- Der Anwendungsbereich erstreckt sich vor allem auf *psychosomatische und psychoneurotische Erkrankungen* unter Einbeziehung sozialer Einstellungen und Interaktionen (s. S. 178ff.).

Befindlichkeitsskala (BfS)

Definition

Selbstbeurteilungsskala zur querschnittsmäßigen Erfassung von *Befindlichkeitsstörungen.*

Prinzip

- Die Befindlichkeitsskala dient der Quantifizierung momentaner Beeinträchtigungen des *subjektiven Wohlbefindens;* ihre Handhabung beruht auf der Selbsteinschätzung des Patienten.

Durchführung

- Der Patient soll sich bei den ihm vorgelegten Eigenschaftswörterpaaren entscheiden, welche Eigenschaft seinem momentanen Zustand am ehesten entspricht. Möglich sind drei Entscheidungen: zwei alternative Zustimmungen sowie die Antwort „weder-noch".
- Die gewichteten Items werden zu einem *Gesamtrohwert* addiert, der die jeweilige Beeinträchtigung des Befindens angeben soll.
- Es gibt zwei *Parallelformen* mit je 28 Paaren von Eigenschaftswörtern. Die Testdauer für eine der beiden Formen beträgt bis max. 10 Min. Alter der Probanden 20–64 Jahre.
  Erforderlich ist die motivierte Mitarbeit des Patienten.

Aussage

- Laut Angaben liegen eine zufriedenstellende inhaltliche Validität und eine gute Halbierungszuverlässigkeit (r = 0,94) vor. Die Befindlichkeitsskala findet Anwendung bei allen krankheitsbedingten *psychischen Veränderungen,* insbesondere auch zu Verlaufsbeschreibungen unter therapeutischen Maßnahmen.
- Bei *Skalenwerten* von über 15 Pkt. ist von schon spürbaren Beeinträchtigungen des psychischen Wohlbefindens auszugehen.

Definition

Mehrdimensionales *Selbstbeurteilungsverfahren* zur Beschreibung des aktuellen *Befindens*.

Prinzip

- Aus der Selbstbeurteilung des Patienten anhand von Eigenschaftswörtern wird auf dessen *Befindlichkeit* geschlossen.

Durchführung

- In der Normalform enthält die Eigenschaftswörterliste 161 Items, die über 15 Skalen verteilt sind. Diese beziehen sich auf folgende Persönlichkeitsbereiche:
Aktivität, allgemeine Disaktivität, Introversion-Extroversion, allgemeines Wohlbehagen, emotionale Gereiztheit und Angst. Es existiert zusätzlich eine verkürzte Version mit 123 Items.

Aussage

- Nach *Verrechnung* der als zutreffend registrierten Statements ergibt sich ein Wert, der Auskunft gibt über die momentane emotionale Befindlichkeit einschließlich Ängstlichkeit.
- Die Eigenschaftswörterliste findet innerhalb der klinischen Psychiatrie häufig *Verwendung im Rahmen der Erstdiagnostik.*

Beck-Test (BT)

Definition

Fragebogen zur *Selbstbeurteilung* des Schweregrades *depressiver Verstimmung.*

Prinzip

- Anhand vorgegebener Items sollen folgende psychopathologische Qualitäten erfaßt werden:
  Verstimmtheit, Pessimismus, Versagensgefühl, Unzufriedenheit, Schuldgefühl, Strafbedürfnis, Selbstanklage, Suizidalität, Weinerlichkeit, Reizbarkeit, Isoliertheit, Entschlußunfähigkeit, Körperbild, Leistungsfähigkeit, Ermüdbarkeit, Appetit- und *Gewichtsverlust, Hypochondrie* und *Libidoverlust* (s. S. 97).

Durchführung

- Der Patient wird angehalten, in 84 Aussagen zu den o. a. 21 Kategorien abgestuft von „nicht vorhanden" bis „erheblich" Stellung zu nehmen.
- Der *Depressionswert* ergibt sich aus der Summe der Behauptungen, die der Patient für sich als zutreffend angekreuzt hat.
  Voraussetzung zur Testdurchführung ist die motivierte Mitarbeit des Patienten.

Aussage

- Entsprechende Untersuchungen ergaben eine zufriedenstellende Korrelation zu den Ergebnissen anderer Depressionstests bzw. zu klinischen Befunden mit recht hoher Reliabilität.
  Ein *Skalenwert* von über 26 weist auf das Vorliegen einer schon *schweren Depression* hin.
- Angewendet wird der Beck-Test bei allen Formen *depressiver Verstimmungen* als Ergänzung zur klinischen Diagnostik.

Definition

Selbstbeurteilungsskala zur Aufdeckung und quantifizierten Abschätzung *depressiver Verstimmungen.*

Prinzip

- Aus den Stellungnahmen des Patienten zu 10 krankheitsorientierten und 10 weiteren gesundheitsorientierten Statements kann auf das Ausmaß einer möglicherweise vorliegenden *Depression* geschlossen werden (s. S. 97).

Durchführung

- Der Patient soll auf einer vierstufigen Skala („nie oder selten" bis „meistens oder immer") Antworten auf Fragen zu geben, die sich auf psychische und körperliche Depressionssymptome beziehen. Sie umfassen die Bereiche
- *Stimmungslage, Denkinhalte, Motorik, Selbstwertgefühl, Interessen und Vitalstörungen.* Eingeschätzt werden soll möglichst das eigene Befinden in der Woche vor der Untersuchung.
- Die Summe der positiven Itempunktwerte ergibt den *Gesamtrohwert.* Keine zeitliche Begrenzung.

Aussage

- Die inhaltliche Validität und Halbierungszuverlässigkeit wird als zufriedenstellend bis ausreichend eingeschätzt. Insofern stellt die Selbstbeurteilungs-Depressionsskala eine zur ergänzenden Diagnostik geeignete Untersuchungsmethode dar, die insbesondere bei *vergleichenden Untersuchungen bzw. zur Verlaufsbeschreibung* eingesetzt werden kann.
- Als Richtwerte gelten:
  41–47 Pkt. bei leichter Depression,
  48–55 Pkt. bei schwerer Depression,
  darüber: ausgeprägte Depression.

Hamilton-Depressionsskala (HAMD)

Definition

Skala zur Fremdbeurteilung des Schweregrades *depressiver Syndrome.*

Prinzip

- Auf der Grundlage der standardisierten Fremdbeurteilung wird der depressive Patient nach folgenden Kategorien beurteilt: *Niedergeschlagenheit, Schuldgefühl, Suizidalität, Schlafstörungen, Antriebsverhalten, Angst, Zwänge und Vitalstörungen* (s. a. S. 97).

Durchführung

- Der Untersucher bewertet in 22 Einzelurteilen aufgrund der ausführlichen Exploration und des aktuellen Eindrucks anhand einer Symptomliste von 21 Merkmalen auf einer 3–5fach gestaffelten Rating-Skala die Schwere depressiver Symptome. Berücksichtigt werden Intensität und Häufigkeit von depressiven Störungen. Der *Depressionswert* („Depressionstiefe“) ergibt sich aus der Summe der einzelnen Einstufungsgrade (je 0–2 bzw. 0–4). Der Zeitaufwand beträgt etwa 30–40 Min.

Aussage

- Es handelt sich um die weltweit meistangewendete Skala zur Fremdbeurteilung von Depressionen. Sie wird als ausreichend valide und reliabel sowie wenig zeitaufwendig beurteilt.
  Als Ergänzung zur klinisch-psychopathologischen Diagnostik wird die Hamilton-Skala gern bei *Verlaufsstudien bzw. zur Therapiekontrolle* eingesetzt.
- Normwerte gibt es nicht, jedoch gelten folgende Richtwerte:
  ab 10 Pkt. leichte Depression,
  ab 20 Pkt. mittelschwere Depression,
  ab 30 Pkt. schwere Depression.

Diagnostische Depressionsskala Newcastle (DSN)

Definition

Skala zur Fremdbeurteilung von Art und Intensität *depressiver Störungen.*

Prinzip

- Wie bei den vorigen Verfahren Methode der standardisierten Fremdbeurteilung depressiver Patienten nach den Kategorien: *Persönlichkeit, Belastungs- und Schuldgefühl, Angst, Wahn, Gehemmtheit, Depressivität und Vitalstörungen* (s. a. S. 97).

Durchführung

- Der Untersucher beurteilt anhand von 10 Items auf der 3fach gestaffelten Skala Ausmaß und Qualität depressiver Symptome, die in einem Sammelwert erfaßt werden.
- Verbindliche *Normwerte* liegen *nicht* vor.

Aussage

- Die Erfassung der Depressivität scheint ausreichend verläßlich und zuverlässig zu sein, sie ersetzt aber nicht die klinisch-psychopathologische Befunderhebung.
  Eignung zur *Therapiekontrolle* bei statistischen Erhebungen.

Depressionsstatusinventar (DSI)

Definition

Persönlichkeitsfragebogen zur Fremdbeurteilung *depressiver Verstimmungen.*

Prinzip

- Aus den Antworten des Patienten zu Fragestellungen in Verbindung mit psychischen und körperlichen Depressionssymptomen wird auf die *Schwere einer Depression* geschlossen.
  Die Fragen zielen im wesentlichen ab auf *Gestimmtheit, Motorik, Vitalstörungen, Denkinhalte* und *Suizidalität* (s. a. S. 97).

Durchführung

- Zu insgesamt 20 Items kann der Patient sich – vierfach abgestuft – äußern von „nicht vorhanden“ bis „stark“. Die Ausprägungsgrade der einzelnen Items werden zu einem *Gesamtrohwert* addiert, der maximal 80 Pkt. betragen kann.

Aussage

- Ausreichende inhaltliche Validität mit Eignung zur *Verlaufsbeschreibung und Therapiekontrolle* ergänzend zur klinischen Diagnostik.
- Orientierungswerte:
  40–47 Pkt. leichte Depression,
  48–55 Pkt. mittelschwere bis schwere Depression,
  über 56 Pkt. sehr schwere Depression.

Definition

Erfassung von *Angstsymptomen* mit Hilfe eines *Selbstbeurteilungsfragebogens.*

Prinzip

- Aus den Stellungnahmen des Patienten zu Fragen über Angstsymptome wird auf Ausmaß und Intensität vorliegender *Angst* geschlossen (s. a. S. 95).

Durchführung

- Der Patient wird angehalten, quantifiziert („nie oder selten" bis „meistens oder immer") Antwort zu 20 Statements zu geben, die psychische und körperliche Angstsymptome einschließlich Schlafstörungen beschreiben. Es handelt sich um 5 affektive und 15 somatische Angstkriterien.
  Im besonderen ist einzuschätzen, wie das Befinden während der letzten Woche vor der Untersuchung war.
- Die Summe der gewichteten Items ergibt einen *Rohwert,* der ab 36 als Krankheitshinweis zu bewerten ist.
  Erforderlich ist die motivierte und korrekte Mitarbeit des Patienten.

Aussage

- Zufriedenstellende inhaltliche Validität und Halbierungszuverlässigkeit.
- Als Ergänzung zur klinisch-psychopathologischen Diagnostik geeignet zu *Verlaufsbeschreibungen* bei allen Erkrankungen, die mit Angst einhergehen.

Hamilton-Angstskala (HAMA)

Definition

Skala zur Fremdbeurteilung der Art und Intensität von *Angstsymptomen.*

Prinzip

- Als Methode der standardisierten Fremdbeurteilung von *Angstgefühl* werden die folgenden Kategorien erfaßt:
  Stimmung, Spannung, Furcht, Schlafstörungen, Leistungsbeeinträchtigung, Depressivität, muskuläre und sensorische körperliche Symptome, kardiovaskuläre, respiratorische, gastrointestinale, urogenitale und neurovegetative Symptome sowie *allgemeines Verhalten* (s. a. S. 95).

Durchführung

- Der Untersucher beurteilt anhand der geannten 14 Kategorien auf der 5fach gestaffelten Skala Ausmaß und Qualität von Angstsymptomen, wobei 7 Items somatische und weitere 7 Items psychische Angst erfassen sollen.
- Ermittelt wird ein *Rohwert,* der als Gradmesser von Angst interpretiert werden kann (maximal 56 Pkt.).
  Skalierung von 0 („nicht vorhanden") bis max. 4 („sehr stark").
  Keine zeitliche Begrenzung.

Aussage

- Laut Angaben liegt eine sehr hohe Reliabilität vor.
- Als Ergänzung zur klinisch-psychopathologischen Diagnostik erscheint die Angstskala geeignet zur *Verlaufsbeobachtung* bzw. zur *Therapiekontrolle* bei vergleichenden Studien.

Definition

Fremdbeurteilungsskala zur Erfassung von *Angstsymptomen* bei psychischen Erkrankungen.

Prinzip

- Aus den Antworten des Patienten auf Fragen zu affektiven und somatischen Angstsymptomen wird auf Intensität, Dauer und Häufigkeit von *Angstzuständen* geschlossen (s. a. S. 95).

Durchführung

- Insgesamt 20 Fragen, die mit Angst oder Angstäquivalenten in Verbindung stehen, sind in vierfach abgestufter Form zu beantworten (von „nicht vorhanden" bis „stark").
  Die Auszählung ergibt einen *Gesamtrohwert,* der über 50 Pkt. erreichen kann.

Aussage

- Laut Angaben zufriedenstellende inhaltliche Validität, jedoch bisher noch keine Angaben zur Zuverlässigkeit. Eingesetzt wird das ASI vor allem bei Patienten mit *neurotischen* und *psychosomatischen Störungen.*
- Erreicht wurden bei schwereren Angstneurosen Werte um 50 Pkt., bei Persönlichkeitsstörungen um 42 Pkt. und bei endogenen Psychosen um 40 Pkt.
- Anwendung ergänzend zur klinischen Diagnostik.

Hamburger Zwangsinventar (HZI)

Definition

Fragebogen zur Erfassung von *Zwangsgedanken* und *-verhalten.*

Prinzip

- Das HZI umfaßt insgesamt 188 Items, die auf folgende 6 Skalen verteilt sind:
  Kontrollhandlungen, Reinlichkeitszwänge, Ordnungszwänge, Zähl- und Berührungszwänge, Gedankenzwänge und zwanghafte auto- und fremdaggressive Vorstellungen (s. a. S. 94).

Durchführung

- Zu den genannten Statements soll der Patient zustimmend oder ablehnend Stellung nehmen. Zielgruppe sind *Zwangskranke* verschiedener Art (erlebnisreaktive Entwicklungen, Zyklothymie, Schizophrenie und hirnorganische Erkrankungen).
  Die Testdauer beträgt rund 20 Min.; die Patienten sollten älter als 16 Jahre sein.

Aussage

- Der *Retestreliabilitätskoeffizient* liegt laut Angaben für den Gesamttest bei r = 0,93. Differenziert wird zwischen Zwangsneurotikern und agoraphobischen Patienten, auch sozial gehemmten Patienten.
  Normen liegen sowohl für einzelne Skalen wie auch für das gesamte Inventar vor.
- Einsatz in der klinischen Psychiatrie zu diagnostischen und katamnestischen Untersuchungen.

Definition

Fragebogen zur Ermittlung von *Alkoholismussymptomen.*

Prinzip

- Mit Hilfe eines kombinierten Selbst- und Fremdbeurteilungsbogens wird versucht, Symptome auf Verhaltens- und physiologischer Ebene zu erfassen, die möglicherweise auf *chronischen Alkoholkonsum* zurückzuführen sind. Der Test besteht aus 7 Items zur Fremd- sowie weiteren 24 Items zur Selbstbeobachtung.

Durchführung

- Der insgesamt 31 Statements umfassende Fragebogen wird vom Patienten bzw. vom Untersucher mit „trifft zu" oder „trifft nicht zu" beantwortet, wobei insgesamt der Fremdbeurteilung ein größeres Gewicht zukommt.
- In Abhängigkeit vom erreichten *Punktwert* ergeben sich Hinweise vom bloßen Verdacht bis zur hohen Wahrscheinlichkeit für das Vorliegen von Alkoholismus (s. a. S. 234ff.).

Aussage

- Es handelt sich um ein standardisiertes Verfahren mit angeblich hoher Validität und sehr hoher Reliabilität. Er wird als Suchtest empfohlen wie auch zur vergleichenden Therapieforschung und zu prospektiven Studien (r = 0,94 bei MALT-S).
- Die gewichteten *Summenwerte* werden wie folgt interpretiert: 6–10 Pkt. *Alkoholgefährdung,* ab 11 Pkt. Verdacht auf *Alkoholismus.*
- Anwendung in der klinischen Diagnostik sowie zu epidemiologischen und gutachterlichen Untersuchungen.

Diagnostisches Interview für das Borderline-Syndrom (DIB)

Definition

Semistandardisiertes Interview zur Erfassung von *Borderline-Störungen.*

Prinzip

- Mit Hilfe vorgegebener Statements wird versucht, charakteristische Symptome der *Borderline-Persönlichkeit* aufgrund eines psychoanalytischen Erklärungsansatzes zu erfassen (s. a. S. 231 ff.).

Durchführung

- Die Fragen bzw. vom Patienten zu beurteilenden 124 Statements sollen Kernaussagen über die Persönlichkeitsstruktur darstellen, aus denen sich nach Verrechnung der Antworten Hinweise auf Borderline-Strukturen ergeben sollen.
  Abgefragt werden die folgenden 5 Persönlichkeitsbereiche: *soziale Anpassung, impulsive Handlungsmuster, Affektivität, psychotisches Erleben* und *zwischenmenschliche Beziehungen.*
- Zu jedem dieser Bereiche werden 3–4 Aussagen festgehalten. Nach Verrechnung wird ein *kritischer Wert* ermittelt, der für oder gegen das Vorliegen von Borderline-Störungen sprechen soll.

Aussage

- Der Fragebogen gilt als das am besten überprüfte diagnostische Testverfahren zur Identifizierung von Borderline-Erkrankungen. Er soll differentialdiagnostisch eine hohe statistische Signifikanz besitzen.
  Andererseits ergibt sich im Hinblick auf die Ergebnisse der bisherigen, teils kontroversen Diskussionen um den *Borderline-Begriff* eine besondere Problematik, die hier nicht weiter dargestellt werden kann (s. a. S. 231 ff.).

Dokumentationssystem der Arbeitsgemeinschaft für Methodik und Dokumentation in der Psychiatrie (AMDP)

Definition

Mehrdimensionales *Fremdbeurteilungssystem* zur *Anamnese,* zum psychischen und zum somatischen *Befund.*

Prinzip

- Aus den Angaben zu 100 Items „psychischer Befund" sowie weiteren 40 Items „somatischer Befund" wird auf das Vorliegen bestimmter psychopathologischer Syndrome geschlossen.
- Der *„psychische Befund"* umfaßt die Dimensionen: *Bewußtseins-* und *Orientierungsstörungen, Gedächtnisstörungen, formale* und *inhaltliche Denkstörungen, Sinnestäuschungen, Ichstörungen, emotionale* und *Antriebsstörungen.*
- Der *„somatische Befund"* erfaßt: *Vigilanzstörungen, Appetenz-* und *gastrointestinale Störungen, zirkulatorische* und *vegetative Störungen* sowie *neurologische Symptome.*

Durchführung

- Der Untersucher soll zu den 140 Statements abgestuft von „nicht vorhanden" bis „schwer" Stellung nehmen.
- Die *Beurteilung* des psychischen Zustandes basiert auf allen – auch fremdanamnestischen – Informationen und Angaben, die erhältlich sind.

  Der Erfassungsbogen ist so konzipiert, daß Markierungsleser verwendet werden können.

Aussage

Die Auswertung auf der Symptomebene soll über folgende Syndrome Auskunft geben:
depressives, psychoorganisches, manisches und *paranoid-halluzinatorisches Syndrom, Hostilitätssyndrom, vegetatives* und *neurologisches Syndrom, apathisches* und *Zwangssyndrom.*

- Das AMDP-System erscheint besonders geeignet zu Vergleichsuntersuchungen bei multizentrischen Studien, überhaupt zur Vereinheitlichung der psychiatrischen Diagnostik.

Present State Examination (PSE)

Definition

Standardisiertes Verfahren zur Erhebung des *psychopathologischen Befundes.*

Prinzip

- Der akutelle *psychopathologische Befund* wird ermittelt aus den Antworten zu standardisierten Fragen bezüglich folgender Dimensionen:
  allgemeine körperliche und seelische Gesundheit (10 Items), *Angst* (8 Items), *Denken* (4 Items), *Depressivität* (5 Items), *Selbstwertgefühl* (6 Items), *Vitalstörungen* (6 Items), *Expansivität* (3 Items), *Zwang* (3 Items), *Depersonalisation* (2 Items), *Wahrnehmungsstörungen* (6 Items), *Denkstörungen* (5 Items), *Halluzinationen* (11 Items), *Wahn* (26 Items), *Bewußtsein* (7 Items), *Krankheitseinsicht* (4 Items), *Verhalten* (12 Items), *Affektivität* (10 Items) und *Sprache* (11 Items).

Durchführung

- Der Untersucher versucht, anhand der 140 Statements den *psychopathologischen Querschnittsbefund* festzulegen. Unsicherheiten in der Beurteilung oder fehlende Untersuchungsergebnisse werden ebenfalls festgehalten.
  Die Ausprägungsgrade der vorgefundenen Störungen können von 0–3 gewichtet und entsprechend registriert werden. Ergänzend können zu den verschiedenen Dimensionen Zusatzfragen gestellt werden.
  Das Verfahren ist zur Datenverarbeitung vorgesehen.

Aussage

- Die Gliederung des Fragebogens ist ausgerichtet auf die Schwerpunkte *„neurotische Symptome"*, *„psychotische Symptome"*, *„Bewußtseinslage/Krankheitseinsicht"* und *„Verhalten/Affekt/Sprache"*. Mit Hilfe einer Syndromcheckliste (SCL) lassen sich aus den 140 Symptomen zusätzlich 38 Syndrome ermitteln (z. B. „Hypochondrie", „Energiemangel" u. ä.).
  Empfohlen werden vorlaufend 10–12 Übungsexplorationen.

Hirnstrombild (ohne und mit Provokation)

Definition

Ableitung, Registrierung und Interpretation der *Hirnströme*.
Unter Einsatz von *Aktivierungsverfahren* Verdeutlichung möglicher pathologischer Befunde.

Prinzip

- Aus den qualitativen und quantitativen Besonderheiten des Hirnstrombildes wird auf Art und Ausmaß der *bioelektrischen Hirntätigkeit* geschlossen, die zusätzlich durch stimulierende Reize aktiviert werden kann.

Durchführung

- Über (in der Regel) 20 Oberflächenelektroden werden die sich aus der bioelektrischen Hirnaktivität ergebenden Potentialdifferenzen im Bereich der äußeren Rindenschicht unipolar und/oder bipolar *abgeleitet, verstärkt* und *graphisch aufgezeichnet.* Der Patient soll dabei entspannt und bequem sitzen. Beurteilt wird die Hirnstromkurve nach *Frequenz, Amplituden* und *allgemeiner Form.*
  Orientierende *Normwerte:*
  Alphaaktivität (8–13 Hz),
  Betaaktivität (über 13 Hz),
  Thetawellen (unter 8 Hz),
  Deltawellen (unter 3,5 Hz).
- *Physiologische Provokation:*
  Hyperventilation (beschleunigte Atmung über 3–5 Min.),
  Schlaf,
  Schlafentzug.
- *Künstliche Provokation:*
  Photostimulation (Darbietung von Flickerlichtreizen während der Ableitung),
  Verabreichung von Pharmaka (z. B. Barbitursäureantagonist Megimid).
  (Einzelheiten siehe Lehrbücher der Neurologie bzw. Neurophysiologie.)

Hirnstrombild (ohne und mit Provokation)

Aussage

Hinweis: Das EEG stellt ein *Funktionsdiagramm* dar, d. h., morphologische Besonderheiten werden *nicht* wiedergegeben.

Bedeutung in der *Psychiatrie:*

- Frequenzabnahme bzw. Verlangsamung bei *Vigilanzstörungen* (Somnolenz bei leichterer Intoxikation oder beginnendem Hirndruck, Tiefschlaf oder Koma bei schwerer Vergiftung, erheblichem Hirndruck oder nach Hirnverletzungen, ferner bei Enzephalitis).
- Blockierung der Alphaaktivität unter *Anspannung* und *Konzentration.*
- Frequenzzunahme mit hauptsächlich frontaler Betaaktivität unter Einwirkung *psychotroper Substanzen* wie Tranquilizern, barbiturathaltigen Schlafmitteln oder auch anderen Psychopharmaka. Beschleunigung auch unter besonderer *geistiger Anspannung* zu beobachten.
- Aus dem EEG ferner wichtige Hinweise zur Diagnostik *herdförmiger Störungen* (z. B. bei Hirntumoren, umschriebenen Blutungen oder entzündlichen Prozessen),
  zur Abklärung *epileptischer Psychosen* (Alternativpsychosen) und zerebraler *Durchblutungsstörungen.*
  Hinweis: Bei Verdacht auf unklare Anfallszustände immer auch Anwendung von Provokationsmethoden mitüberlegen bzw. Ableitung eines Langzeit-EEGs!

Im übrigen:
Bei *Schizophrenie* soll sich statistisch eine weniger gut organisierte und ausgeformte Alphatätigkeit darstellen.
Depressive Patienten zeigen überzufällig häufig im Schlaf-EEG eine verkürzte REM-Latenzzeit sowie eine Verschiebung der REM-Phasen in die zweite Nachthälfte.
Bei *Persönlichkeitsstörungen* werden besonders häufig – bis zu 40% – diffuse Dysrhythmien, okzipital betonte Grundrhythmusunregelmäßigkeiten und andere abnorme Befunde registriert.

Definition/Prinzip

Röntgenübersichtsaufnahme des Schädels zur orientierenden Beurteilung der knöchernen Strukturen.
Bei der *Subtraktionsmethode* (DSA) Übereinanderschichtung von Röntgenbildern mit oder ohne Kontrastmittelverabreichung, so daß nach „Subtraktion" der Übereinstimmungen in den Bildern lediglich die *Abweichungen* (z. B. Kontrastmittelschatten) übrigbleiben.

Durchführung

- Untersuchung am sitzenden oder stehenden Patienten. In der Regel Strahlengang in *zwei Ebenen*, gelegentlich zusätzlich *Schrägaufnahmen.*
- Bei der digitalen *Subtraktionsangiographie* (DSA) Aufnahmen vor und nach Gefäßkontrastmittelgabe.
(Einzelheiten siehe Lehrbücher der Radiologie.)

Aussage

Veränderungen des knöchernen Schädels können vorkommen bei
- *chronischem Hirndruck* und bei
- *Verkalkungen* im Bereich der *Gefäße*, der *Plexus* und der *Falx* (Mittelständigkeit der *Epiphyse* beachten!)

Kraniale Computertomographie (CCT)

Definition

Nichtinvasives, computergesteuertes *Röntgenuntersuchungsverfahren* des *Schädels*.

Prinzip

- Während der Rotation eines Röntgenstrahlenbündels erfolgen computerisierte Messung und quantitative Analyse der Strahlenintensitätsabschwächung beim Durchtritt durch die verschiedenen Hirnstrukturen. Die Dichtewerte werden zu horizontalen Querschnittsbildern zusammengesetzt. Aufgrund der *unterschiedlichen Dichten* lassen sich Rückschlüsse auf die intrakraniellen morphologischen Verhältnisse gewinnen.

Durchführung

- Wegen der besonderen Art der Untersuchung (Lagerung des Patienten in einem trommelförmigen Behälter) ist jener vorher aufzuklären und ggf. leicht zu sedieren, zumal die Untersuchungen einige Minuten in Anspruch nehmen.
- Eine zusätzliche intravenöse *Kontrastmittelgabe* erweist sich im Einzelfall als notwendig.

(Einzelheiten siehe Lehrbücher der Radiologie.)

Aussage

Die gefahrlose, im ganzen wenig belastende Untersuchungsmethode eignet sich zur Erfassung morphologischer Veränderungen wie z. B. *Raumforderungen, Substanzverluste, umschriebene Defekte;* die Treffsicherheit liegt über 95%.

- Bei Demenz zeigen sich eine pathologische *Erweiterung der Liquorräume* sowie eine *Minderung der Parenchymdichte* vor allem temporoparietal. Bei Multiinfarktdemenz sind meist mehrere hypodense Areale nachzuweisen.
- Für schizophrene Psychosen werden Substanzdefizite in paralimbischen und limbischen Anteilen des *Temporallappens* und des parasagittalen *frontalen Kortex* beschrieben.
- Bei chronischer Psychose gibt es offenbar eine Tendenz zu *frontaler und temporaler Atrophie.*

(Neurologische Erkrankungen siehe entsprechende Lehrbücher.)

Definition

Nichtinvasive Untersuchungsmethode zur Erfassung *morphologischer Veränderungen* mittels Magnetresonanz.

Prinzip

- Ziel ist die Registrierung der *nuklearmagnetischen Resonanz,* die aufgrund einer Exposition starker Magnet- und Hochfrequenzfelder entsteht. Da die verschiedenen anatomischen Strukturen des Gehirns durch unterschiedliche Kerndichten und Relaxationszeiten (Zeit der Rückkehr der angeregten Protonen in den Gleichgewichtszustand) gekennzeichnet sind, werden mit Hilfe abgestufter Magnetfeldstärken eine rasterartige punktförmige räumliche Auflösung und computerunterstützte Bildgebung möglich.

Durchführung

- Diese bisher recht aufwendige Untersuchung der Hirnstrukturen ermöglicht eine weitaus bessere Differenzierung zwischen *grauer* und *weißer Substanz* sowie anderen morphologischen Gegebenheiten als alle anderen bisherigen bildgebenden Verfahren.
  Die Kernspinresonanztomographie ist zudem für den Patienten *gefahrlos* und *belastungsfrei;* es werden allerdings relative Kontraindikationen bei Durchblutungsstörungen diskutiert, wenn mit Magnetfeldern über 0,3 Tesla gearbeitet wird. (Einzelheiten siehe Lehrbücher der Radiologie.)

Aussage

- Die gewonnenen Hirnquerschnitte zeigen infolge der hohen Auflösung auch *kleinere umschriebene Veränderungen;* es fehlt die störende Überlagerung durch Knochenstrukturen.
  Auch basisnahes Hirngewebe kommt unbeeinträchtigt zur Darstellung.
- Demenz: mittels NMR bessere Abgrenzung zwischen *vaskulärer* und *degenerativer Demenz.*
- Schizophrenie: Hinweise auf *Erweiterung des Ventrikelsystems,* der frontalen und medialen Hirnsubstanz sowie der Basalganglien in Abhängigkeit von psychopathologischer Defektsymptomatik und Wirksamkeit neuroleptischer Medikamente.

Positronenemissionstomographie (PET)

Definition

Nichtinvasive Methode zur Untersuchung *des Hirnstoffwechsels.*

Prinzip

- Zugrunde liegt eine Messung der „Vernichtungsquanten", die aus dem Zusammentreffen von Positronen mit Elektronen entstehen.
- *Registrierung* mittels einer Positronenkamera.

Durchführung

- Beobachtung und Erfassung der *Stoffwechselaktivität* bzw. *Durchblutung* bestimmter Hirnregionen nach Verabreichung von Radiopharmaka oder radioaktiv markierten Gasen.
(Einzelheiten siehe Lehrbücher der Nuklearmedizin.)
Wichtig in der Psychiatrie:
- Erfassung des *Neurotransmitterstoffwechsels,* des *regionalen Glukosestoffwechsels,* der *Hirndurchblutung* und des *Sauerstoffumsatzes.*

Aussage

Technisch und personell sehr aufwendiges Untersuchungsverfahren: bislang noch nicht für die klinische Routine geeignet. Bisherige Ergebnisse zur Pathophysiologie psychiatrischer Krankheitsbilder erbrachten folgende Hinweise:

- Bei *Demenzen vom Alzheimer-Typ* Störungen des regionalen Metabolismus im Temporoparietalbereich,
- bei *Schizophrenie* Durchblutungsverminderung im frontalen Kortex und im Nucleus caudatus („Hypofrontilität"),
- bei *epileptischen Psychosen* Anhaltspunkte für erniedrigte Sauerstoffextraktionsrate in der Frontotemporalregion.

Definition/Prinzip

Die Bestimmung der wichtigsten *Blutparameter* hat im Rahmen der psychiatrischen Untersuchung einen wichtigen Stellenwert. Ihre Bewertung ermöglicht den Ausschluß organisch begründeter psychischer Störungen (s. S. 130ff.).

Durchführung

Zu den *Standarduntersuchungen* gehören die routinemäßige Überprüfung von

- *BSG, rotem* und *weißem Blutbild* mit *Differentialblutbild, Blutzukker, Elektrolyten, Lipidstatus, Leber-* und *Nierenstatus* sowie *Urinbefund.*

Zusätzlich werden im Bedarfsfall kontrolliert:

- *Schilddrüsenfunktion* und ggf. andere *endokrinologische Parameter, Vitamin-B_{12}-Spiegel* und *Harnsäure.*

(Einzelheiten siehe Lehrbücher der inneren Medizin bzw. Hämatologie.)

Aussage

Hämatologische Veränderungen können bei vielfältigen *konsumierenden, Stoffwechsel-* und *endokrinen* wie auch *kardialen Erkrankungen* auftreten, die sich hinter einem depressiven Syndrom verbergen können (symptomatische Depression),

- ferner unter *Psychopharmakotherapie.*
- Maniforme Krankheitsbilder können bei *Hyperthyreose* vorkommen.
- *Hypophysäre Störungen* wie auch die *funikuläre Myelose* können mit schizophreniformen Symptomen einhergehen.
- *Lithiumpräparate* können Schilddrüsen- und Nierenfunktion beeinflussen.

Serumspiegelbestimmungen

Definition

Überprüfung der im Blut zur Verfügung stehenden Menge eines verabreichten *Medikaments* (Drogenscreening).

Prinzip

- Im psychiatrischen Bereich ist vor allem die Untersuchung des Blutes auf psychotrope Substanzen von Wichtigkeit.

Durchführung

- Bei Verdacht auf beabsichtigte (suizidale) *Intoxikation* oder auf *Toxikomanie* überhaupt sollte eine umgehende Untersuchung des Serums auf den Gehalt an Gift bzw. psychotropen Substanzen erfolgen (z. B. Tranquilizer, Barbiturate, Schmerz- und Schlafmittel, Drogen und Alkohol).
- Unerläßlich sind regelmäßige Kontrollen des *Lithiumspiegels* bei einer entsprechenden Langzeitbehandlung; das gleiche gilt für die Verordnung von *Antikonvulsiva* bei Epilepsie.

Aussage

- Bei Verdacht auf einen Konsum unerwünschter psychotroper Mittel bzw. Drogen und Alkohol stellen Untersuchungen des Serums und des Urins die einzige Möglichkeit des *sicheren Nachweises* dar.
- Bei der *Rezidivprophylaxe* zyklothymer Erkrankungen sollte der Lithiumwert um 0,5–0,8 mval/l liegen (s. S. 287 ff.).

Definition

Untersuchung des *Liquor cerebrospinalis* zum Ausschluß zentralnervöser organischer Erkrankungen.

Prinzip

- Entzündliche, degenerative, hämorrhagische und/oder raumfordernde Veränderungen in Gehirn und Rückenmark können zu definierten *Veränderungen der Liquorflüssigkeit* führen.

Durchführung

Am gekrümmt sitzenden oder liegenden Patienten werden durch Punktion zwischen L3 und L4 etwa 10–15 ml Liquor abgenommen.

- Absolute *Kontraindikation:* Hirndrucksteigerung (Augenhintergrund!).

(Einzelheiten siehe Lehrbücher der Neurologie.)

Aussage

Als Liquorveränderungen kommen vor:

- rötliche, später gelbliche Färbung bei *Blutungen,*
- Zellvermehrung (Pleozytose) über 100/3 bei *entzündlichen Erkrankungen, Tumoren,* nach *epileptischen Anfällen* und *traumatischen Schädigungen,*
- massive Pleozytose (über 300/3 als Hinweis auf *bakterielle Meningoenzephalitis)* „exsudatives Liquorsyndrom"),
- deutliche Vermehrung des Gesamtproteins („transsudatives Liquorsyndrom") bei *Blockade der Liquorpassage* im Spinalbereich („Sperrliquor"),
- Vermehrung der Gammaglobuline mit meist nur geringfügig vermehrtem Gesamtprotein und mäßiger Pleozytose („immunaktives Liquorsyndrom") bei *chronisch-entzündlichen Erkrankungen* (z. B. Neurolues).
- Erhöhung des Liquorzuckers bei *Diabetes mellitus.*
- Erniedrigung des Liquorzuckers mit mäßiger Pleozytose bei *tuberkulöser Meningitis.*
- Veränderungen des Liquorzellbildes bei *zellulären* und/oder *humoralen Immunreaktionen,* auch bei *Tumoren.*

Labordiagnostik:

Dexamethasonsuppressionstest (DST)

Definition

Endokrinologisches Untersuchungsverfahren zur Differentialdiagnostik der *Depression.*

Prinzip

- Beim gesunden Menschen wird anscheinend durch das Glucocorticoid Dexamethason im Gegensatz zu Depressiven die *Cortisolproduktion* zeitweilig unterdrückt.

Durchführung

- Am Vorabend der Untersuchung werden 2×1 mg Dexamethason verabreicht. Am Folgetag werden zwei Blutentnahmen zur Bestimmung des Cortisolspiegels im Serum vorgenommen.
  Als *positives Ergebnis* wird registriert, wenn mindestens einer der beiden Werte über 50 µg/l liegt.

Aussage

- Wenn keine endokrinologische Erkrankung vorliegt, soll der DST eine *relative Spezifität* für das Vorliegen einer endogenen *Depression* besitzen. Bei unipolaren Verläufen wurden laut Angaben häufiger positive Werte als bei bipolarer Zyklothymie gefunden.
  Ein negativer Ausfall des DST schließt andererseits eine endogene Depression nicht aus.
- Posistive Resultate wurden andererseits auch bei neurotischer Depression, Schizophrenie, schizoaffektiver Psychose und Zwangskrankheiten gefunden.
- Aufgrund der insgesamt widersprüchlichen Testergebnisse wie auch der hohen Störanfälligkeit erscheint der DST derzeit *nicht* als ausreichend zuverlässige differentialdiagnostische Untersuchungsmethode.

Definition

Untersuchung auf Infektion mit *Treponema pallida.*

Prinzip

- Gezielte Untersuchung des Blutserums auf Syphilisreagine bzw. antitreponemale Antikörper als *Hinweis auf eine durchgemachte Infektion* (s. a. S. 128ff.).

Durchführung

Empfehlenswert erscheint folgende Vorgehensweise:
- Als *Suchtest* zunächst Einsatz des Treponema-pallidum-Hämagglutinationstests (TPHA).
- Bei *zweifelhaftem Befund* zusätzlich Anwendung des Fluoreszenz-Treponema-Absorptionstests (FTA-ABS-Test bzw. 19-S-IgM-FTA-Absorptionstest) und des Venereal-disease-research-laboratories-Tests (VDRL-Test) wie auch des Cardiolipin-Flockungstests. (Einzelheiten siehe Lehrbücher der Neurologie.)

Aussage

Sämtliche Reaktionen positiv:
- *Behandlungsbedürftige Form* der Lues.

Positive Reaktionen der beiden ersten Testresultate:
- Lues mit bisher *ausreichender Behandlung.*

Ein nur positives VDRL-Ergebnis ist nicht luesspezifisch.
- Wenn die genannten Suchtests eine durchgemachte Luesinfektion anzeigen, sprechen positiver VDRL-Test, Cardiolipin-Flockungstest und/oder IgM-FTA-Absorptionstest für eine *aktuelle Behandlungsbedürftigkeit.*
- Achtung: aus der Blutuntersuchung allein kann nicht beurteilt werden, ob das Zentralnervensystem mitbefallen ist.

Liquorkontrollen sind deshalb in den ersten fünf Jahren nach dem Primäraffekt zunächst in 3- bis 6monatigen, später in einjährigen Abständen notwendig.

Diagnostik des erworbenen Immundefektsyndroms (AIDS)

Definition

Untersuchung auf *Infektion mit HIV-Viren,* die zum Immundefekt führen („Human Immunodeficiency Virus") – bekannt bisher die beiden Formen HIV-1 und HIV-2.
Symptomatik: „Lymphadenopathiesyndrom" (LAS).

Prinzip

- Serologischer Nachweis von Antikörpern gegen HIV-Viren als Infektionsnachweis.

Durchführung

Nach Aufklärung und Einwilligung des Patienten

- Blutentnahme und -transport unter besonderen Vorsichtsmaßnahmen (z. B. Handschuhe, Schutzkleidung, Schutzbrille!).
- Anschließend Dekontamination aller benutzten Instrumente und Einrichtungsgegenstände.
(Einzelheiten siehe Lehrbücher der Mikrobiologie und Immunologie.)

Aussage

Zunächst *Routineuntersuchung* mittels „Enzyme-linked-immunosorbent-assay" (ELISA) als Suchtest mit hoher Empfindlichkeit.

- Falls positiv: zunächst Wiederholung, da 1–5% aller Resultate falsch positiv ausfallen können.
Wenn *Wiederholungstest* wiederum positiv, Überprüfung durch *Bestätigungstest* mit hoher Spezifität, z. B. mit:
- Immunoblot oder Western-Blot (Zuverlässigkeit nahezu 100%),
- indirektem Immunfluoreszenztest (IFT),
- Radioimmunpräzipitationstest (RIPT).
Wichtig: Die Diagnose einer HIV-Infektion kann nur nach Vorliegen eines positiven Bestätigungstests mit der erforderlichen Sicherheit gestellt werden. Bei positivem Ergebnis (anonyme) Meldepflicht an das BGA.

Aus *psychiatrischer Sicht* sind obige Untersuchungen notwendig bei:

- drogenabhängigen Fixern,
- Personen mit häufig wechselnden sexuellen Partnern, insbesondere männlichen Homosexuellen und Bisexuellen,
- Kontaktpersonen mit HIV-Infizierten.

Die im folgenden in Glossarform beschriebenen häufigsten *psychopathologischen Symptome* und *Syndrome* werden eingehend in den Lehrbüchern der klinischen Psychopathologie abgehandelt. Ihre Darstellung erlaubt die Beschreibung von Erkrankungsarten und -formen, sagt aber nichts Verläßliches aus über Ätiologie und Pathogenese der zugrundeliegenden Störung. Die nachstehende Auflistung, die sich auf die wichtigsten Angaben beschränkt, behandelt sowohl die Beeinträchtigungen der *psychischen Elementarfunktionen* (Störungen von Vigilanz, Orientiertheit, Wahrnehmung, Denken, Antrieb und Emotionalität) wie auch *komplexere Syndrome.*

Als letztere werden Symptomenverbände bezeichnet, deren Elemente nach einem bekannten Muster oder in einer bestimmten, zeitlichen Abfolge auftreten. Da sie für definierte Erkrankungen pathognomonisch sein können, erhält ihr Auftreten eine gewisse diagnostische und differentialdiagnostische Valenz. Dies bedeutet, daß in der Regel durch das Auftreten bestimmter Syndrome das Vorliegen einer Erkrankungsart wahrscheinlicher oder unwahrscheinlicher wird. Deutlich wird dies z. B. an den Symptomen 1. und 2. Ranges, welche auf das Vorliegen einer Schizophrenie hinweisen.

Es gibt Syndrome mit höherem oder niedrigerem, aber niemals absolutem *Spezifitätsgrad;* während beispielsweise depressive Bilder bei zahlreichen psychischen Krankheiten vorkommen, sind phobische Syndrome mit großer Wahrscheinlichkeit Ausdruck einer angstneurotischen Störung.

Psychopathologische Symptome werden diagnostisch erfaßt durch *Exploration* und *Verhaltensbeobachtung*. Ihre sorgfältige Erfassung und prägnante Beschreibung bilden die Bausteine des aktuellen psychischen Befundes, der durch die Resultate *psychologischer Testverfahren* ergänzt und abgerundet werden kann.

Zu beachten ist, daß die psychopathologische Terminologie nicht allseits einheitlich verwendet wird; beispielsweise unterscheidet sich der psychiatrische Begriff „Bewußtseinsstörung" erheblich von dem entsprechenden juristischen Terminus.

Aktueller psychopathologischer Befund, Vorgeschichte und Verlaufsbeobachtung führen schließlich zur *psychiatrischen Diagnose,* ohne die eine zielgerichtete und angemessene Behandlung nicht möglich ist.

Bewußtseinsstörung

Definition

Quantiative und/oder qualitative *Beeinträchtigung der Vigilanz.*

Phänomenologie

Bei den *quantitativen* Störungen handelt es sich um Beeinträchtigungen der *Bewußtseinsklarheit.* Zu unterscheiden sind:

- *Somnolenz* (Benommenheit mit allgemeiner Verlangsamung bei jedoch noch herstellbarem Rapport zur Umwelt als leichteste Form der Bewußtseinstrübung),
- *Sopor* (deutliche Schläfrigkeit mit nur noch ungezielten Abwehrreaktionen),
- *Koma* (tiefe Bewußtlosigkeit ohne Erweckbarkeit mit Erlöschen der Reflextätigkeit sowie Regulationsstörungen der Vitalfunktionen),
- *Hypervigilität* bzw. *Hypervigilanz* (Zustand von Überwachheit mit gehobener Bewußtseinsklarheit, vermehrter Aufmerksamkeit, geschärfter Wahrnehmung, beschleunigter Reaktionsfähigkeit und erhöhter intellektueller Leistungsfähigkeit einschließlich Hypermnesie).

(Qualitative Bewußtseinsstörungen s. S. 90–93.)

Vorkommen

- Somnolenz: bei leichteren *Intoxikationen, endokrinen* und *metabolischen Funktionsstörungen, Fieber, beginnendem Hirndruck, Trancezuständen* und *starker Erschöpfung.*
- Sopor: bei *gesteigertem Hirndruck, Enzephalitis* und *Hirnblutung, schwereren endogenen* und *exogenen Intoxikationen* sowie nach *epileptischen Anfällen.*
- Koma: bei *gravierenden Vergiftungen, massiven endokrinen und metabolischen Entgleisungen, schwersten Infektionen, akuten Hirnschädigungen* und *Hirnblutungen, zerebralen Gefäßverschlüssen, kreislaufbedingter Anoxie,* im *Schock* und im *großen epileptischen Anfall.*
- Hypervigilität: bei *Rauschzuständen* (z. B. nach Phantastikagenuß), unter *Weckaminen* oder anderen *Aufputschmitteln,* während *epileptischer Auren,* gelegentlich auch bei anlaufenden schizophrenen und *manischen Episoden* sowie durch *außergewöhnliche seelische Anspannung und Konzentration.*

Definition

Örtliche, zeitliche, situative und/oder persönliche *Un-* oder *Falschinformiertheit.*

Phänomenologie

- Infolge falscher Einschätzung der Situation oder der jeweiligen örtlichen und/oder zeitlichen Gegebenheiten entsteht ein Eindruck von *Verwirrtheit, Rat-* und *Hilflosigkeit* sowie dadurch bedingter *Ängstlichkeit.*
- Hinzu treten oft *Unruhe* und *Verstörtheit.*
- Das Bewußtsein (Vigilanz) kann voll erhalten wie auch getrübt sein.

Vorkommen

- Desorientiertheit zeigt sich überwiegend bei *organisch begründbaren Psychosen* bzw. *hirnorganischen Psychosyndromen.* In ausgeprägterer Form tritt sie im Gefolge schwerer *Demenz* (s. S. 88) auf (z. B. als Korsakow-Syndrom – s. S. 67).
- Gelegentlich sind Orientierungsstörungen während *akuter endogener Psychosen* zu beobachten.
- Sehr selten: Begleiterscheinung *psychogener Erregungszustände* (z. B. als hysterischer Dämmerzustand – s. S. 90).

Gedächtnisstörung

Definition

Globale und partielle Beeinträchtigung der *Aufnahme, Speicherung* und/oder *Wiedergabe* von *Informationen.*

Phänomenologie

Die mnestische Leistungsfähigkeit stellt einen Teilfaktor der allgemeinen Intelligenz dar: sie ist individuell verschieden ausgebildet. Defizite hinsichtlich der Gedächtnisleistung können begründet sein in einer Aufnahme und/oder Wiedergabe von Daten. Daher wird unterschieden zwischen:

- Störungen des *Kurzzeitgedächtnisses* bzw. der *Merkfähigkeit,* und
- Störungen des *Langzeitgedächtnisses.*

Begrifflich wird differenziert zwischen:

- *Amnesien:* zeitlich begrenzte Gedächtnislücken, die beim Korsakow-Syndrom (s. S. 67) mit Konfabulationen ausgefüllt werden.
- *Paramnesien:* Erinnerungsverfälschungen, gekennzeichnet durch Veränderungen der Gedächtnisinhalte bei der Reproduktion (z. B. Déjà-vu- und Déjà-vecu-Erlebnisse).
- *Hypermnesie:* Steigerung der Erinnerungsfähigkeit.

Vorkommen

- Allgemeine Gedächtnisschwäche mit besonderer Betonung von Merkfähigkeitsstörungen: bei *Demenz* als Folge unterschiedlicher Beeinträchtigungen der Hirnleistung (s. S. 109ff.).
- Antero- und/oder retrograde Amnesie: nach *Hirnschädigungen, Intoxikationen* und *Enzephalitis* wie auch *anderen Hirnerkrankungen.*
- Amnestische Episoden: bei *transitorischer zerebraler Ischämie.*
- Phasenabhängige Gedächtnisstörungen gibt es auch bei *endogener Depression* (s. S. 142ff.).
- Psychogene Gedächtnislücken („Blackout"): bei starker *affektiver Erregung* (z. B. Prüfungsangst) oder auch als *Zweckreaktion.*
- Paramnesien: gelegentlich bei *beginnenden Psychosen,* in der *epileptischen Aura* sowie in *Traum* oder *traumähnlichen Erlebnissen* und *Hypnose.*
- Hypermnesie: unter *Drogen,* in der *Hypnose* und bei *Fieber* (allerdings oft mit Erinnerungsverzerrungen verbunden).

Definition

Schwere Form der *Gedächtnisstörung* (s. S. 66)

Phänomenologie

- Infolge erheblicher Einbußen der Neugedächtnisleistungen kommt es zu *Verwirrtheit* und *Desorientiertheit* (s. S. 65).
- Fragen werden mit beziehungslosen Floskeln beantwortet, die der meist hilflose Patient ohne Zusammenhang, teils klangassoziativ formuliert (Konfabulationen).

Vorkommen

Ein Korsakow-Syndrom ist immer Ausdruck einer massiven Hirnfunktionsstörung.
Es kommt vor bei

- *chronisch-irreversiblen, organisch begründbaren Psychosen,* nach *schweren Hirnschädigungen* und *Intoxikationen,* nach *CO-Vergiftungen,*
- besonders häufig bei ausgeprägtem *chronischen Alkoholismus* (betroffen werden ca. 3–5% aller Alkoholiker – s. S. 234ff.).

Wahn

Definition

Krankhaft verfälschte, unkorrigierbare *Vorstellungen* und *Gedanken.*

Phänomenologie

Kennzeichnend für den Wahn sind:

- einerseits die Entwicklung von Vorstellungen, die sich *nicht mit der Realität in Einklang* bringen lassen,
- andererseits die *subjektive Gewißheit* der jeweiligen Inhalte, die vom Patienten auch durch gegenläufige Erfahrungen nicht beeinflußt und korrigiert werden kann, d. h.,
  die Wahngewißheit ist durch logische Argumente bzw. begründeten Widerspruch nicht zu erschüttern.
- Wahn und Realität können auch *nebeneinander* bestehen („doppelte Buchführung").
- Wahneinfälle und Wahnideen können als Evidenzerlebnisse plötzlich auftreten und/oder sich allmählich zu einem geschlossenen Wahnsystem verknüpfen.
- Eine Wahnstimmung kann atmosphärisch Wahrnehmen und Erleben färben.
  Als Formen und Inhalte des Wahns kommen vor:
- *Verfolgungswahn, Beziehungswahn, Größenwahn, Liebeswahn, Verarmungswahn, Versündigungswahn, hypochondrischer Wahn, nihilistischer Wahn, Deutungswahn, Beeinträchtigungswahn* u. a.

Vorkommen

- Auftreten von Wahnsymptomen in erster Linie bei *endogenen Psychosen* (hier wiederum vorrangig bei Schizophrenie).
- Ferner: bei körperlich begründbaren Psychosen entweder: passager als *„paranoides Durchgangssyndrom"* oder vorherrschend bei *Abbauvorgängen* (z. B. „Dermatozoenwahn"), *chronischer Toxikomanie,* auch bei *progressiver Paralyse.*
- Zu paranoiden *erlebnisreaktiven Entwicklungen,* die anfänglich noch korrigierbar sind, kann es nach schwerer Kränkung bei sensitiv strukturierten Personen kommen (z. B. als Beziehungswahn, Liebeswahn, Verfolgungswahn, Querulantenwahn), ferner bei längerer Isolation (Einzelhaft, z. B. als Unschulds- oder Begnadigungswahn).
- Eifersuchtswahn zeigen häufig *Alkoholkranke.*
- Infolge Beeinflussung anderer (Wahninduktion) auch *kollektive Wahnerlebnisse* möglich („Folie à deux").

Definition

Wahrnehmung von Sinneseindrücken, denen *kein entsprechender Sinnesreiz* zugrunde liegt.

Phänomenologie

Halluzinationen werden vom Patienten als leibhaftig und real erlebt: sie sind für den Betroffenen nicht korrigierbar.

- Am häufigsten: *akustische* und *optische Sinnestäuschungen,* darüber hinaus: *olfaktorische, gustatorische, taktile, kinästhetische* und *Leibhalluzinationen.*
- Unstrukturierte Geräuschhalluzinationen heißen *Akoasmen,* unstrukturierte optische Sinnestäuschungen *Photismen.*

Vorkommen

- Akustische Halluzinationen: Symptome ersten Ranges bei *Schizophrenie.* Als akustische *Halluzinose* am häufigsten bei *chronischem Alkoholismus.*
- Optische Halluzinationen: vorwiegend bei *körperlich begründbaren Psychosen,* insbesondere Intoxikationszuständen und Delirien.
- Olfaktorische und gustatorische Halluzinationen: außer bei *Schizophrenie* auch bei *Temporallappenepilepsie;* erstere ferner bei Schädigungen der *Area olfactoria.*
- Leibhalluzinationen (Zönästhesien): bei *Schizophrenie* und bei *Involutionspsychosen,* in taktiler (haptischer) Form beim *Dermatozoenwahn* wie auch bei *Kokainintoxikation*
- Kinästhetische Halluzinationen treten am häufigsten bei *Schizophrenie* auf.

Unter starker *Erlebnisanspannung* und bei *hoher Suggestibilität* kann es passager auch zu kollektiven halluzinatorischen Erlebnissen kommen.

Nicht krankheitsbedingt sind optische und/oder akustische Sinnestäuschungen, die bei völliger Isolierung (z. B. Einzelhaft, experimentelle Sinnesdeprivation) auftreten.

Pseudohalluzination

Definition

Trugwahrnehmung, die im Gegensatz zur Halluzination als unwirklich erkannt wird.

Phänomenologie

- Die Pseudohalluzinationen ähneln den echten Sinnestäuschungen; die Übergänge sind fließend. Der Betroffene hält allerdings nicht mit Überzeugung an den Eindrücken fest; es fehlt ihnen der Charakter objektiver Wahrnehmung.
- Es kommen praktisch nur Täuschungen im *auditiven* und *visuellen Bereich* vor.

Vorkommen

- Pseudohalluzinationen zeigen sich in der *Einschlaf- und Aufwachphase,* bei *Ermüdung* und *Erschöpfung* und bei *leichteren Bewußtseinstrübungen,* z. B. *im Fieber.*
- Katathyme Pseudohalluzinationen können sich in *ekstatischen* und *meditativen Versenkungen* einstellen, vor allem dann, wenn eine Veranlagung zu Phantasiereichtum und Eidetik (lebhaftes und eindringliches Vorstellungsvermögen) besteht.

Definition

Form der *Wahrnehmungstäuschung* mit Fehldeutung tatsächlich vorhandener Sinneseindrücke.

Phänomenologie

- Infolge einer subjektiven Umdeutung real vorhandener Sinnesreize kommt es zu einer dem Patienten nicht bewußten *Verkennung* und damit *Umgestaltung* von umgebenden Gegenständen, Personen oder Situationen.
- Die Wahrnehmungsverfälschung selbst beruht auf einer besonderen Erwartungshaltung und affektiven Gestimmtheit.

Vorkommen

Das Auftreten illusionärer Verkennungen wird begünstigt
einerseits durch *erschwerte Wahrnehmungsbedingungen* (z.B. undeutliches Sehen, Dunkelheit, unübersichtliche Situationen, Ermüdung und Erschöpfung),
andererseits durch *Besonderheiten der betroffenen Person* (z.B. Phantasiereichtum, pathische Grundeinstellung, erhöhte Suggestibilität).

- Besonders zu *paranoid* getönten Verkennungen neigen *kontaktarme* und *ichschwache Personen.*
- Darüber hinaus sind sie häufige Begleitsymptome *deliranter* und *Rauschzustände.*

Antriebsminderung/Antriebshemmung

Definition

Krankhaftes *Defizit* im *Antriebsverhalten*.

Phänomenologie

Antriebsminderungen können von der leichten Hemmung bis zur völligen Reglosigkeit im *Stupor* reichen.

- Im allgemeinen imponieren sie als *Schwunglosigkeit* und *Mangel an Anregbarkeit, Reaktionsverzögerung* und *Passivität;* die voluntativen Impulse können bis zur *Willenlosigkeit (Abulie)* erlahmen.
- Im motorischen Bereich tritt eine *allgemeine Verlangsamung* in Erscheinung; die Körperbewegungen werden matt und einförmig. Eigen- und Fremdantriebsverhalten können durchaus diskordant sein.

Vorkommen

- Antriebsmängel können Begleitsymptome vielfältiger *Körpererkrankungen* sein, insbesondere solcher des *Endokriniums* (z. B. Hypothyreose, Hypophyseninsuffizienz, Morbus Addison), darüber hinaus kommen sie bei *(hirnlokalen) organischen Psychosyndromen* vor.
- Antriebsschwäche als Ausdruck eines seelischen Potentialverlustes tritt ferner auf nach *akuten Psychosen* (z. B. als postremissives Erschöpfungssyndrom nach schizophrenen Schüben oder als Defektsyndrom).
- Bei *endogenen Depressionen* kann die Antriebsverarmung ebenfalls Symptom eines Energiedefizits sein wie auch Widerspiegelung einer motorischen Blockade im depressiven Stupor infolge eines inneren Überwältigtwerdens durch Angst- und Schuldgefühle. Letzteres gilt ferner für den katatonen Stupor bei *Schizophrenie* und für den *Mutismus*.
- Auch *neurotische Störungen,* insbesondere solche depressiver Färbung, gehen mit Niedergeschlagenheit, Entschlußlosigkeit und Willensschwäche einher.

Unter *Sedativa* oder *dämpfenden Psychopharmaka* kommt es zu iatrogenen Antriebseinbußen.

Antriebeinschränkungen bei *Hospitalismus* sind ebenfalls als Artefakte anzusehen.

Definition

Krankhaftes *Schweigen* bis zur völligen Stummheit.

Phänomenologie

- Der Patient zeigt eine schwere Sprachhemmung als Ausdruck einer Antriebsstörung bei intaktem Sprechvermögen.
- Zugrunde liegt ein Verlust des Sprechantriebs infolge schwerer *Depressivität, Ratlosigkeit, Angst* und *Verzweiflung*.

Vorkommen

- Mutismus wird beobachtet bei schweren *endogenen Depressionen* und *depressiven Reaktionen* als Ausdruck seelischer Traumatisierung.
- Er kann auch bei *Schizophrenie* auftreten; bei *autistischen Kindern* stellt er ein häufiges Begleitsymptom dar.
(Demgegenüber beruhen Sprachstörungen auf lokalen Schädigungen des Sprechapparates bzw. sie sind Ausdruck hirnorganisch bedingter Werkzeugstörungen – s. a. S. 12.)

Antriebssteigerung

Definition

Lebhaft bis krankhaft *gesteigertes Antriebsverhalten*.

Phänomenologie

Leichtere, nicht pathologische Antriebssteigerung zeigt sich als Betriebsamkeit; das Spektrum erstreckt sich je nach Ausmaß der Störung bis zum Erregungszustand.

- In der Regel wirkt der Patient *rastlos* und *umtriebig* bis *hektisch, impulsiv, initiativ-* und *ideenreich* bis zur Gedankenflucht und Logorrhö (s. S. 82f.).

Vorkommen

- Vermehrte Erregbarkeit und Überaktivität können bei *Hyperthyreose* sowie unter *Weckaminen* (z. B. Amphetamin, Coffein) auftreten.
- Schon deutlichere Antriebsstörungen bis zur Tobsucht kann es bei *endogener Manie* geben.
- Antriebsenthemmungen werden gesehen bei diffusen *zerebralen Schädigungen* (Erethismus) wie auch in *Rauschzuständen*.
- Panikreaktionen können ebenfalls durch eine erhebliche passagere Antriebszunahme gekennzeichnet sein (s. a. S. 95).

Definition

Form der *Bewegungsunruhe* mit und ohne zugrundeliegende(r) Antriebssteigerung.

Phänomenologie

- Ziellos gesteigerte Motorik wie z. B. *Hin- und Herlaufen, Umhertrippeln, Händeringen, Herumnesteln;*
  auch ticähnliche Bewegungen (z. B. Blinzeltic, Räuspertic, stereotypes Kopfschütteln).
- Den neurologisch bedingten Hyperkinesen liegen keine Antriebsstörungen im engeren Sinne zugrunde; sie sind als *stereotype motorische Schablonen* anzusehen (s. S. 76).
- Bei zugrundeliegender Antriebssteigerung erscheinen manche Verhaltensweisen wie sog. *Übersprungshandlungen.*

Vorkommen

- Als Symptome *neurologischer Erkrankungen* extrapyramidaler Genese wie auch unter *Neuroleptikatherapie:*
  überschießende und/oder ungesteuerte, auch feinmotorische Bewegungen von Muskeln und Muskelgruppen in Form von Dyskinesien, Tremor, Athetosen und choreiformen Bewegungen.
- Hyperkinesen im übrigen nicht selten bei *emotional instabilen* Kindern; Jungen häufiger als Mädchen betroffen; hypermotorische Syndrome auch bei *MCD-Schädigungen.*
- Mit zugrundeliegenden Antriebsstörungen gibt es erhebliche Bewegungsunruhe und Erregtheit bei *Erlebnisreaktionen, agitierten Depressionen,*
  in extremer Form als *katatone Erregtheit* im Rahmen einer akuten schizophrenen Erkrankung.

Stereotypie

Definition

Monoton wiederkehrende *Handlungsabfolgen.*

Phänomenologie

- Einfache *Gesten* oder *Bewegungskomplexe* werden – oft auf bizarre Weise – ohne erkennbaren Sinn ständig wiederholt (z. B. Kratzen, Reiben, Wischbewegungen, Grimassieren, Blinzeln). Diese *Handlungsstereotypien* können von *Sprachstereotypien* begleitet sein in Form ständig wiederkehrender, inhaltsleerer und wie automatisiert ablaufender sprachlicher Entäußerungen (Verbigeration, Vokaltic).
- *Haltungsstereotypien* werden Katalepsie genannt, beispielsweise das starre Beibehalten unnatürlicher Körperstellungen.
- *Tics* sind raschere, *Dystonien* und *Dyskinesien* langsamere Stereotypien.

Vorkommen

- Einfache motorische Stereotypien sind in der Regel Ausdruck diffuser *hirnorganischer Leistungseinbußen* (z. B. nach Enzephalitis, bei zerebraler Arteriosklerose bzw. Demenz wie auch ausgeprägter Oligophrenie, Morbus Wilson und Chorea Huntington).
- Häufiges Vorkommen auch bei *katatoner Schizophrenie* und bei *chronischer schizophrener Erkrankung.*

Ambivalenz

Definition

Gleichzeitig nebeneinander bestehende *gegenläufige Gefühlstönungen.*

Phänomenologie

- Je einander entgegenwirkende Vorstellungen und Strebungen können nach außen als *Ratlosigkeit, Zwiespältigkeit* und *Entscheidungsschwäche* in Erscheinung treten.

Vorkommen

- Häufiges Symptom bei *neurotischen* Störungen.

Ambitendenz

Definition

Gleichzeitig einwirkende *gegenläufige Antriebsgerichtetheiten.*

Phänomenologie

- Es kommt zu einer Antriebsblockade infolge der entgegengesetzt gerichteten voluntativen Impulse, nach außen erkennbar an hilfloser *Reglosigkeit,* aber auch an Zuständen von *Unruhe* und *Hektik.* Anlaufende Bewegungs- oder Handlungsabläufe werden immer wieder unterbrochen hin bis zur Lähmung des gesamten Verhaltens.

Vorkommen

- Ambitendenzen sind häufig bei *schizophrenen Psychosen* zu beobachten, ferner bei *labilen Personen* mit Neigung zu rasch wechselnden Vorstellungen und Impulsen.

Ichstörung/Icherlebensstörung

Definition

Beeinträchtigungen des *Icherlebens,* bei denen die eigene Person bzw. ihre Funktionen als fremd erlebt werden.

Phänomenologie

- Verwischung der Ich-/Umweltgrenzen, die mit *Entfremdungs-, Derealisations-* und *Depersonalisationsgefühlen* einhergehen kann. Ferner gehören hierzu formale Denkstörungen in Form von *Gedankenentzug, Gedankeneingebung, Gedankenausbreitung* und anderer, als *fremd gesteuert* erlebter kognitiver wie auch emotionaler und voluntativer *seelischer Vorgänge* (Charakter des „Gemachten").
- Andererseits kann auch eine bekannte Umgebung als unwirklich und fremdartig wahrgenommen werden.

Vorkommen

- Störungen des Icherlebens in Form wahnhafter Beeinflussungserlebnisse der eigenen Funktionen treten vor allem bei *Schizophrenie* auf,
- Derealisations- und Depersonalisationserlebnisse gibt es darüber hinaus auch bei *symptomatischen Psychosen, Depressionen, Persönlichkeitsstörungen* und bei *Erschöpfungszuständen.*

Definition

Blockade des Gedankenganges als Ausdruck formaler Denkstörung. Beim Gedankenabreißen plötzliche *Unterbrechung* des Gedankenganges.

Phänomenologie

- Denksperre bzw. Gedankenabreißen sind äußerlich erkennbar als wiederholtes plötzliches, unmotiviertes Stocken des Patienten im *Gespräch*.

Vorkommen

- Die genannten formalen Denkstörungen sind Symptome ersten Ranges bei *Schizophrenie,* wobei das Gedankenabreißen oft auch als von außen gesteuerter Gedankenentzug erlebt wird. (Hiervon zu unterscheiden ist die Denkhemmung bei *Depressionen* wie auch der „Verlust des roten Fadens" als Zeichen der Vergeßlichkeit bei *Hirnleistungsschwäche.*
(Beim „Gedankenstopp" handelt es sich um ein in der kognitiven *Verhaltenstherapie* verwendetes bewußtes Abblocken einer Vorstellung aus therapeutischen Gründen, das gezielt und systematisch trainiert wird.)

Denkhemmung/Haften

Denkhemmung

Definition

Verlangsamung der *Denkabläufe* als Ausdruck formaler Denkstörung.

Phänomenologie

- Gehemmtes oder verlangsamtes Denken tritt nach außen in Erscheinung als *erschwerte, schleppende sprachliche Mitteilung* mit einfallsarmen, monotonen Inhalten.

Vorkommen

- Die Denkhemmung zeigt sich als Begleiterscheinung allgemeiner Antriebsarmut vor allem bei *endogener Depression, Schizophrenie* und *hirnorganischem Psychosyndrom.*

Haften

Definition

Formale Denkstörung, die als *erschwerte Umstellung* auf ein neues Thema in Erscheinung tritt.

Phänomenologie

- Die Denkabläufe des Patienten bleiben beschränkt auf ein Leitthema, an dem er in *eintöniger Weise klebenbleibt.*

Vorkommen

- In der Regel ist das Haften Symptom *hirnorganischer Wesensänderung;* gelegentlich findet es sich auch bei *neurotischer Fixierung* auf eine subjektiv sehr bedeutsame Vorstellung („fixe Idee").

Perseveration

Definition

Stereotype *Wiederholung* ein und derselben *Denkinhalte.*

Phänomenologie

- In eintönig-monotoner Weise kreist das Denken um bestimmte Vorstellungen als Ausdruck der völligen Inanspruchnahme durch ein Thema. Der Patient ist außerstande, Gedankengänge zu Ende zu führen oder neue Denkansätze zu finden.

Vorkommen

- In Form von zwanghaften Grübeleien gibt es Perseverationen z. B. bei *Schlafstörungen,* vor allem im Rahmen *endogener* und *exogener Depressionen.*

Inkohärenz/Zerfahrenheit

Definition

Ziellos-verworrenes und *zusammenhangloses* Denken.

Phänomenologie

- Die Denkabläufe sind *ohne verständlichen Zusammenhang;* sie treten bei den sprachlichen Äußerungen des Patienten oft nur bruchstückartig in Erscheinung. Die Inkohärenz kann bis zu einem unverständlichen *Wortgemisch* und zu einem völligen *Sprachzerfall* führen.
- Die Denkzerfahrenheit ist gekennzeichnet durch einen *Verlust* von Kontrollvorgängen über die Denkabläufe; die assoziativen und logischen Zusammenhänge der Denkinhalte gehen verloren. In extremer Form kommt es zu einem unverständlichen „Wortsalat".

Vorkommen

- Bei *endogenen* und *exogenen Psychosen.*

Ideenflucht/Logorrhö

Ideenflucht

Definition

Krankhafte *Beschleunigung* der Denkabläufe.

Phänomenologie

- Die sprachlichen Äußerungen des Patienten sind gekennzeichnet durch einen *Kontrollverlust* über den Gedankenablauf; die Denkinhalte wechseln rasch und sprunghaft und sind durch neue Einfälle immer wieder ablenkbar. Die gedanklichen Assoziationsketten erscheinen beschleunigt und ziellos.

Vorkommen

- Ideenflüchtigkeit zeigt sich vor allem bei *maniformen Syndromen* und in *ekstatischen* bzw. *Rauschzuständen,* ferner bei *beginnender Schizophrenie.*

Logorrhö

Definition

Sprachliche Enthemmungserscheinung in Form eines unkontrollierten Redeflusses.

Phänomenologie

- Der zugrundeliegende Rededrang äußert sich als übermäßig *schnelles, pausenloses Reden* bis zur Geschwätzigkeit; der Redefluß kann bis zur völligen Inkohärenz ausufern (s. S. 81).

Vorkommen

- In Verbindung mit Sprechbeschleunigung bei *maniformen Syndromen* und in *Rauschzuständen* wie auch bei *dementiellen Abbauvorgängen.*
- Gelegentlich im Zustand besonderer *Angeregtheit.*

Affektverarmung

Definition

Verlust affektiver Ansprechbarkeit.

Phänomenologie

- Es entsteht der Eindruck *emotionaler Indifferenz;* der Patient wirkt affektiv abgestumpft, in seinen Gefühlsäußerungen flach bis teilnahmslos, teils auch läppisch. Eine spürbare echte affektive Resonanz bleibt aus.

Vorkommen

- Zu einer affektiven Nivellierung und Verarmung emotionaler Resonanz kommt es vor allem bei *schizophrenen Psychosen der Simplexform.* Auch Patienten mit *Demenz* und *chronischer Sucht* erleiden einen Verlust an affektiver Ansprechbarkeit.

Parathymie

Definition

Gefühlsstörung in Form *inadäquater* affektiver Äußerungen.

Phänomenologie

- Der Patient bietet emotionale Reaktionen, die nicht zu den jeweils vermuteten Vorstellungsinhalten passen; das Ausdrucksverhalten wirkt dem unterstellten Affekt *entgegengerichtet* (Paramimie – s. S. 11).

Vorkommen

- Parathyme Reaktionen werden bei der *Schizophrenie* beobachtet. Ferner zeigen sie sich bei simulierenden oder dissimulierenden Patienten im Rahmen von *Zweck-* und *Tendenzreaktionen.*

Affektlabilität/Stimmungslabilität Affektinkontinenz

Affektlabilität, Stimmungslabilität

Definition

Affektstörung in Form raschen *Stimmungswechsels.*

Phänomenologie

- Es kommt zu einem raschen Stimmungswechsel von jeweils kurzer Dauer bereits aufgrund geringfügiger auslösender Reize („himmelhoch-jauchzend zu Tode betrübt").
- Insgesamt entsteht der Eindruck einer gewissen *emotionalen Oberflächlichkeit.*

Vorkommen

- Emotionale Labilität tritt gehäuft auf bei *hirnorganischen Schädigungen* einschließlich der *Oligophrenie.*
- Nicht krankhaft bedingt sind affektlabile Phasen während *biologischer Krisenzeiten* (z. B. Pubertät, Schwangerschaft, prämenstruell).

Affektinkontinenz

Definition

Mangelhafte *Affektkontrolle* (Steigerung von Affektlabilität).

Phänomenologie

- Im Unterschied zur Affektlabilität stellen sich schon auf geringfügige Anlässe hin *intensive emotionale Reaktionen* ein wie z. B. überschießendes Lachen oder heftiges Weinen.
- Der Übergang zur *Rührseligkeit* ist fließend. Die emotionalen Äußerungen klingen meist rasch wieder ab.

Vorkommen

- Überwiegend bei *hirnorganischen Schäden;* darüber hinaus auch bei *körperlicher* und/oder *seelischer Erschöpfung.*

Amentielles Syndrom
(Verwirrtheit)

Definition

Verzerrung der *Bewußtseinsinhalte* bei möglicher, aber nicht obligater Bewußtseinstrübung (s. S. 64).

Phänomenologie

- Es handelt sich um einen Zustand von *Verwirrtheit, Desorientiertheit* und damit verbundener *Ratlosigkeit* und *Unruhe.* Begleitend liegen oft auch *Wahrnehmungsverfälschungen* sowie schwere *Denkstörungen* vor. Die Stimmungslage ist meist ängstlich-ratlos.
- Der Verwirrtheitszustand kann in akuter Form bis zu Stunden andauern; in chronisch-irreversibler Form zeigt er sich bei schon ausgeprägterer *Demenz*.

Vorkommen

- Das amentielle Syndrom tritt als symptomatische Psychose auf bei *schweren Infektionskrankheiten, endokrinen Störungen* und *hirnorganischen Schäden,* gehäuft bei *Alkoholismus* und *Drogenintoxikation,* ferner bei *Hirnarteriosklerose.*
- Gelegentlich gibt es Verwirrtheitszustände auch bei *schizophrenen oder manischen Psychosen.*
- Seltener wird psychogene Verwirrtheit im Gefolge starker *affektiver Erregung* beobachtet.

Definition

Angeborene bzw. früherworbene *Intelligenzminderung*. Intelligenzaufbaustörung (Synonym: geistige Behinderung) – s. a. S. 105 ff.

Phänomenologie

Es gibt alle möglichen Formen der intellektuellen Minderbegabung von der leichten Debilität bis zur schweren Oligophrenie mit dauernder Pflegebedürftigkeit.

- Leitsymptome sind:
  Urteils- und Kritikschwäche, sprachliche Ausdrucksmängel, Unbeholfenheit und *psychomotorische Ungeschicklichkeit, mangelndes soziales Anpassungsvermögen* mit *gelegentlicher Neigung zur Delinquenz.*
- Die Intelligenzeinbußen können quantitativ und qualitativ durch psychometrische Verfahren erfaßt werden (Ermittlung des sog. Intelligenzquotienten – s. S. 22 ff.).

Vorkommen

- Defizite hinsichtlich der intellektuellen Kapazität entstehen *anlagebedingt* mit *familiärer Häufung* (sog. familiärer Schwachsinn),
- *genetisch bedingt* (z. B. durch Stoffwechselstörungen oder chromosomale Mutationen),
- durch *prä-, peri- oder postpartale Schädigungen* (z. B. im Gefolge minimaler zerebraler Funktionsstörungen).
  Betroffen ca. 1% der Bevölkerung.
- Gemessen am Intelligenzquotienten (IQ nach *Wechsler* – s. S. 22), entspricht
  - niedrige Intelligenz einem IQ von 70–84,
  - leichte intellektuelle Behinderung einem IQ von 50–70,
  - deutlicher Schwachsinn einem IQ von 35–49,
  - schwerer Schwachsinn einem IQ von 20–34,
  - hochgradiger Schwachsinn einem IQ unter 20 Pkt.

Hirnorganisches Psychosyndrom (HOPS)

Definition

Diffuse *psychische Veränderungen* als Ausdruck von Hirnleistungsschwäche.

Phänomenologie

Sammelbezeichnung für vielfältige Folgeerscheinungen einer Hirnschädigung, die reversibel oder irreversibel sein können.

- Leitsymptome:
mnestische und *konzentrative Einbußen, Auffassungs-* und *Orientierungsstörungen, Affektlabilität* und *vermehrte Reizbarkeit, Erschöpfungsgefühl, Antriebsstörungen, Veränderungen* der *gesamten Persönlichkeit* (Wesensveränderung).

Vorkommen

Hirnorganische Psychosyndrome treten auf:

- im Gefolge diffuser akuter (Durchgangssyndrom) und/oder chronischer *Hirnschädigungen,*
- bei *zerebraler Arteriosklerose* und anderen *Beeinträchtigungen,* der *Hirnleistung* (z. B. Alkoholismus, Drogenintoxikation, Hirnatrophie, zerebrale Raumforderung),
- ferner bei *Infekten, Exsikkose, Herzinsuffizienz, schwerer Leber- und/oder Nierenfunktionsstörung.*
Anhaltende Schädigungen führen schließlich zu irreversiblen Veränderungen der Gesamtpersönlichkeit mit den Zeichen der *hirnorganischen Wesensveränderung* bzw. *Demenz* (s. S. 88, 109 ff.).
- Vom hirnorganischen Psychosyndrom zu unterscheiden sind das *hirnlokale Psychosyndrom* (Ausdruck lokalisierter Hirnschädigung) und
das *endokrine Psychosyndrom* (Begleiterscheinung endokrinologischer Erkrankungen).

Demenz, Pseudodemenz

Definition

Irreversible, häufig zunehmende *Minderung der intellektuellen Leistungsfähigkeit* bei allgemeinem *Persönlichkeitsabbau.*
Pseudodemenz: Symptomatik ähnlich der bei Demenz, jedoch ohne organische Ursachen.

Phänomenologie

- Beginn meist mit einem Nachlassen der *kognitiven Leistungsfähigkeit* (Merkschwäche, Vergeßlichkeit, Konzentrations- und Orientierungsstörungen, Einbußen an Umstellfähigkeit und Reaktionsvermögen, Antriebsschwäche),
- dann allmählich auch Symptome einer *Wesensveränderung* (Minderung an Selbstkontrolle und Taktgefühl, an seelischer Frische, emotionaler Steuerung, Nachlassen von Pflichtbewußtsein und allgemeinem Leistungsvermögen). Bei weiterer Progredienz: *aphasische, apraktische* und *agnostische Störungen* (Werkzeugstörungen). An *emotionalen Beeinträchtigungen* treten neben einer Affektinkontinenz häufig depressive und/oder paranoide Symptome auf.

Vorkommen

Am bekanntesten:
- Senile Demenz als Ausdruck eines altersentsprechenden Abbaus der Hirnleistung bei *zerebraler Arteriosklerose* (sog. Multiinfarktdemenz).
- Präsenile Demenz:
  eher Demenz vom sog. *Alzheimer-Typ* (hirnatrophischer Prozeß). Auftreten bei etwa 5% der Personen über 65 Jahre (s. auch S. 109ff.).

Dementielle Syndrome treten ferner auf bei:
- Hirnfunktionsstörungen durch *Alkoholismus* oder *chronische Intoxikation,*
- nach schweren *Hirnverletzungen,*
- nach schweren *Hirnblutungen* oder bei *raumfordernden zerebralen Prozessen.*
- Pseudodemenz: vorgetäuschte Hirnleistungsschwäche als *Zweckreaktion* (Ganser-Syndrom),
  phasenabhängige Begleiterscheinung *endogener Depressionen* (depressive Pseudodemenz).

Definition

Reversible, körperlich begründbare *Psychose.*

Phänomenologie

- Durchgangssyndrome treten auf als *qualitative Bewußtseinsstörungen* mit und ohne Bewußtseinstrübung (s. S. 64).
- Je nach psychopathologischen Auffälligkeiten sind zu unterscheiden:
  - aspontanes Durchgangssyndrom (Überwiegen von *Antriebsschwäche),*
  - amnestisches Durchgangssyndrom (Vorherrschen von *Gedächtniseinbußen),*
  - affektives Durchgangssyndrom (Vorherrschen *maniformer* oder *depressiver Symptome*),
  - paranoid-halluzinatorisches Durchgangssyndrom (mit zusätzlichen *Wahnsymptomen* und/oder *Sinnestäuschungen*).

Synonym wird auch der Ausdruck „*Funktionspsychose*" benutzt.

Vorkommen

- Durchgangssyndrome sind unspezifischer Natur; sie treten auf im Gefolge *traumatischer, toxischer, entzündlicher* oder *zirkulatorischer Hirnschädigungen.*
- Vorkommen ferner als symptomatische Psychosen während schwerer *metabolischer, endokriner, kardialer* und *Vergiftungserkrankungen* sowie *postoperativ* (häufig zu beobachten auf den Intensivstationen der internistischen und chirurgischen Kliniken! – s. a. S. 130ff.).

Dauer: Tage bis Wochen.

Dämmerzustand

Definition

Form der *Bewußtseinseinengung* mit gleichzeitiger Trübung der Bewußtseinslage (s. S. 64).

Phänomenologie

- Der Patient befindet sich in einem Stunden bis Tage anhaltenden Zustand, der durch eine *Einengung* von Denkinhalten und Vorstellungen, Erlebnissen und Handlungsweisen gekennzeichnet ist. Die *Aufmerksamkeit* erscheint nach innen gerichtet; häufig liegen *illusionäre Verkennungen* oder *halluzinatorische Wahrnehmungsstörungen* vor. Der *Antrieb* kann verlangsamt oder gesteigert sein.
- Trotz der Bewußtseinsveränderung bleibt im großen und ganzen die *Handlungsfähigkeit* des Patienten erhalten; beim sog. orientierten Dämmerzustand bleibt sie auch nach außen geordnet.
- Für den pathologischen Vorgang besteht anschließend eine *Amnesie* (s. S. 66).

Vorkommen

- Dämmerzustände gibt es bei *Epilepsie* (z. B. als postparoxysmalen Dämmerzustand oder im Rahmen einer Alternativpsychose), bei *Rauschzuständen* bzw. unter *Alkohol-* und *Drogeneinfluß*.
- Auch *Hirntraumen, Intoxikationen* und *Enzephalitis* können mit Dämmerzuständen einhergehen.
- Sehr selten können unter hohem Affektdruck (z. B. Panik, Schockerleben) sog. *hysterische Dämmerzustände* als Ausweichreaktion auftreten. Wahrscheinlich gehören auch Formen des *Somnambulismus* zur Gruppe der psychogenen Dämmerzustände.

Definition

- *Qualitative Bewußtseinsstörung* mit Verzerrung der Bewußtseinsinhalte (s. S. 64).

Phänomenologie

- Beim Oneiroid handelt es sich um einen ähnlichen Zustand wie bei dem amentiellen Syndrom, jedoch treten in der Regel zusätzlich *illusionäre Verkennungen* und *andere Sinnestäuschungen,* auch *wahnhafte Erlebnisse* hinzu. Der Patient wirkt wie im Trancezustand, gefühlsmäßig versunken, dabei oft regungslos-gebannt. Das *Bewußtsein* ist leicht getrübt; die *Orientierung* beeinträchtigt.
  Eine *Amnesie* schließt sich meist an (s. S. 66).

Vorkommen

- Zustände traumhafter Verworrenheit werden am häufigsten im Rahmen von *Wochenbettpsychosen* beobachtet, darüber hinaus bei *rauschmittelbedingten Intoxikationen,* insbesondere durch *Kokain* sowie bei *epileptischen Psychosen.*
- Gelegentlich treten oneiroide Durchgangssyndrome nach *Hirnschädigungen* auf.

Delir/delirantes Syndrom

Definition

Quantitative und qualitative *Bewußtseinsstörung* (s. auch S. 64).

Phänomenologie

Vorherrschende Symptomatik:

- Beeinträchtigte oder aufgehobene Orientierung mit *Verwirrtheit* und illusionärer oder wahnhafter *Verkennung der Umgebung* (s. S. 65, 71).
- *Auffassung erschwert, Stimmungslage* meist *ängstlich* gefärbt, deutlich *motorische Unruhe.*
- Auffallend: ausgeprägte *Suggestibilität* des Patienten.
- An Sinnestäuschungen überwiegen *optische Halluzinationen* (s. S. 69).

Dauer: meist mehrere Tage, anschließend Amnesie (s. S. 66).

Vorkommen

- Am häufigsten bei *chronischem Alkoholismus* (Delirium tremens), hier treten als Begleiterscheinungen meist Zeichen einer ausgeprägten vegetativen Fehlregulation auf (s. a. S. 234ff.).
- Vorkommen ferner unter der Einnahme *psychotroper Substanzen* (vor allem Antidepressiva, Stimulantien und Rauschdrogen).
- Nächtliche Verwirrtheitszustände mit meist optischen Sinnestäuschungen gibt es auch bei *zerebraler Arteriosklerose, endokrinen* und *metabolischen Entgleisungen* sowie bei hohem *Fieber.*

Definition

Zustand *fortlaufender Sinnestäuschungen* bei erhaltener Bewußtseinshelligkeit und Orientiertheit (s. auch S. 64).

Phänomenologie

- Im Vordergrund stehen mehr oder weniger kontinuierliche, überwiegend *akustische Halluzinationen* in Form von Beschimpfungen und Drohungen (s. S. 69).
  Die Patienten erscheinen zwar oft ängstlich-unruhig, finden sich aber normal zurecht und erscheinen überhaupt im übrigen wenig beeinträchtigt.

Vorkommen

- Halluzinosen treten am häufigsten bei *chronischem Alkoholismus* und *Drogenkonsum* auf (s. S. 233ff.).
- Eine Besonderheit stellt die *chronische taktile Halluzinose* dar, die Kennzeichen des sog. Dermatozoenwahns ist.
- Optische Halluzinationen gibt es auch bei Schädigungen des *Hinterhauptlappens*.

Zwang (Anankasmus)

Definition

Unvermögen, Gedanken und Handlungen zu unterdrücken, obgleich sie als unsinnig erkannt werden.

Phänomenologie

- Bei Vorliegen von *Zwangsgedanken* zeigt sich ein Aufdrängen von quälenden perseverierenden *Grübeleien,* zu denen bei *Zwangsimpulsen* Antriebserlebnisse hinzutreten, die mit *Angst* und *Beunruhigung* einhergehen.
- *Zwangshandlungen* sind gekennzeichnet durch monoton-ritualmäßig ausgeführte, immer wiederkehrende Handlungen (z. B. als Zählzwang, Kontrollzwang, Waschzwang, Putzzwang). Bei Nichtdurchführung der Zwangshandlungen wird starke *Angst* erlebt.
  Zwänge führen langfristig zu einer erheblichen Einengung des Lebensraumes und der Selbstbestimmung.

Vorkommen

- Bei *starker Erschöpfung* bzw. *Ermüdung* sind passagere, leichte Zwangssymptome nicht ungewöhnlich.
  Zwangsvorstellungen stehen ferner bei der *anakastischen Depression* im Vordergrund. Gelegentlich zeigen sie sich als Vorläufersymptome bei *Schizophrenie.*
- Die typische Zwangskrankheit stellt die *Zwangsneurose* dar, die sich bevorzugt bei entsprechender anankastischer Primärpersönlichkeit entwickelt (übergewissenhafte, pedantische und perfektionistische Charakterstruktur).
  (Hiermit nicht zu verwechseln sind die *Zwangsaffekte* bei *hirnorganischen Prozessen,* insbesondere nach *Enzephalitis,* die als zerebrale Automatismen anzusehen sind.)

Definition

Mehr oder weniger *unlustbetonter Gefühlszustand* nach Wahrnehmung tatsächlicher oder vermeintlicher existenzbedrohender Gefährdung.

Phänomenologie

Unterschieden wird zwischen *freiflottierender* (objektloser) und *gebundener* (Real-)Angst. Letztere wird – sprachlich nicht korrekt – gelegentlich als Furcht bezeichnet (s. S. 96).
Ferner kann Angst latent vorhanden sein; sie äußert sich in *Unsicherheit, Unruhe, Gespanntheit, Niedergeschlagenheit* und *vegetativen Symptomen*. In manifester, aktueller Form (akuter Angstanfall bis zur Panik) stehen im Vordergrund starke Unruhe bis zur *Erregtheit* oder *stuporöse Gelähmtheit*.

- Als begleitende vegetative Symptome bzw. körperliche Mißempfindungen zeigen sich *Schwitzen, Herzklopfen, Schwindelgefühl, Zittern, Kloßgefühl, Mundtrockenheit, Kopfdruck, Übelkeit, Oppressionsgefühl* und *Durchfall*.

Allen Formen der Angst ist das Erleben von *Hilflosigkeit, Bedrohungsgefühl* und *Unheimlichkeit* gemeinsam.

Vorkommen

- Bei tatsächlicher Bedrohung stellt das Gefühl von Angst eine – wenn auch individuell sehr unterschiedliche – *normal-menschliche Reaktion* dar.
- Bei psychischen Erkrankungen ist sie ein sehr häufiges Begleitsymptom, vor allem bei anlaufenden *endogenen Psychosen* in Form schon wahnhafter Ängste wie auch bei *erlebnisreaktiven Entwicklungen* entweder als umschriebene Phobie oder diffuse Angstneurose.

Phobie

Definition

Stereotyp sind einstellendes situationsgebundenes *Angstgefühl,* das sich bis zur Panik steigern kann.

Phänomenologie

- Charakteristisch für phobische Ängste ist deren Gebundenheit an bestimmte *Objekte* (z. B. Tiere, Gegenstände) oder an *situative* und *räumliche Gegebenheiten* (z. B. Raumängste).
  Die Angstvorstellungen drängen sich entgegen der intellektuellen Beurteilung des Patienten zwanghaft auf. Eine Vermeidung der angstauslösenden Situation führt vorübergehend zu einer Angstreduktion, jedoch langfristig infolge lernpsychologischer Gesetzmäßigkeiten zu einer Angstzunahme.
- Phobophobie wird die *Furcht vor erneuten Angstanfällen* bezeichnet.

Vorkommen

- Zwangsbefürchtungen sind weit verbreitet; sie kommen in leichter, passagerer Form bei *fast allen Menschen* vor.
- Überdauernde, den Patienten unter Umständen sehr einschränkende Befürchtungen kennzeichnen die *phobische Neurose* bzw. die *phobische Charakterstruktur* (s. S. 181 ff.).

Definition

Zustand von *Bedrücktheit* und *Niedergeschlagenheit.*

Phänomenologie

- Symptomatik auf psychischer Ebene:
  Niedergeschlagenheit, Hoffnungslosigkeit und *Pessimismus, Verzweiflung, Nihilismus, innere Leere, Angstgefühl, Interessenverlust, Insuffizienz-* und *Schuldgefühl, Grübeleien, Suizidalität, Gedächtnis-* und *Konzentrationseinbußen.*
- Symptomatik im psychomotorischen Bereich:
  Antriebshemmung bis zum Stupor oder – bei agitierter Depression – ausgeprägte *Unruhe.*
- Beeinträchtigungen der Vitalfunktionen (Vitalstörungen):
  Schlafstörungen, Müdigkeit, Erschöpfungsgefühl, Inappetenz und *Gewichtsverlust, Abnahme von Libido und Potenz, Hypotonie, Obstipation.*
- Körpermißempfindungen:
  Druckgefühl in *Kopf-, Brust- und Bauchbereich, Globusgefühl.* Diffuse dumpfe *Schmerzen* in den Gliedmaßen (s. a. S. 100).

Vorkommen

Grundsätzlich sind depressive Symptome unspezifisch; sie kommen bei zahlreichen psychischen Erkrankungen vor.
Sie stehen im Vordergrund bei *endogener* und *reaktiver Depression;* sie treten in meist weniger ausgeprägter Form im Verlauf *schizophrener Psychosen* (z. B. als „postremissives Erschöpfungssyndrom") wie auch bei *organisch begründbaren Störungen* (z. B. „depressives Durchgangssyndrom") auf.

- Bei der sog. *larvierten Depression* herrschen Körpermißempfindungen und Vitalstörungen vor.

Suizidalität

Definition

Wunsch nach *Selbsttötung*.

Phänomenologie

- Suizidale Anzeichen sind zunehmende *Todesphantasien* in Verbindung mit *Niedergeschlagenheit, Grübeleien* und *Lebensüberdruß*. Innerlich werden Vorbereitungen zur Ausführung des Suizids getroffen, gelegentlich als Andeutungen eines „Hilferufes" erkennbar.
- *Vorauslaufend* finden sich in der Regel: Einengung und Isolation, gegen die eigene Person gerichtete Aggressivität und zunehmende Selbsttötungsphantasien (sog. präsuizidales Syndrom).

Vorkommen

- Am häufigsten findet sich Suizidalität bei *endogenen Psychosen,* insbesondere *endogener Depression* und *beginnender Schizophrenie,* während denen gelegentlich raptusartig und in imperativer Form der Suizid vollzogen wird.
- Zu „Bilanzsuiziden" kann es bei ausweglos erscheinenden Situationen kommen. Als *Auslöser* können dabei *Schicksalsschläge, Psychotraumatisierungen, Partnerschaftsprobleme* und andere *soziale* und *persönliche Schwierigkeiten* fungieren.
- Die Suizidalität, die bei Frauen häufiger als bei Männern anzutreffen ist, steigt im höheren Lebensalter an. Sie ist verbreiteter in den Industrieländern und hier wiederum in den unteren und oberen sozialen Schichten.
- Ein erhöhtes *Suizidrisiko* liegt vor, wenn in der Anamnese bereits Suizidversuche unternommen wurden und wenn krisenhafte Lebensveränderungen auftreten (z. B. Pubertät, Klimakterium, Wohnungswechsel, Pensionierung, Trennung).
  Verhältnis *Suizid* zu *Suizidversuch* etwa 1 : 7 bis 1 : 10.
  (Anmerkung: Als Lebensschutzgarant macht sich der Arzt in besonderer Weise der Tötung durch Unterlassen strafbar, wenn er es unterläßt, den Patienten an einer suizidalen Handlung zu hindern oder den Suiziderfolg abzuwenden.)

Definition

Nicht begründete, hartnäckige *Befürchtung,* krank zu sein.

Phänomenologie

- Es handelt sich um eine Form latenter Angst, in deren Mittelpunkt *ängstliche Selbstbeobachtung* der Körperfunktionen und *Überbewertung* fraglicher Krankheitszeichen stehen. Hiermit einher geht die stets wiederkehrende Kontrolle des Gesundheitszustandes, der immer wieder neue Zweifel folgen. Begleitend zeigt sich oft eine *chronisch-subdepressive Stimmungslage.*
  Eine Konfrontation mit Kranken oder Krankheitsbildern verstärkt die hypochondrische Gesamthaltung.
- Zugrunde liegt ein Verlust des Vertrauens in die Selbstverständlichkeit und Zuverlässigkeit des eigenen Leibes.

Vorkommen

- Hypochondrische Entwicklungen gibt es als *abnorme Erlebnisreaktionen* bzw. *erlebnisreaktive Entwicklungen* in vielfältiger Form; am bekanntesten ist die *Herzphobie,* in deren Mittelpunkt die Befürchtung steht, an einem plötzlichen Herzversagen zu erkranken oder zu sterben.
- Wahnhafte hypochondrische Inhalte finden sich sehr häufig bei *endogener Depression,* gekennzeichnet durch die unkorrigierbare Vorstellung, unheilbar krank zu sein.
  In Form einer Lokalisation von hypochondrisch verarbeiteten Mißempfindungen in umschriebenen Körperbereichen tritt die sog. *zirkumskripte Hypochondrie* auf.
- Bei *schizophrenen Psychosen* zeigen sich gelegentlich abstruse Wahnideen mit bizarren wahnhaften Vorstellungen bezüglich der Körperfunktionen, oft einhergehend mit taktilen Halluzinationen bzw. zönästhetischen Symptomen (s. S. 100)

Leibgefühlsstörung

Definition

Vielfältige, abstruse und oft quälende *Körpermißempfindungen* (Dysästhesien) ohne organische Grundlage.

Phänomenologie

- Geklagt werden u.a. *Kopfdruck, Kloß-* und *Oppressionsgefühl, Schweregefühl in den Gliedmaßen* und darüber hinaus *brennende, bohrende, kribbelnde* oder *stechende Körpersensationen* auf der Haut und in den Eingeweiden.
- Beim *Dermatozoenwahn* sind diese Erlebnisse verbunden mit der unkorrigierbaren Überzeugung, daß Parasiten in der Haut sitzen.

Vorkommen

- Die erstgenannten Vitalstörungen sind ganz überwiegend bei *endogener Depression* (besonders *larvierter Depression*) vorzufinden. Bei *Involutionspsychosen* sind sie vermehrt mit hypochondrischen Befürchtungen verbunden.
- Leibgefühlsstörungen treten ferner vermehrt bei *Toxikomanie* auf.
- Als Zönästhesien (z.B. Verbrennen, Quetschen, Verbiegen und Erweichen des Körpers oder seiner Teile) finden sie sich vorzugsweise bei *Schizophrenie.*

Definition

Krankhaft *gehobene Stimmungslage.*

Phänomenologie

- Symptomatik auf psychischer Ebene:
heiter-gehobene Stimmungslage, verbunden mit *gesteigertem Selbstgefühl,* auch *Selbstüberschätzung* bis zum *Größenwahn, Ideenflüchtigkeit* bis zur *Denkinkohärenz, erhöhter Ablenkbarkeit* und *vermehrter Anregbarkeit.*
- Im psychomotorischen Bereich:
Beschäftigungs- und *Rededrang, Enthemmung* und *Umtriebigkeit* bis zum *Erregungszustand.*
- Im Vitalbereich:
erhöhtes Leistungsgefühl mit *geringerer Ermüdbarkeit, vermindertes Schlafbedürfnis.*

Vorkommen

- Symptomatik kennzeichnend für die endogene Manie bzw. manische Phase im Rahmen einer *Zyklothymie* bzw. einer *schizoaffektiven Mischpsychose.*
- Maniforme Syndrome treten darüber hinaus auch bei *Hirnerkrankungen* (z. B. bei progressiver Paralyse, bei Stirnhirntumoren und bei hirnatrophischen Prozessen).
- Betriebsamkeit, oberflächlicher Optimismus und Neigung zu Selbstüberschätzung sind Merkmale der sog. *hyperthymen Persönlichkeit.*

Aggressivität

Definition

Durch *Angriffslust* gekennzeichnetes Verhalten.

Phänomenologie

- Aggressives Verhalten zielt ab auf Beschädigung oder Vernichtung von Personen oder Gegenständen; äußere Erscheinungsformen stellen im *verbalen Bereich* Wutausbrüche mit Beschimpfungen und Zorn dar, *im Handlungsbereich* Gewalttätigkeit.
- *Latente Angriffslust* ist gekennzeichnet durch aggressive Phantasien und Vorstellungen, die entsprechende Handlungsimpulse nach sich ziehen können.
  Bei *Hemmung der aggressiven Handlungen* durch äußere Widerstände kann sich die Gerichtetheit der Aggressivität gegen die eigene Person bis zum Suizid umkehren (s. a. S. 98).

Vorkommen

- Aggressives Verhalten zeigt sich häufig bei *abnormen, dysthymen* und *dissozialen, vermehrt reizbaren Personen.*
- Alkohol und Drogen wirken zusätzlich aggressionsenthemmend.
- Eine allgemeine Reizbarkeit findet sich oft bei *organischen Psychosyndromen* (z. B. Hirntrauma, Schläfenlappenepilepsie, frühkindliche Hirnschädigung), die mit Wutausbrüchen einhergehen können. Unberechenbare Gewalttätigkeiten können auch während *epileptischer Dämmerzustände* und unter *Drogeneinwirkung* auftreten.
- Durch Symptome einer Aggressivität gekennzeichnet ist die sog. *gereizte Manie.* Aggressive Erregtheit kann auch während *katatoner Erregungszustände* auftreten.
  (Anmerkung: Allgemeines Notwehrrecht [§ 32 Abs. II StGB] gegenüber aggressiven psychisch Kranken eingeschränkt; einem Angriff möglichst schonend zu begegnen. Unzulässig ist z. B. eine Verteidigungshandlung, die den Patienten in eine hilflose Lage bringt, welche zu Gesundheitsschäden führt.)

Definition

Schlafstörung.

Phänomenologie

Als Formen sind bekannt:

- Einschlafstörungen,
- Durchschlafstörungen mit zerhacktem Schlaf.

Einschlafstörungen sind häufig mit Grübeleien, innerer Unruhe oder Angstgefühlen verbunden.

Eher bei *Durchschlafstörungen* ist die Schlaftiefe im ganzen abgeflacht; der Patient klagt über leichte Erweckbarkeit und unruhigen Schlaf mit eindringlichen Träumen.

Vorkommen

- Auftreten von Schlafstörungen bei allen Erkrankungen, die mit *körperlichen Beeinträchtigungen* (z. B. Schmerz, Fieber, Organfunktionsstörungen) einhergehen,
- bei *Erlebnisreaktionen* und *erlebnisreaktiven Entwicklungen* (in spezieller Form als Schlafangst),
- bei *chronischem Medikamentenmißbrauch* und *Toxikomanie,*
- im Rahmen von *Entzugserscheinungen* nach Alkohol- oder Medikamentenmißbrauch,
- bei *endogener Depression* (häufig in Form von Durchschlafstörungen und Früherwachen mit anschließendem „Morgentief"),
- im Gefolge von *Hirnfunktionsstörungen* bzw. im Rahmen zerebraler Durchblutungsstörungen (mit nächtlicher Unruhe und Verwirrtheit).

Nicht krankheitsbedingt sind Schlafstörungen infolge *Überstimulation* durch abendliche Erlebnisreize, Koffeingenuß oder Einnahme von Weckaminen.

Hinweis: Nachtwandeln (Somnambulismus) stellt eine Form des *Dämmerzustands* (s. auch S. 90) dar.

Anmerkungen

Bei den *hirnorganisch begründbaren psychischen Störungen,* einer Untergruppe der „somatogenen Psychosen", handelt es sich um psychiatrische Krankheitsbilder, die im Gefolge *zerebraler Schädigungen* auftreten. Als pathogenetische Faktoren kommen akute oder chronische Hirnfunktionsstörungen degenerativer, vaskulärer, raumfordernder, traumatischer oder entzündlicher Art in Frage. Die in Erscheinung tretende Symptomatik wird einerseits bestimmt durch das *Ausmaß* der Schädigung, andererseits durch deren *Akuität.*

Bei den *akuten Erkrankungsformen* können sog. Durchgangssyndrome auftreten, die in der Regel durch quantitative und/oder qualitative Bewußtseinsstörungen gekennzeichnet sind. Überhaupt gilt als Leitsymptom der *akuten Hirnfunktionsstörungen* stets die *Bewußtseinstrübung*. Die hiermit einhergehenden Einbußen zeigen sich meist als kognitive Ausfälle; daneben können auch affektive und Antriebsveränderungen auftreten.

Demgegenüber repräsentiert die *Demenz* bzw. die *organische Persönlichkeitsveränderung* die typisch *chronisch-irreversible Verlaufsform.* Die Entwicklung eines solchen Ablaufs ist kaum vorhersehbar; sie hängt einerseits ab vom Alter des Patienten bzw. dessen Ausgangshirnleistung, von möglichen Vorschädigungen sowie andererseits von Schwere, Dauer und Art der aktuellen Noxe.

Ungünstig ist der Verlauf bei den *Systematrophien* (Demenz vom Alzheimer-Typ, Morbus Pick, Chorea Huntington) wie auch bei der unzureichend behandelten *progressiven Paralyse,* ferner bei *chronischem Alkoholismus* und *schwereren Hirntraumata.* Von den entzündlichen Erkrankungen führen die *Creutzfeldt-Jakobsche Erkrankung* wie auch die *chronisch-progrediente* Form der *Enzephalomyelitis disseminata* zu irreversiblen und progredienten psychischen Ausfallserscheinungen.

Viele hirnorganisch begründbare Psychosen gehen überdies mit *neurologischen Ausfällen* einher, insbesondere solche mit umschriebenen zerebralen Schädigungen.

Die Diagnosengruppennummern der nachstehend aufgeführten Erkrankungen orientieren sich an der 5. Auflage der deutschen Ausgabe der International Classification of Diseases (ICD) der WHO (9. Rev.).

Beschreibung

Angeborene oder *früherworbene geistige Behinderung* in Form diffuser Intelligenzschwäche, die von der leichten Minderbegabung bis zu erheblichem Schwachsinn reichen kann (s. S. 86).

- Von schwererer Oligophrenie betroffen sind etwa 0,25% der Gesamtbevölkerung; bei 0,5% mäßiger Schwachsinn.

Ätiologie/Pathogenese

- Ursachen ähnlich wie bei der frühkindlichen Hirnschädigung (s. S. 107) prä-, peri- oder postpartale Noxen wie auch genetische Faktoren.
- Letztere können über Enzymdefekte zu *Anomalien im Aminosäurenstoffwechsel* (z. B. Phenylketonurie, Ahornsirupkrankheit, Homozystinurie u. ä.),
- im *Kohlenhydratstoffwechsel* (z. B. Galaktosämie),
- oder im *Lipidstoffwechsel* führen.
- Weitere Ursache: *Chromosomenanomalien* – am bekanntesten Down-Syndrom (Mongolismus) mit Trisomnie 21, Klinefelter-Syndrom und Turner-Syndrom, Prader-Willi-Syndrom.

Symptomatologie

Frühzeitiger Entwicklungsrückstand, später auch Schulschwierigkeiten und berufliche Probleme bis zur allgemeinen Lebensuntüchtigkeit.

- Leitsymptome im körperlichen Bereich: *Sprechstörungen, Koordinationsstörungen, Apraxien, Werkzeugstörungen.*
- Im kognitiven Bereich: *Beeinträchtigungen im Vorstellen, Begreifen, Schlußfolgern, Beurteilen, Eingrägen* und *Reproduzieren,* im apperzeptiven Bereich Einbußen im *Auffassen, Empfinden* und *Wahrnehmen,* im Antriebsbereich *Apathie, Antriebsschwäche* oder auch *Unruhe.*
- Insgesamt wenig differenzierte Persönlichkeit mit Neigung zu *Verstimmungen, Reizbarkeit* und *sozialen Schwierigkeiten.* Verminderte *Konfliktfähigkeit,* leichte *Beeinflußbarkeit.*
- Beim Down-Syndrom vorzeitige *Alterung.*

Oligophrenie

Diagnostik/Differentialdiagnostik

- Die wesentlichsten Angaben entstammen der *Anamnese* bzw. *Lebensgeschichte* einschließlich fremdanamnestischen Angaben
- Zusätzlich: *Querschnittsbefund, Ergänzung durch Familienanamnese* (s. S. 14), *testpsychologische Untersuchungen* (s. S. 22ff.). *Neurostatus* (s. S. 21). *Apparative Diagnostik* (s. S. 51ff.).
- Differentialdiagnostisch: Organische *Psychosyndrome späterer Genese (Demenz)*. Defekte nach Erkrankungsschüben *schizophrener Psychose* (s. S. 153ff.).
- Abgrenzung zur sog. *Pseudodebilität,* d.h. Leistungsversagen bei ungünstigen Milieuverhältnissen trotz ausreichender Begabung.
- Zur Kontrolle: *sprachfreie* psychologische Testverfahren (s. S. 24ff.).

Therapie

- *Frühdiagnose* und *Prävention* bei den stoffwechselbedingten Störungen von entscheidender Bedeutung, da über entsprechende Diät eine Heilung möglich ist.
- Im übrigen: *Heilpädagogik, sozialfürsorgerische Maßnahmen.* Bei schwererer geistiger Behinderung *Dauerhospitalisierung* bzw. *Dauerpflege* häufig nicht zu umgehen.
- Bei akuten Erregungszuständen: schwachpotente *Neuroleptika* (s. S. 280ff.).
- Bei hereditär bedingten Schwachsinnsformen *humangenetische Beratung* dringend notwendig.

Verlauf/Prognose

- Langfristig oft gewisse Anpassung an die Erfordernisse des täglichen Lebens.
  Andererseits: häufig Kombinationen mit anderen abnormen Persönlichkeitszügen, was zu *Dissozialität* und *Delinquenz* führen kann.

Frühkindliche Hirnschädigung
(ICD-Gruppen 314, 315, 320)

Beschreibung

Zentralnervös bedingte *Ausfallserscheinungen im neurologischen und/oder psychischen Bereich* aufgrund *frühkindlicher Hirnschädigung;* Vorkommen etwa bei bis zu 10% der Bevölkerung.
Schäden eher diffuser, weniger herdförmiger Art.

- Als *„minimale zerebrale Dysfunktion"* – „MCD" – Gegenstand der Kinder- und Jugendpsychiatrie.

Ätiologie/Pathogenese

- Als Schädigungsursachen sind anzusehen prä-, peri- und postpartale Noxen *hypoxämischer Art* (z. B. Asphyxie, Nabelschnurumschlingung),
- *infektiöser Art* (z. B. Toxoplasmose der Mutter, Rötelnembryopathie),
- *toxischer Art* (z. B. Nikotinabusus, Suchterkrankung der Mutter),
- *traumatischer Art* (z. B. Zangengeburt, Blutungen).

Symptomatologie

- Im körperlichen Bereich: häufig diskrete *spastische Paresen, Koordinationsstörungen. Entwicklungs-* und *Wachstumsverlangsamung, Sprechstörungen. Unbeholfenheit.*
- Im psychopathologischen Bereich: *Überempfindlichkeit, Reizbarkeit, Bewegungsunruhe, Impulsivität, verminderte emotionale Belastbarkeit, Konzentrations-* und *Lernschwäche.*

Diagnostik/Differentialdiagnostik

- Meist auffallende *Wachstums-* und *Entwicklungsstörungen.* Frühzeitig Schwierigkeiten im *Sozialverhalten.* In der Schule *Leistungsschwäche, Hyperaktivität.*
- Motorische Ungeschicklichkeiten (Dyspraxie). *Verhaltensstörungen. Tics. Enuresis.*
- Zusätzlich häufig neurologische Ausfälle diskrete *Spastik. Koordinationsstörungen. Reflexdifferenzen.*
Differentialdiagnostisch auszuschließen:
- *entzündliche* oder *raumfordernde zerebrale Prozesse,*
- ferner *nutritive* und *Stoffwechselstörungen.*

Therapie

Im Vordergrund:
gezielte und frühzeitige *heilpädagogische* Förderung und Behandlung, ggf. in speziellen Kindergärten, Sonderschulen, beschützten Werkstätten und anderen Einrichtungen, gleichzeitig möglichst weitgehende *Integration* in Familie und Gesellschaft.
Im einzelnen:

- Abschirmung vor *Reizüberflutung* und Vermeidung von *Überforderung,*
- stufenweise, gezielte *Belastung,*
- spezielle Therapie bei Sprechstörungen (Logopädie),
- gezielte *Krankengymnastik* und *motopädische Übungen.*
- Bei stärkerer motorischer Unruhe *medikamentöse Dämpfung* mit schwachpotenten Neuroleptika versuchen (s. S. 280ff.), bei Unverträglichkeit Benzodiazepine (s. S. 289).

Intelligenzfördernde Wirkung von sog. Nootropika bisher nicht überzeugend.

Verlauf/Prognose

Bei frühzeitiger und gezielter Behandlung kann eine Dauerhospitalisierung oft vermieden werden.
Hiervon unabhängig ist die Prognose im allgemeinen nicht ungünstig, da ein Großteil der intellektuellen und motorischen Ausfälle allmählich kompensiert werden kann.

Multiinfarktdemenz, vaskuläre Demenz (ICD-Gruppe 290)

Beschreibung

Hirnatrophischer Prozeß aufgrund einer Hirnarteriosklerose mit psychopathologischen und neurologischen Ausfallserscheinungen. Umfaßt ca. 50–60% aller Demenzen (s. S. 88). (Demenz überhaupt bei 5–7% aller Menschen über 65 Jahre.)

Ätiologie/Pathogenese

- Auftreten mehrerer *kleiner Erweichungsherde im Gehirn* (Nekrosen der Hirnsubstanz als Ausdruck ischämischer Schädigung) infolge arteriosklerotisch bedingter Verengung der Hirngefäße mit zerebraler Hypoxidose.
  Begünstigende *Risikofaktoren:* chronische Hypertonie, Nikotinabusus, Hyperlipidämie, Hyperurikämie. Mangelhaft eingestellter Diabetes mellitus.
- *Erkrankungsbeginn* in der Regel um das 60. Lebensjahr. (Fließender Übergang zur Demenz vom Alzheimer-Typ – s. S. 111ff.).

Symptomatologie

- Beginn meist mit *Müdigkeit, Kopfdruck, Schwindel, Ohrensausen, Reizbarkeit.*
- Damit einhergehend: *Merkschwäche, allgemeine Vergeßlichkeit, Affektlabilität* bzw. *Affektinkontinenz. Orientierungsstörungen,* schließlich *allgemeiner Persönlichkeitsabbau.* Zusätzlich: *neurologische Symptome* (Tremor, Rigor, Pyramidenbahnzeichen, Koordinationsstörungen, Herdzeichen, Pseudobulbärparalyse).

Diagnostik/Differentialdiagnostik

- Psychopathologischer Befund wie oben beschrieben.
- Körperlich-neurologischer Befund: diskrete *neurologische Symptome.* Hinweise auf *Arteriosklerose;* Fundus arterioscleroticus. *Im EEG:* Allgemeinveränderungen und/oder Herdzeichen, im *kranialen CT* multiple Erweichungsherde (s. S. 51, 53ff.). Hinweise auf Gefäßstenosen bei der *Doppler-Sonographie.*
  Differentialdiagnostisch:
- *Periarteriitis nodosa, vaskuläre Form der Neurolues, Demenz vom Alzheimer-Typ, Dialyse-Enzephalopathie, Barnasche Krankheit.*
- Übrige Systematrophien: *Morbus Pick, Chorea Huntington, Creutzfeldt-Jakob-Erkrankung.*
- Wichtig: chronische *Intoxikation* und *Hypothyreose* ausschließen!

Therapie

- Solange als möglich *übende* und *trainierende Einzel- und Gruppenaktivitäten:* Gymnastik, Sport. Mithilfe im Haushalt. Anregung und Beschäftigung: Vorlesen, Radiohören, Fernsehen, Gruppengespräch.
- *Medikamentös* Versuch mit sog. enzephalotropen Substanzen, die entweder die *Zirkulation* zu beeinflussen vermögen, wie
  Bencyclan („Fludilat"),
  Buflomedil („Bufedil"),
  Calciumantagonisten (z. B. „Nimotop"),
  Cinnarizin („Cerepar", „Cinnacet", „Cinnarizin", „Giganten", „Stutgeron"),
  Flunarizin („Sibelium"),
  Naftidrofuryl („Dusodril"),
  Pentroxifyllin („Trental") oder
  Xantinolnicotinat („Complamin", „Niconacid") – oder
- Medikamente, die offenbar *hirnstoffwechselaktivierende Wirkung* haben (Nootropika):
  Zerebrolysate („Cerebrolysin", „Phosphantidylserin"),
  Ergotalkaloide („Hydergin", „Orphol", „Sermion"),
  Hämoderivate („Actihaemyl", „Actovegin"),
  Kallikrein („Padutin"),
  Meclofenoxat („Helfergin"),
  Piracetam („Nootrop", „Normabrain"),
  Pyritinol („Encephabol"), oder
  Vincamin („Pervincamin", „Vincapront" u. a.).
- Bei motorischer Unruhe oder Schlafstörungen *schwachpotente, dämpfende Neuroleptika* (s. S. 280 ff.).
- Immer internistische Basisbehandlung miteinbeziehen!

Verlauf/Prognose

- Unterschiedlich progredienter Verlauf, kompliziert durch Interferenz anderer körperlicher Erkrankungen aufgrund *allgemeiner Arteriosklerose.*
- Insgesamt längere Katamnese als bei den primär degenerativen dementiellen Abbauvorgängen (s. S. 111 ff.).

Demenz vom Alzheimer-Typ (DAT) (ICD-Gruppen 290, 331)

Beschreibung

Hirnrindenatrophie unter dem Bild einer präsenilen und rasch progredienten Demenz, die innerhalb weniger Jahre zu einem völligen Persönlichkeitsabbau führt.
Erkrankungsbeginn zwischen dem 40. und 60. Lebensjahr mit gelegentlich familiären Häufungen; bei Spätform jenseits des 65. Lj.
Vorkommen: 30–40% aller Demenzen; überwiegend Männer betroffen.

Ätiologie/Pathogenese

- *Schwund der Dendriten, neurofibrilläre Veränderungen* und Entstehung *neuritischer Plaques,* Verlust *cholinerger Neurone* sowie pathologische Anhäufungen von Beta-Amyloidprotein infolge neuronaler Funktionsstörungen.
  Ursachen noch nicht geklärt, jedoch Hinweise auf Störungen im *cholinergischen Neurotransmitterstoffwechsel:*
- Reduktion der Cholinacetyltransferaseaktivität (ChAT).
- Bildung des pathologischen Amyloidproteins möglicherweise auch chromosomal gesteuert (Ähnlichkeit mit Morbus Down?).

Diagnostik/Differentialdiagnostik

- Beginn mit Gedächtnis- und Orientierungsstörungen.
  Dann *progredient:* Reizbarkeit, Antriebsverarmung oder Unruhe, Orientierungsstörungen und Angstzustände;
  Sprechstörungen bis zum Sprachzerfall mit Logoklonien und Echolalie.
  Rasch zunehmende Veränderung der gesamten Persönlichkeit bis zur schweren *Wesensveränderung.*
- *Neurologisch:* apraktische und agnostische Störungen. Herdsymptome. Ganganomalien. Koordinationsstörungen. Bewegungsautomatismen. Rigor. Tremor.
- Im *kranialen Computertomogramm:* ausgeprägte frontotemporale und parietookzipitale *Hirnrindenatrophie.*
  (Im *Positronen-Emissions-Tomogramm:* signifikante Abnahme des kortikalen *Glucosestoffwechsels.*)
- Sicherung der Diagnose durch *Verlaufsbeobachtung.*
  Differentialdiagnostisch:
- Abgrenzung zu *Hirnarteriosklerose, Morbus Pick, Chorea Huntington, Creutzfeldt-Jakob-Erkrankung, Morbus Wilson* (s. Lehrbücher der Neurologie),
- *Dialyse-Enzephalopathie,*

- Korsakow-Syndrom bei chronischem *Alkoholismus* oder nach schwereren *Hirnschädigungen. Chronische Intoxikation,*
- *progressive Paralyse,*
- *Hypothyreose,*
- Pseudodemenz bei *Depression.*

Therapie

Wegen der meist rasch zunehmenden *Pflegebedürftigkeit:*

- Rundumversorgung und Überwachung; Hospitalisierung bzw. Heimunterbringung daher zeitig in Erwägung zu ziehen.
- Bei motorischer Unruhe Dämpfung mit *schwachpotenten Neuroleptika* (s. S. 280ff.);
  sog. Nootropika wegen Stimulationseffekten eher kontraindiziert.
- Neuerdings Behandlungsversuche mit zentral wirkender *Anticholinesterase* (Tetrahydroaminoacredin [THA]) bzw. muskarinergen *Cholinagonisten.*
- Ebenfalls noch in Erprobung Betacarboline.

Verlauf/Prognose

Weitgehender *Persönlichkeitsabbau* unter zunehmendem Siechtum meist bereits nach 2–3 Jahren; Tod durchschnittlich nach 5–8 Jahren.
In Einzelfällen auch protrahierterer Verlauf bis über 10 Jahre möglich.

Beschreibung

Dominant-erbliche *Systematrophie* mit typischen neurologischen Ausfallserscheinungen und begleitenden schweren psychopathologischen Störungen.

Ätiologie/Pathogenese

- Im 30. bis 40. Lebensjahrzehnt einsetzende Hirnatrophie im Bereich des *Striatums* und der *Stirnhirnrinde*.
  Ursache unbekannt (erniedrigte Konzentration der GABA in den Basalganglien, Dysbalance Dopamin-Acetylcholin?).
- Dominanter Erbgang mit relativ großer Penetranz; etwa 50% der Familienmitglieder erkranken.

Symptomatologie

- Frühzeitig unspezifische psychische Veränderungen wie *Ängstlichkeit, Depressivität, Reizbarkeit, Affektlabilität.* Zunehmende *Enthemmung* und *Aggressivität. Dissozialität.* Neigung zu allgemeiner *Haltlosigkeit* bis zur Delinquenz. Gelegentlich auch *pseudoneurasthenische Bilder.*
- Neurologisch: blitzartig einsetzende und arrhythmisch ablaufende, schleudernd-zuckende *Hyperkinesen* der Extremitäten und der Gesichtsmuskulatur bis zur allgemeinen ständigen Bewegungsunruhe. Gleichzeitig *Hypotonie* der Muskulatur. *Artikulationsstörungen.*

Diagnostik/Differentialdiagnostik

- Diagnostische Klärung aus dem *Querschnittsbefund* sowie aus der *Familiengeschichte,* Neurostatus (s. S. 21),
- diagnostische Absicherung durch *kraniales Computertomogramm* (s. S. 54): Seitenventrikel verplumpt.
  Differentialdiagnostisch:
  Abgrenzung zu *Chorea minor* und Hyperkinesen bei anderen *extrapyramidalen Störungen* (z. B. Hirnschädigungen, Hirngefäßprozessen, Hirntumoren).
- Wichtig: Ausschluß *psychogener Körperstörungen* sowie tardiver Dyskinesien nach *Neuroleptikabehandlung!*

Therapie

Eine kausale Therapie ist nicht bekannt.

- Passager oft positive Beeinflussung der extrapyramidalen Symptomatik mit *Clozapin* („Leponex" – derzeit nur beim Hersteller gegen besondere Erlaubnis erhältlich) oder *Tiaprid* („Tiapridex").
- Bei Unruhe Anwendung *schwachpotenter Neuroleptika* empfehlenswert.
- Die schon früh einsetzenden, oft dissozialen bis delinquenten Verhaltensstörungen erfordern zunehmende *Beaufsichtigung*.
- Die stetige Progredienz der Erkrankung bis zum schweren Siechtum macht schließlich eine *Dauerhospitalisierung* mit intensiver pflegerischer Betreuung unumgänglich.

Verlauf/Prognose

Stete Progredienz der Erkrankung mit durchschnittlicher Verlaufsdauer von etwa 10–12 Jahren, in seltenen Einzelfällen auch länger. Schließlich Tod infolge Kachexie und interkurrenter Erkrankungen.

Wichtig:

- So früh wie möglich *erbbiologische Beurteilung* und *humangenetische Beratung* anstreben!

Parkinsonsche Erkrankung (Morbus Parkinson)
(ICD-Gruppe 294)

Beschreibung

Neurologische Erkrankung, die mit zum Teil erheblichen *psychopathologischen Auffälligkeiten* einhergehen kann.
Phänomenologisch *Begleiterscheinung* unter neuroleptischer Therapie (Parkinsonoid – s. S. 280 ff.).

Ätiologie/Pathogenese

- In der Regel ab dem 40.–50. Lebensjahrzehnt einsetzende *Systematrophie* im Bereich der Substantia nigra und des Globus pallidus in Verbindung mit Dopaminmangel.
- Ursachen bei idiopathischer Form nicht bekannt, jedoch dominanter Erbgang.
- Männer erkranken häufiger als Frauen (s. Lehrbücher der Neurologie).

Symptomatologie

- Beginn meist mit *neurologischen Symptomen* (Rigor, Tremor und Akinese. Vegetative Störungen wie Speichelfluß, Schwitzen, Hitzegefühl. Kleinschrittiger Gang, Propulsion. Sprachmonotonie).
- Im Verlauf langsam progrediente Zunahme der extrapyramidalen Symptomatik.
- Psychopathologisch: Bild einer organischen Persönlichkeitsveränderung mit *Antriebsminderung, Verlangsamung, Depressivität* und *Ausdrucksverarmung,* jedoch kein intellktueller Abbau bzw. keine eigentliche Demenz.

Diagnostik/Differentialdiagnostik

Sicherung der Diagnose durch die typische neurologische Symptomatik. Im *CT* häufiger *kortikale Atrophie* (s. S. 54).

Differentialdiagnostisch:
- Parkinsonoid unter *Neuroleptikatherapie* (s. S. 280 ff.).
- Begleitende Parkinson-Symptomatik bei *fortgeschrittener Hirnarteriosklerose* und *Hirntumor,* nach *CO-Vergiftungen* und *Enzephalitis lethargica,* auch im Anschluß an *Hirnverletzungen* und *Enzephalomalazien* oder *Hirnblutungen.*
- Akinetisch-hypertone Syndrome nach *Schockzuständen, Barbiturat-* oder *Methylalkoholvergiftungen* sowie *Blei-, Mangan-* oder *Quecksilberintoxikation.*

Therapie

Medikamentöse Behandlung mit *Antiparkinsonmitteln* mit dem Ziel, die Balance zwischen cholinergischen und dopaminergischen Faktoren wiederherzustellen über

- den Abbau des Acetylcholinübergewichtes,
- die Dopaminanreicherung in den Stammganglien,
- die vermehrte Freisetzung und verminderte Rückresorption von Dopamin,
- die Reduktion der benötigten L-Dopa-Menge (Einzelheiten s. Lehrbücher der Neurologie).
- Medikamentöser Behandlungserfolg in Frage gestellt durch höheres Alter, rasche Symptomprogredienz, zusätzliche andere neurologische oder psychopathologische Ausfälle.

Ferner: regelmäßige und intensive *krankengymnastische Behandlung* mit gezielten Streck- und Schwingübungen,
therapeutisches *Schwimmen* und *Beschäftigungstherapie, Massagen.*
Begleitende stützende *Psychotherapie;* bei stärkerer Depressivität zusätzlich auch leicht- bis mittelpotente *Thymoleptika* einsetzen.
Operative *stereotaktische Behandlung* bislang nicht zufriedenstellend.
Achtung:

- Unter *Dopaminmedikation* können vegetative Störungen, Verwirrtheitszustände und psychotische Episoden (Dopa-Psychose) auftreten!

Verlauf/Prognose

- In der Regel allmählich progredient, jedoch primär nicht lebensverkürzend.
- *Verlaufskomplikationen* durch krisenhaft auftretende Fieberzustände und Schweißausbrüche möglich sowie durch paroxysmale vegetative Symptome, Blickkrämpfe und andere extrapyramidale Paroxysmen.

Picksche Erkrankung
(ICD-Gruppen 290, 331)

Beschreibung

Zerebrale *Systematrophie,* die mit präseniler Demenz einhergeht.

Ätiologie/Pathogenese

- *Degeneration* des *Frontal-* und *Temporalhirns* infolge Ganglienzellschwund aus unbekannter Ursache. Heredodegenerative Erkrankung mit gelegentlich dominantem Erbgang.
Beginn zwischen 50. und 60. Lebensjahr.

Symptomatologie

- Zunächst diskretes *hirnlokales Psychosyndrom* mit Antriebsstörungen und mnestischen Ausfällen, auch pseudoneurasthenischen Zügen (s. S. 87).
- Dann zunehmend: rasche *Ermüdbarkeit, Unruhe* bis zu *ziellosen Aktivitäten. Reizbarkeit. Indolenz. Handlungs- und Sprechstereotypien.*
Allgemeine *Persönlichkeitsveränderung,* Verfall sozialer Bindungen, Verlust ethischer Hemmungen.

Diagnostik/Differentialdiagnostik

- Auffallend als präsenile Demenz mit *rasch-progredientem Verlauf* ohne Hinweis auf Hirnarteriosklerose bzw. Gefäßprozeß.
- Sicherung durch *CT-Befund:* diffuse Erweiterung aller Hirnkammern mit verstärkter Oberflächenzeichnung über Stirn- und Schläfenpolen (s. S. 54).
- Differentialdiagnostisch:
Demenzen anderer Ätiologie (s. S. 109ff.). *Hirntumoren, progressive Paralyse.* Auch Ausschluß einer *Schizophrenie vom Simplextyp* (s. S. 153).

Therapie

- Zunehmende Beaufsichtigung und *Dauerhospitalisierung* unumgänglich.
- Bei stärkerer Unruhe: *schwachpotente, dämpfende Neuroleptika* (s. S. 280ff.).

Verlauf/Prognose

Infaust; unter zunehmender Demenz *letaler Ausgang* nach wenigen Jahren.

Hirnerschütterung
(ICD-Gruppe 293)

Beschreibung

Leichtere Form des *Hirntraumas,* die passager zu psychischen Beeinträchtigungen führen kann (s. Lehrbücher der Neurologie).

Ätiologie/Pathogenese

- Infolge der mechanischen Einwirkung vorübergehende *Störung der Hirnfunktion* aufgrund kolloidchemischer Veränderungen in den Parenchymzellen.

Symptomatologie

- Als reversible Störungen können auftreten:
  Bewußtlosigkeit bis zu einer Stunde mit *retrograder* und/oder *anterograder Amnesie. Kopfschmerzen. Schwindel. Erbrechen* und *Übelkeit.*
- An postkommotionellen Beschwerden kann es über längere Zeit zu *Affektlabilität, Reizbarkeit, Vergeßlichkeit* und *Konzentrationsstörungen* kommen, die sich über 3 bis 6 Monate erstrecken.
- Nicht selten anschließend psychogene Fixierung bei *Entschädigungstendenzen* (s. S. 176).
- Keine neurologischen Ausfälle!

Diagnostik/Differentialdiagnostik

Eindeutiger zeitlicher Zusammenhang zwischen Trauma und Folgeerscheinungen; andererseits fehlende neurologische Komplikationen.
Differentialdiagnostisch abzugrenzen:

- *Kollaps* nach anderweitigen Bagatellverletzungen. *Vertebrobasiläre Insuffizienz. Abortiver Grand-mal-Anfall.*
- Andere Arten von *Bewußtseinsstörung* (z. B. kardialer oder kreislaufbedingter Art).
- *Affektiver Tonusverlust („Lachschlag“).*

Therapie

- Falls erforderlich, wenige Tage *Bettruhe* bis zur Stabilisierung der Kreislaufregulationsstörungen.
- Sobald wie möglich *körperliches Training* und Vermeiden übertriebener Schonung.
- Bei Kopfschmerz medikamentös am ehesten *Acetylsalicylsäure.* Im übrigen an Medikamenten notfalls Antihypotonika und Antivertiginosa bzw. Antiemetika.

Verlauf/Prognose

In der Regel schon nach wenigen Wochen *folgenloses Abklingen* der Beschwerden.
Gelegentlich *erlebnisreaktive Fixation* mit Entschädigungsbegehren bzw. Rententendenz und Akzentuierung der Beschwerden durch übergroße Besorgnis und hypochondrische Ängste wie auch infolge Analgetikamißbrauch.

Kontusionspsychose
(ICD-Gruppen 293, 310)

Beschreibung

Substantielle *Hirnschädigung* in Form einer Hirnprellung oder Hirnquetschung mit längerer Bewußtlosigkeit und neurologischen Begleitsymptomen (Einzelheiten siehe Lehrbücher der Neurologie).

Ätiologie/Pathogenese

- Unter mechanotraumatischer Einwirkung *Zerstörung von Hirngewebe* durch abrupte Änderung der Zirkulation und der intrakraniellen Druckverhältnisse.
- Begleitendes *Hirnödem.*

Symptomatologie

Unmittelbar nach dem Trauma:

- Über Tage bis Wochen anhaltende *Bewußtlosigkeit* mit ausgedehnter retrograder und/oder anterograder *Amnesie.*
  Nur im Ausnahmefall keine Bewußtseinsstörungen (z. B. bei glatten Durchschußverletzungen).
  Anschließend meist
- aspontanes, affektives oder anderes *Durchgangssyndrom* (s. S. 89) mit fließendem Übergang zu irreversiblem oder reversiblem *hirnorganischem Psychosyndrom* (s. S. 87).
- Immer auch neurologische Symptome (Herdbefunde).

Diagnostik/Differentialdiagnostik

Evident: zeitlicher Zusammenhang mit *Schädeltrauma.*

- Immer pathologische *EEG-Veränderungen* (Allgemeinveränderungen, Herdbefunde) sowie entsprechende Hinweise im *kranialen Computertomogramm* (s. S. 51 und 54).
- Bei folgender *Hirnleistungsschwäche* Objektivierung durch *psychometrische Testverfahren* (s. S. 22ff.).

Differentialdiagnostisch:

- *Hirnblutung.* Schwere *kardiale* oder *zirkulatorische Akuterkrankung.* Massive *Intoxikation.*
- Kontusionspsychosen sind von *Durchgangssyndromen* anderer Genese abzugrenzen (z. B. Delirien – s. a. S. 92).

Therapie

- Während der Akutphase sorgfältige *Intensivüberwachung* einschließlich aller notwendigen allgemeinen pflegerischen Maßnahmen.
  Unmittelbar nach dem Trauma können *Reanimationsmaßnahmen* notwendig werden.
  Gegebenenfalls *Ödemprophylaxe* bei Gefahr einer Hirndrucksteigerung.
  Wichtig:
- *Verlaufsbeobachtung* der Bewußtseinslage und laufende Überprüfung des neurologischen Status, etwa anhand der „Glasgow coma scale" (Überprüfung von Ansprechbarkeit sowie motorischen und verbalen Reaktionen)!
- Bei stärkerer Unruhe *medikamentöse Dämpfung* mit:
  Paraldehyd oder Clomethiazol („Distraneurin") oder schwachpotenten, dämpfenden Neuroleptika (s. S. 280ff.).

Verlauf/Prognose

- Anfänglich oft längere *Bewußtseinstrübung;* begleitende oder im Anschluß daran wochen- bis monatelang *Durchgangssyndrome* möglich (s. S. 89).
- Später schließt sich meist eine ausgedehnte antero- und/oder retrograde *Amnesie* an.
- Bleibende *neurologische Ausfälle* (z. B. Herdsymptome, Paresen, hirnorganische Wesensänderung) sind möglich.
  Im übrigen ist die weitere Prognose abhängig von der
- Schwere und Lokalisation der Hirnschädigung,
- dem Alter des Patienten,
- von früher durchgemachten Hirnerkrankungen.
  Hinweis:
  So früh wie möglich Beginn mit neurologischen und psychologischen *Rehabilitationsmaßnahmen* in geeigneter Einrichtung!

Epileptische Psychose
(ICD-Gruppen 293, 345)

Beschreibung

Psychotische Episoden im Rahmen einer Epilepsie. Bevorzugtes Auftreten während anfallsfreier Zeit (Alternativpsychose, Normalisierungspsychose).

Ätiologie/Pathogenese

- Offenbar noch unbekannte Interferenzen zwischen *psychotischer Symptomatik* und *Krampfschwelle* einschließlich medikamentöser Einwirkungen.
  (Im *PET* erniedrigte O_2-Extraktionsrate [s. S. 56]).

Symptomatologie

Verhaltensauffälligkeiten wie bei Dämmerzuständen (s. S. 90):
- Stunden- bis tagelang anhaltende episodische *depressiv-ängstlich getönte Verstimmungen,* gelegentlich einhergehend mit *paranoid-halluzinatorischen Symptomen.*
- Zeichen starker innerer *Spannung* mit *Unruhe* und *Weglaufen* oder anderen *dranghaften Verhaltensweisen.*
  Seltener Zustände von *Erregtheit* und *Gewalttätigkeit.*
- Abbruch der psychotischen Symptomatik bei Auftreten von Krampfanfällen.
  Hiervon unabhängig:
  Bei immer wieder auftretenden Anfällen schließlich *epileptische Wesensänderung* bzw. *Demenz* (s. S. 88).
- Bei ca. 3–4% der Anfallskranken treten *schizophreniforme Psychosen* auf.

Diagnostik/Differentialdiagnostik

- Gründliche neurologische Abklärung zur Frage, ob eine Epilepsie vorliegt.
- Achtung! Psychopathologische Symptomatik häufig parallel zur Besserung des *EEG-Befundes* zunehmend („forcierte Normalisierung“). Ansonsten im *EEG* Theta- und Delta-Parenrhythmien.
  Differentialdiagnostisch:
- Ausschluß von *Dämmerzuständen anderer Genese* (s. S. 90), und
- von *Intoxikationspsychosen* (s. S. 124).

Therapie

- Bei gesicherter Diagnose Reduzierung oder Abbruch der *antikonvulsiven Medikation*, notfalls bis zur Krampfschwelle.
- Gleichzeitig Verabreichung mittelpotenter *Neuroleptika* (s. S. 280ff.).
  Hinweis:
  Nicht alle paranoid-halluzinatorischen Psychosen bei Epileptikern sind als epileptische bzw. Alternativpsychosen aufzufassen!
  Im Zweifelsfall:
  Stationäre Beobachtung und Abklärung mit Hilfe eines Langzeit-EEGs.
- *Epileptische Dämmerzustände* sollten mit einer Kombination von *Neuroleptika* und *Antikonvulsiva* behandelt werden.

Verlauf/Prognose

- Oft hartnäckige Symptomatik, jedoch Verlauf insgesamt nicht ungünstig, wenn wirksame Medikamentenkombination gefunden wird.
- Demgegenüber: echte *epileptische Wesensänderung* nur wenig beeinflußbar.
  Dauer epileptischer Psychosen Tage bis Wochen ohne folgende längere Amnesie.
- Möglich sind Komplikationen infolge delinquenten Verhaltens während eines *epileptischen Dämmerzustandes* bzw. einer *epileptischen Psychose* infolge der Einbußen an Einsichtsfähigkeit und Steuerungsvermögen.
  Schuldfähigkeit in diesen Fällen meist aufgehoben (§ 20 StGB) oder zumindest erheblich vermindert (§ 21 StGB – s. S. 270ff.).

Intoxikationspsychose
(ICD-Gruppen 292, 304, 305)

Beschreibung

Psychotisches Krankheitsbild nach *längerfristigem Abusus* von zentralwirksamen Substanzen, insbesondere Tranquilizern, barbituratfreien und barbiturathaltigen Hypnotika, Analgetika und Stimulantien („Medikamenteninduzierte Psychose", s. S. 131; Süchte: s. S. 233 ff.).

Ätiologie/Pathogenese

- Infolge chronischer Vergiftung *Funktionsstörungen im Hirnstoffwechsel,* vor allem in den Bereichen mit größerer Zelldichte (Hirnrinde, Thalamus, Hirnstamm).

Symptomatologie

- *Akut:* Bewußtseinstrübung, Desorientiertheit, Angstgefühl, Unruhe, Beeinträchtigungen der Steuerungsfähigkeit und Selbstkontrolle, Antriebsstörungen, verwaschene Sprache.
- *Chronisch:* allmähliche Persönlichkeitsveränderung mit kognitiven Einbußen, Passivität, Müdigkeit, Gleichgültigkeit, affektiver Abflachung. Schließlich auch Verwahrlosung und körperlicher Abbau.

Diagnostik/Differentialdiagnostik

Wichtig genaue Erhebung der *Anamnese* und *Fremdanamnese* (s. S. 14 ff.). Körperliche Begleiterscheinungen beachten. Zusätzlich *Labordiagnostik* und *Drogenscreening* (s. S. 57 ff.).
Differentialdiagnostisch:

- *Systematrophien* (s. S. 109 ff.), *zerebelläre Erkrankung, Defektschizophrenie,* chronische *depressive Entwicklung* (s. S. 161, 179).

Therapie

- *Entgiftung* und langfristige *Entwöhnung* dringend erforderlich (s. S. 302). Zusätzlich allgemeine körperliche Behandlung; roborierende Maßnahmen. Bei *akuter Unruhe* und *Panik:* Diazepam („Valium") i. v.
- Bei *Entzugserscheinungen:* Clomethiazol oder Neuroleptika (s. S. 280 ff.) im Rahmen der Intensivüberwachung.

Verlauf/Prognose

Abhängig von weiterer *Abstinenz* und von körperlichen Begleiterkrankungen (z. B. Leberschaden).

Beschreibung

- Auftreten akuter *psychotischer Symptomatik* nach Einnahme von Halluzinogenen (Horrortrip), oder
- abnorm verlängerte Rauschzustände, oder
- nach drogenfreiem Intervall wiederkehrende psychotische Episoden (Nachhallpsychose, Echopsychose, Flash back).
- Außerdem Psychosen mit schizophreniformer Symptomatik nach LSD- und Mescalingenuß. (Süchte: s. S. 233 ff.).

Ätiologie/Pathogenese

- Ursachen teils in besonderer Empfindlichkeit der betroffenen Persönlichkeit wie andererseits aus der
- Einwirkung der Droge in den Stoffwechsel der Neurotransmitter („Modellpsychose").

Symptomatologie

Horrortrip:
meist starke *Angst* bis zur *Panik, Erregtheit, Unruhe. Delirante Symptome.*
Im übrigen auch Zustände von Ekstase und *Omnipotenzgefühl.*
Nach Haschisch und Kokain zusätzlich *Leibmißempfindungen* und *taktile Halluzinosen* möglich (s. S. 100).

- Bei drogeninduzierten Psychosen auch Symptome wie bei *Schizophrenie* (s. S. 155 ff.).

Diagnostik/Differentialdiagnostik

Abklärung aufgrund *eigen-* und *fremdanamnestischer Angaben* sowie des aktuellen *Beschwerdebildes* (s. S. 2 ff.).
Außer gründlicher körperlicher Untersuchung *Drogenscreening* (s. S. 20 ff., 58).

- Achtung: bei Konsum harter Drogen häufiger induzierte Psychosen als bei weichen Drogen!

Unter Alkohol eher – außer Delir – *chronische Halluzinose* (s. S. 93, 237 ff.).
Differentialdiagnostisch:

- Abgrenzung von *Schizophrenie* bzw. andersartigen Psychosen mit *schizophreniformer Symptomatik* (s. S. 153 ff.).
- *Psychogener Erregungszustand* (s. S. 164).

Drogeninduzierte Psychose
(ICD-Gruppen 292, 304, 305)

Therapie

- Konsequente *Entgiftung* bzw. *Drogenentzug* im Rahmen stationärer Behandlung (s. auch S. 302ff.);
- *pflegerische* und *allgemeine medikamentöse Behandlung* evtl. auftretender Entzugserscheinungen mit *Clomethiazol* („Distraneurin"),
  ähnliches Vorgehen bei Auftreten deliranter Symptome.
- Ansonsten Psychosebehandlung durch mittel- bis hochpotente *Neuroleptika* (s. S. 280ff.).
- Bei Horrortrip: *Diazepam* (z. B. „Valium") parenteral. Zuwendung und beruhigendes *Zureden* (Talking down).
  Im übrigen s. Kap. „Süchte" (S. 233ff.).

Verlauf/Prognose

- Wie bei allen stoffgebundenen Süchten grundsätzlich abhängig von *weiterem Drogenkonsum.*
- Wenn allerdings infolge der Drogeneinnahme eine schon latent bestehende schizophrene *Psychose aktiviert* und manifest wurde, Prognose deutlich *schlechter* bzw. weiterer Verlauf wie bei schizophrenen Psychosen (s. S. 153ff.).
  In therapeutischer Hinsicht werden dann die entsprechenden zusätzlichen Maßnahmen notwendig bzw. in Form einer neuroleptischen Langzeitbehandlung – unabhängig hiervon bleibt die Notwendigkeit lebenslänglicher *Drogenabstinenz*.

Dermatozoenwahn
(ICD-Gruppe 290)

Beschreibung

Multiple *Hautmißempfindungen* in Form einer taktilen Halluzinose, gelegentlich mit der Überzeugung verbunden, an einer parasitären Hautkrankheit zu leiden (s. a. S. 93).

Ätiologie/Pathogenese

Ursächlich besteht ein Zusammenhang mit Hirnfunktionsstörungen im Rahmen einer *zerebralen Arteriosklerose.*

Symptomatologie/Diagnostik/Differentialdiagnostik

- Einförmig *wahnhafte Schilderung* der Beschwerden; „Ungezieferwahn".
- Häufig *Kratzartefakte* an der Haut; Aufbewahren von Hautschüppchen als vermeintliche Parasiten. Anlaufstelle daher meist die dermatologische Praxis.
- Differentialdiagnostisch:
  taktile Halluzinose bei *Kokain-, Pervitin-* oder *Haschischmißbrauch.* Zönästhetische Form der *Schizophrenie. Involutionshypochondrie* (s. S. 93, 148, 155).

Therapie

- Medikamentöse Behandlung durch mittelpotente *Neuroleptika* (s. S. 280ff.).
- *Allgemeine körperliche,* insbesondere *Herz-Kreislauf-Behandlung.* Versuch mit *hirndurchblutungsfördernden Substanzen* (z. B. Calciumantagonisten), falls keine Hypotonie vorliegt.

Verlauf/Prognose

Neigung zu schleppendem, *chronifizierten Verlauf.* Oft begleitet von anderen Zeichen einer Hirnleistungsschwäche in Richtung einer Demenz (s. a. S. 88).

Hirnorganisch begründbare Psychosen:

Progressive Paralyse (Dementia paralytica)

(ICD-Gruppen 94, 294)

Beschreibung

Chronische luische *Enzephalitis* im Tertiärstadium einer Lues cerebrospinalis.
Pendant hierzu auf neurologischem Gebiet: Tabes dorsalis (s. Lehrbücher der Neurologie).

Ätiologie/Pathogenese

Nach längerem Intervall zwischen luetischem Primäraffekt (8–16 Jahren) bei 10% aller mit Treponema pallida infizierten Personen Entwicklung einer Lues cerebrospinalis, daraus quartäre Lues von Gehirn und Rückenmark.
Manifestationsalter: 40.–60. Lebensjahr.

- Aufgrund der chronisch-entzündlichen Veränderungen *Atrophie der Stammganglien* und der *frontalen Rinde. Verschmälerung der Hirnwindungen.*

Symptomatologie

Im Frühstadium:

- Schleichende, uncharakteristische psychopathologische Symptome wie *allgemeine Reizbarkeit, Verstimmungen, Schlafstörungen, Erschöpfungsgefühl, Lethargie. Kognitive Einbußen, Kritikschwäche* und *Konzentrationsstörungen.*
- Schließlich: progredientes organisches Psychosyndrom mit *affektiver Verödung* und *Antriebsverarmung* (s. S. 87). Daneben auch expansive Formen:
  Gehobene Stimmungslage, Enthemmung, Aktivitätssteigerung, Distanzlosigkeit und *Größenwahn.*
- Neurologisch:
  Kopfschmerzen, Pupillenstörungen, Dysarthrie, aphasische Störungen und andere Herdbefunde, Areflexie, spinale Ataxie, Sensibilitätsstörungen, Krampfanfälle.

Diagnostik/Differentialdiagnostik

- *Psychopathologische* und *neurologische* Ausfallserscheinungen wie oben beschrieben.
- Positive *Luesserologie* (s. S. 61).
- Im *Liquor* Pleozytose und Vermehrung des Gesamteiweißes mit tiefem Linksausfall der Kolloidkurve. In der Elektrophorese deutliche Erhöhung der Gammaglobuline (s. S. 59).

Differentialdiagnostisch:

- *Maniforme Krankheitbilder* anderer Genese – s. Kap. „Sympatomatische Psychosen“ (S. 131 ff.).
- Beginnende *schizophrene Psychose* bzw. *schizophrenes Defektsyndrom* (s. S. 153 ff.).
- *Enzephalomyelitis disseminata* oder andere nichtluische *entzündliche Hirnerkrankungen. Systematrophie* (s. S. 111 ff.).

Therapie

- Über drei Wochen täglich 1 Mio. *Penicillin* i. m. (bei drohender Herxheimer-Reaktion Verabreichung von Prednison vor Beginn der Behandlung).
- Bei Penicillinunverträglichkeit Wechsel auf *Erythromycin* oder *Tetracyclin* (500–600 mg/Tag oral oder parenteral über zwei Wochen).
- Liquorkontrolle 6–8 Wochen nach der ersten Kur sowie ½ Jahr später und nochmals nach 2 weiteren Jahren
  Hinweis: durch Behandlung Stillstand der Parenchymveränderungen, keine Reversibilität!

Verlauf/Prognose

- *Heilung* bei der Hälfte der Patienten, wenn Behandlung innerhalb der ersten drei Monate nach Auftreten der Frühsymptome erfolgt. Dies bedeutet, daß alle serologischen und klinischen Parameter über zwei Jahre lang zufriedenstellend beurteilt werden.
- Im übrigen teils Besserung mit sozialer Anpassung bei verbleibenden *Defektsyndromen;* psychopathologisch persistieren häufig pseudoneurasthenische Symptome bzw. eine hirnorganische Wesensänderung (s. S. 87, 88).
  Unbehandelt: innerhalb weniger Jahre schwerste Demenz und schließlich Tod.

Anmerkungen

Als symptomatische oder körperlich begründbare Psychosen werden die Krankheitsbilder bezeichnet, die als *Begleiterscheinung* einer *allgemeinen körperlichen Erkrankung* oder *Funktionsstörung* in Erscheinung treten; als Synonyma werden auch die Begriffe „Funktionspsychose", „organisch begründbare Psychose" oder „exogener Reaktionstypus" verwendet. Während die psychopathologische *Symptomatik* sich im großen und ganzen eher einförmig darstellt, sind die *Ursachen* oft ebenso vielfältig wie unspezifisch. In Frage kommen metabolische und endokrine, kardiale und zirkulatorische sowie entzündliche und degenerative Organkrankheiten.
Bei *akuter Erkrankung* finden sich wie bei den hirnorganisch begründbaren Psychosen als häufigste Leitsymptome quantitative und/oder qualitative *Bewußtseinsstörungen.*
Bei *anhaltend einwirkenden Schädigungen* kommt es allmählich zu einer chronischen *Hirnleistungsschwäche* bzw. zu einem *Persönlichkeitsabbau* im Sinne einer Demenz. Nur der kleinere Teil der sympatomatischen Psychosen tendiert allerdings zu irreversiblen Psychosyndromen; die Mehrzahl ist als rückbildungsfähig anzusehen.
Die Wirksamkeit der *Behandlungsmaßnahmen* ist abhängig von der Genauigkeit der Diagnose einerseits wie von den Verlaufseigentümlichkeiten des Grundleidens andererseits. Es gelten die üblichen therapeutischen Prinzipien der mehrdimensionalen integrativen psychiatrischen bzw. psychotherapeutischen Hilfestellung und Entlastung für den Patienten, im wesentlichen umfassend zudekkend-stützende und entspannende, aber auch trainierende Einzel- und Gruppenaktivititäten, Bewegungs- und Ergotherapie sowie ggf. ergänzende Verordnungen von Psychopharmaka.

Medikamenteninduzierte Psychose (ICD-Gruppen 293, 305)

Beschreibung

Psychische Veränderungen nach Applikation von Medikamenten mit psychotroper Wirkung (s. a. S. 243ff.).

Ätiologie/Pathogenese

- Beeinträchtigung der Hirnfunktionen aufgrund *psychotroper Eigenschaften verschiedener Medikamente*, (z. B. Antibiotika, Antihistaminika, Antihypertonika, Antikonvulsiva, Antirheumatika, Betarezeptorenblocker, Immunsuppressiva, Kontrazeptiva, L-Dopa, Steroide, Sulfonamide und Tuberkulostatika).

Sympatomatologie

Bei dispositioneller Empfindlichkeit, vorgeschädigtem Gehirn sowie vor allem auch älteren Patienten:

- Auftreten *deliranter Krankheitsbilder* bzw. *reversibler Durchgangssyndrome* Stunden bis Tage nach Applikation obengenannter Pharmaka.

Diagnostik/Differentialdiagnostik

- *Körperliche Untersuchung* und *Labordiagnostik*, insbesondere mit genauer Auflistung aller eingenommenen Medikamente (Fremdanamnese!).
- *Serumspiegelbestimmung* bzw. *Drogenscreening* (s. S. 20ff., 58).

Differentialdiagnostisch:

- Abusus von *Tranquilizern, Hypnotika* oder *Analgetika* (s. S. 243ff.),
- *Drogen-* und *Alkoholmißbrauch* (s. S. 237ff.).
- Immer neurologische Systemerkrankung ausschließen!

Therapie

Soweit vertretbar *Absetzen aller Medikamente* und Wechsel auf ein anderes Präparat bzw. medikamentöse Neueinstellung.

Verlauf/Prognose

Abhängig von weiterer Medikation bzw. Grunderkrankung.

Symptomatische Depression
(ICD-Gruppe 293)

Beschreibung

Depressives Krankheitsbild im Gefolge körperlicher Grunderkrankung.

Ätiologie/Pathogenese

- Die Ursachen können überaus vielfältig sein; in Frage kommen: *endokrinologische Erkrankungen* (z. B. Hypophysenvorderlappeninsuffizienz, Hypothyreose, Hypoglykämie und Hyperglykämie, Morbus Addison, Morbus Cushing, Hyperparathyreoidismus), *metabolische Störungen* (z. B. Niereninsuffizienz, akut-intermittierende Porphyrie, Hypokaliämie), Herz-Kreislauf-Erkrankungen (z. B. Herzinsuffizienz, Hypertonie, Arteriosklerose, Hypotonie), *hämatologische Erkrankungen* (z. B. Anämie, funikuläre Myelose), *pharmakogene Ursachen* (z. B. Steroide, Ovulationshemmer, Antihistaminika, Antihypertensiva).
- Depressive Syndrome werden ferner beobachtet bei *chronischer Intoxikation* (z. B. Drogen- und Medikamentenabhängigkeit, Alkoholismus, CO-Vergiftung, Schwermetallvergiftung).
  Weitere Ursachen: längerdauernde *Infektionskrankheiten, maligne* und *konsumierende Erkrankungen, Strahlentherapie.*

Sympatomatologie

Typisch depressive, unspezifische Leitsymptome: *allgemeine Abgeschlagenheit* und *Müdigkeit, Erschöpfungsgefühl, Antriebsschwäche. Unlustgefühl, Niedergeschlagenheit, Interesselosigkeit, Grübeleien.* Diffuse *Körperbeschwerden. Schlafstörungen. Inappetenz* (s. S. 97).

Diagnostik/Differentialdiagnostik

- Abklärung durch gründliche *klinische* und *apparative Organdiagnostik.* Psychopathologisch leere *Anamnese* sowie Fehlen von Verlaufseigentümlichkeiten wie bei endogener und exogener Depression (s. S. 142ff., 179ff.).
  Differentialdiagnostisch:
- *larvierte Depression* (s. S. 142ff.),
- *psychosomatische Erkrankung* (s. S. 185ff.).

Therapie

- Vorrangig: konsequente Behandlung der *Grunderkrankung*.
  Zusätzlich:
- *Allgemeine roborierende* und *pflegerische* Maßnahmen, *Physiotherapie*.
- Evtl. Badekur oder *Erholungsaufenthalt* (s. S. 375).
- Therapeutische Gespräche bzw. *stützende Psychotherapie,* auch mit Aufklärung und Ratschlägen zur Lebensführung (s. S. 305 ff.).
- Bei Verträglichkeit geringdosierte oder schwachpotente *Thymoleptika* (s. S. 284 ff.);
  Achtung: Toleranz gegenüber Medikamenten oft herabgesetzt!

Verlauf/Prognose

- In der Regel abhängig von weiterem Verlauf der Grunderkrankung, vor allem auch der notwendigen Dauermedikation; *depressiogene Wirkung verschiedener Medikamente* beachten (z. B. Antihypertonika, Steroide, Betarezeptorenblocker – s. S. 131 ff.)!
- Einerseits häufig *Adaptation* bzw. Abklingen der depressiven Symptomatik trotz nicht erreichter völliger Remission zu früherer Befindlichkeit und Leistungsfähigkeit,
- andererseits oft noch längere Zeit nach Abklingen der Körpererkrankung, vor allem nach infektiösen und konsumierenden Erkrankungen nachfolgende, verschleppte *depressive Zustandsbilder* möglich.
  (Anmerkung: die früher häufiger beschriebene euphorische Stimmungslage bei Patienten mit Lungentuberkulose wahrscheinlich Artefakt; durch spätere Untersuchungen nicht bestätigt.)

Pharmakogene Depression
(ICD-Gruppen 293, 304, 305)

Beschreibung

Unter Behandlung mit *Neuroleptika* auftretendes *depressives Krankheitsbild. (Iatrogene Depression).*

Ätiologie/Pathogenese

- Offenbar depressiogene Beeinflussung des zerebralen Neurotransmitterstoffwechsels durch *Neuroleptika* oder andere *aktivitätshemmende Psychopharmaka.*

Symptomatologie

Merkmale des depressiven Syndroms (s. S. 97).

Diagnostik/Differentialdiagnostik

- Überprüfung der Medikation (zeitlicher Zusammenhang mit Verabreichung?).

Differentialdiagnostisch:

- Depression bei chronischem *Medikamentenmißbrauch* (z. B. Tranquilizer, Hypnotika, Analgetika –. s. S. 243 ff.),
- *postremissives Erschöpfungssyndrom* bei Schizophrenie (s. S. 153 ff.),
- alle anderen Formen *symptomatischer Depression* (s. S. 132, 240, 243).

Therapie

- *Umsetzen* des Neuroleptikums auf ein chemisch andersartig definiertes Präparat;
- auch Kombination mit Thymoleptikum im Sinne einer Zweizügeltherapie möglich (s. S. 280 ff., 284 ff.).

Verlauf/Prognose

Abhängig von Verträglichkeit der weiteren Medikation.

Symptomatische Manie
(ICD-Gruppe 294)

Beschreibung

Maniformes Krankheitsbild aufgrund körperlicher Erkrankung.

Ätiologie/Pathogenese

Wie bei allen symptomatischen Psychosen kommen vielfältige verschiedene organische Grunderkrankungen in Frage, z. B. solche
- *endokriner* und *metabolischer* Art (z. B. Hyperthyreose),
- *pharmakogener* Art (z. B. Stimulantienabusus, Drogenmißbrauch),
- *hirnorganischer* Art (z. B. progressive Paralyse, Stirnhirntumor).

Symptomatologie

- Erscheinungsbild des maniformen Syndroms (s. S. 101): *Gehobene Stimmungslage, Überaktivität* bis zur *Erregbarkeit, Ideenflucht, Rededrang* bis zur *Logorrhö*.
  Insgesamt Symptomatik weniger intensiv ausgeprägt als bei endogener Manie (s. S. 146ff.).

Diagnostik/Differentialdiagnostik

- Aufgrund der beschriebenen Symptomatik Diagnose nach gründlicher *organischer Abklärung* nicht schwierig. Psychopathologisch im übrigen leere spezielle Anamnese bzw. kein Hinweis auf zyklothyme Symptome (s. S. 142ff.).
- Differentialdiagnostisch:
  endogene Manie bei Zyklothymie (s. S. 146), *schizophrene Psychose* (s. S. 153), *Durchgangssyndrom nach Hirnschädigung* (s. S. 89), *hyperthyme Primärpersönlichkeit* (s. S. 226).

Therapie

- Behandlung der *Grunderkrankung*.
- Zusätzlich – je nach Verträglichkeit – *dämpfende Neuroleptika* (s. S. 280ff.). Bei schwerer ausgeprägter Symptomatik ständige *Beaufsichtigung* und *Überwachung*.

Verlauf/Prognose

Eher günstig; im übrigen abhängig vom Verlauf der Grunderkrankung.

Vitamin-B_{12}-Mangel-Psychose
(ICD-Gruppe 293)

Beschreibung

Psychopathologisches *Erkrankungsbild* aufgrund eines anhaltenden Defizits an Vitamin B_{12}.

Ätiologie/Pathogenese

Infolge ungenügender Vitaminzufuhr oder bei Resorptionsstörungen:

- *Markscheidenschwund* im Bereich des zentralen Nervensystems mit schließlich irreversiblem *Axonzerfall* und gliöser *Vernarbung* (s. Lehrbücher der Neurologie).
  Hieraus resultierend auch *psychopathologische Auffälligkeiten.*

Symptomatologie

Allgemein: körperliche Symptome der Anämie und des Vitamin-B_{12}-Mangels (u. a. funikuläre Myelose).
Neurologische Symptome:

- *Ataxie, Störungen der Tiefensensibilität. Reflexausfälle. Pyramidenbahnzeichen. Parästhesien* und *Dysästhesien. Blasenstörungen.*
  Hiermit schleichend-progredient einhergehend:
- *depressive* und/oder *paranoide Symptome. Delirant* anmutende Bilder mit und ohne Bewußtseins- und Orientierungsstörungen. *Demenz.*

Diagnostik/Differentialdiagnostik

- Vordringlich hämatologische, klinische und apparative Organdiagnostik. Bestimmung des B_{12}-Spiegels und der Folsäure bzw. Schilling-Test.
  Differentialdiagnostisch auszuschließen:
- *Enzephalomyelitis disseminata. Neurolues. Zönästhetische Form der Schizophrenie* (s. S. 153 ff.). *Konversionsneurose* (s. S. 185 ff.).

Therapie

- Anfangs hochdosiert parenteral Vitamin B_{12}, dann mit Erhaltungsdosis Langzeitbehandlung (1000 I.E. Cyanocobalamin i.m. monatlich).

Verlauf/Prognose

Abhängig von Behandlung der Grunderkrankung.

Postoperative Psychose
(ICD-Gruppe 293)

Beschreibung

Vielgestaltige *Durchgangssyndrome* nach chirurgischen Eingriffen, insbesondere kardialen Operationen.

Ätiologie/Pathogenese

- Offenbar passagere *Beeinträchtigung des Hirnstoffwechsels* durch biologische Dysbalance infolge des operativen Eingriffs.

Symptomatologie

Depressive, paranoide, maniforme und halluzinatorische Durchgangssyndrome (s. S. 89).

Diagnostik/Differentialdiagnostik

- Auftreten meist unmittelbar anschließend an die *Operation,* falls in Vollnarkose durchgeführt.

Differentialdiagnostisch:

- *Depression* aufgrund der vorliegenden Körpererkrankung (s. S. 179).
- In Erwägung zu ziehen auch sich manifestierende *schizophrene Psychose* (s. S. 153ff.),
- *larvierte Depression* (s. S. 144ff.).

Therapie

- Rasche *Mobilisierung* und *allgemeine roborierende Maßnahmen*.
- Stützend: schwach-potente *thymoleptische und/oder neuroleptische Therapie* sowie *stützende Psychotherapie* (s. S. 280ff., 305ff.).

Verlauf/Prognose

In der Regel folgenloses Abklingen.

Schwangerschaftspsychose (Gestationspsychose)
(ICD-Gruppe 293)

Beschreibung

Während der Schwangerschaft auftretende *Psychose*.

Ätiologie/Pathogenese

Als ursächliche Faktoren kommen in Frage:

- allmähliche *hormonelle Umstellung* des Organismus,
- *psychische Faktoren;* Einstellung auf die neue Lebenssituation. (Im allgemeinen hat die Schwangerschaft eher eine psychoprotektive Wirkung; im Wochenbett treten z. B. zehnmal häufiger Psychosen auf.)

Symptomatologie

- Depressive und schizophreniforme Krankheitsbilder vielgestaltiger Art, besonders gekennzeichnet durch *Erregtheit* und *Unruhe* sowie *Depressivität.* Auch latente oder manifeste *Suizidalität.*
- Häufig sind schizoaffektive Mischformen.

Diagnostik/Differentialdiagnostik

- Zeitliche Relation zur *Schwangerschaft.*
- Differentialdiagnostisch:
  Reaktivierung latenter *endogener Psychose.* Angst vor *Schwangerschaft und Geburt; Erlebnisreaktion* (s. S. 164 ff.).

Therapie

- *Medikamentös* sehr eingeschränkt: vor allem während des I. Trimenons allenfalls *Tranquilizer* (s. S. 289 ff.).
- *Stützende Psychotherapie. Ablenkung, Beschäftigung* (s. S. 305 ff., 365 ff.).

Verlauf/Prognose

- Häufig *schwankender Ablauf* mit rezidivierender Depressivität und Komplikationen durch unberechenbare Suizidalität.
- Gelegentlich auch Einmünden in *echte endogene Psychose* mit Fortbestehen nach der Geburt.

Wochenbettpsychose (Puerperalpsychose)
(ICD-Gruppe 293)

Beschreibung

Unmittelbar nach der Geburt auftretende Form der *Emotionspsychose.*

Ätiologie/Pathogenese

- Außer *hormonellen Einflüssen* auch *psychische Einwirkungen* (z. B. Einstellung zum Kind und zum Partner. Allgemeine seelische Reife. Soziale Verhältnisse).
- Häufiger bei Erstgebärenden.

Symptomatologie

- Meist plötzlicher Beginn während der ersten Tage (um den 3.–5. Tag) nach der Geburt mit zunehmender *Erregtheit* und *Unruhe. Angstgefühl, Ratlosigkeit, Stimmungslabilität.* Vorherrschend jedoch im allgemeinen *Niedergeschlagenheit* bis zur *Suizidalität. Traumhafte Verworrenheit mit Sinnestäuschungen.*
Gelegentlich Kombination mit Eklampsie bzw. Schwangerschaftstoxikose.

Diagnostik/Differentialdiagnostik

- Zeitliche Relation zur *Beendigung der Schwangerschaft* bzw. *Geburt.*
- Differentialdiagnostisch:
Aktivierung *endogener Psychose. Reaktive Depression* (s. S. 153ff.; 179 ff.).
(Passagere Stimmungslabilität unmittelbar nach der Geburt kein psychopathologisches Symptom im engeren Sinne.)

Therapie

- *Medikamentöse Behandlung* wie bei endogener Psychose meist nicht zu umgehen (s. S. 280ff.).
- Intensive *psychotherapeutische Begleitung.* Notfalls *sozialtherapeutische Hilfen* (s. S. 304ff., 372).

Verlauf/Prognose

Im ganzen gutartiger Verlauf; nur selten spätere Rezidive.

Symptomatische Psychose:

Endokrines Psychosyndrom

(ICD-Gruppe 293)

Beschreibung

Psychopathologische Auffälligkeiten aufgrund endokrinologischer Störungen.

Ätiologie/Pathogenese

- Beeinträchtigung der Funktion des Zentralnervensystems durch *Endokrinopathie* (s. Lehrbücher der inneren Medizin).

Symptomatologie

Je nach Art, Form und Intensität der endokrinologischen Grunderkrankung vielfältige psychopathologische Auffälligkeiten.

- Bei Hypothyreose: *depressives Syndrom;* wenn angeborene Unterfunktion: *Intelligenzmängel* möglich.
- Bei Hyperthyreose: *Erregtheit* und *maniforme Symptome.*
- Bei Hypophyseninsuffizienz: *Erschöpfungsgefühl, Antriebsverlust.*
- Bei Morbus Cushing und Morbus Addison: *Antriebsverarmung, Schwächegefühl, Abgeschlagenheit.*
- Bei akut einsetzenden endokrinologischen Störungen auch *psychotische Krankheitsbilder* mit produktiver Symptomatik.

Diagnostik/Differentialdiagnostik

- Gründliche klinische und apparative *Organdiagnostik.*
- Im übrigen bei längerer *Verlaufsbeobachtung* Unterschiede zu endogenen und reaktiven Störungen erkennbar.
- Differentialdiagnostisch: *organische Psychosyndrome anderer Ursache. Chronische Intoxikation* (s. S. 130ff., 240ff.)

Therapie

- Behandlung der *Grunderkrankung.*
- Daneben oft zusätzliche symptomatische *psychopharmakologische* und stützende *psychotherapeutische Behandlung* notwendig (s. S. 305ff.).
- Bei psychotischen Symptomen *Neuroleptika* (s. S. 280ff.).

Verlauf/Prognose

Abhängig von Grunderkrankung.
Bei längerem Verlauf kann sich eine *irreversible Hirnleistungsschwäche* einstellen.

Anmerkungen

Zu den sog. endogenen Psychosen werden die psychiatrischen Erkrankungen gerechnet, die ohne erkennbare körperliche Ursachen entstehen, sich andererseits aber auch nicht aus peristatischen Einflüssen sinnvoll ableiten lassen.
Es handelt sich dabei um die beiden Krankheitsgruppen der *Zyklothymie* und *Schizophrenie* einschließlich der *schizoaffektiven Mischpsychosen.*
Diskutiert wird eine *multifaktorielle Ätiologie;* eine Reihe von Indizen spricht für das Vorliegen von Störungen im Stoffwechsel der zerebralen Neurotransmitter. Gestützt wird die Annahme einer letztlich organisch begründbaren Verursachung durch die oft vorzufindende hereditäre Belastung, durch die große Ähnlichkeit mit artifiziell hervorgerufenen Psychosen durch Halluzinogene (z. B. Meskalin, LSD oder Psilocybin) wie auch vor allem durch die gute Ansprechbarkeit auf biologisch begründete Therapien, insbesondere auf die Pharmakotherapie.
Peristatische Faktoren spielen allerdings in vielen Fällen eine mitauslösende Ursache, wie auch der weitere Verlauf in erheblichem Maße durch psychosoziale Komponenten mitbestimmt und mitgeformt werden kann. Dies darf jedoch nicht dazu verleiten, die psychotische Symptomatik aus der Biographie des Erkrankten abzuleiten.
Typisch für den *zyklothymen Verlauf* sind rezidivierende depressive und/oder manische Phasen, die in der Regel folgenlos abklingen. Das Schwergewicht der Symptomatik liegt auf affektiven, Antriebs- und Vitalstörungen. Die Katamnese bei *schizophrener Erkrankung* ist insgesamt weniger günstig; allenfalls ein Drittel aller Patienten wird vollständig geheilt, die übrigen leiden in mehr oder weniger ausgeprägter Form an verbleibenden Persönlichkeitsveränderungen, die mit jedem erneuten Krankheitsschub ausgeprägter werden können.
Der Schwerpunkt der *Behandlung* liegt auf den biologisch begründeten Therapien, insbesondere der Psychopharmakotherapie. Begleitende psychotherapeutische Maßnahmen sind stets erforderlich; bei schizophrener Erkrankung erweisen sich zusätzlich langfristige soziotherapeutische Maßnahmen oft als notwendig. Immer sollte eine medikamentöse Rezidivprophylaxe in Erwägung gezogen werden.
Das sog. „Borderline-Syndrom“ wird unter dem Kapitel „Persönlichkeitsstörung“ abgehandelt.

Bipolare Zyklothymie
(ICD-Gruppe 296)

Beschreibung

Form der *affektiven Psychose* mit Auftreten endogen-depressiver und -manischer Phasen (Synonym: manisch-depressive Erkrankung. Zyklische oder zirkuläre Zyklothymie).

Ätiologie/Pathogenese

Auszugehen ist von einer *multikausalen Entstehung:* neben erblicher Disposition können zusätzlich äußere Auslöser zur Manifestation der Erkrankung beitragen.
In biochemischer Hinsicht Hinweise auf Störungen im zerebralen Stoffwechsel der *Neurotransmitter* und Neuromodulatoren sowie auf eine mangelhafte Aktivierung des postsynaptischen Noradrenalin-Rezeptors.
Anhaltspunkte für eine *temporale Desynchronisation mit Veränderung der zirkadianen Rhythmen.*
Psychodynamische und lerntheoretische Entstehungsmodelle sind von sekundärer Bedeutung.

- *Häufigkeit* um 0,2% der Bevölkerung, wobei Frauen etwa doppelt so häufig wie Männer betroffen sind. *Ersterkrankung* ab Pubertät möglich; häufigste *Erstmanifestation* um das 40. Lebensjahrzehnt. Durchschnittliches *Erkrankungsalter* niedriger, *Erkrankungsrisiko* für Blutsverwandte höher als bei monopolarer Zyklothymie (s. S. 144ff.).

Symptomatologie

- Wechsel von *depressiven Symptomen* (s. S. 97) und *manischen Krankheitszeichen* (s. S. 101).
- Zwischenzeitliche *Intervalldauer* in der Regel kürzer als bei monopolar-depressiven Verläufen.

Diagnostik/Differentialdiagnostik

Die zuverlässige Diagnose kann erst nach längerer *Verlaufsbeobachtung* gestellt werden.

- Querschnittsmäßig: mehr oder weniger typische Merkmale eines *depressiven Syndroms* oder *manischen Syndroms*. Überwiegend Fehlen greifbarer Auslöser bzw. reaktiver Momente.

Differentialdiagnostisch auszuschließen:
- *Stimmungslabile Primärpersönlichkeit* („Thymopathie" – s. S. 220),
- Neigung zu *Affektlabilität* bzw. *Affektinkontinenz* (s. S. 84).

Therapie

- Vordringlich *medikamentöse Behandlung* der Zielsymptomatik mit Thymoleptika (s. S. 284 ff.) oder dämpfenden Neuroleptika (s. S. 280 ff.).
  Depression zusätzlich mit Schlafentzug (s. S. 295) oder Lichttherapie (s. S. 375) behandeln.
- Wichtig: bei depressiver Phase Vorliegen von *Suizidalität* erkunden!
- Begleitend stützende und adaptive *Psychotherapie* (s. S. 227 ff.). *Familienberatung* (s. S. 355 ff.).
- Bei mehr als zwei gesicherten zyklothymen Phasen medikamentöse Präventivbehandlung mit *Lithium* (s. S. 287 ff.) oder – bei Kontraindikation – mit *Carbamazepin* unter Kontrolle von Blutbild und Serumspiegel.

Verlauf/Prognose

- Nach Abklingen der jeweiligen Phasen zunächst in der Regel völlige Remission, Phasen- und Intervalldauer jedoch unberechenbar.
- Langfristig Tendenz zu Verlängerung der einzelnen Krankheitsphasen; außerdem verkürzt sich statistisch mit der Zahl durchgemachter Phasen die symptomfreie Intervalldauer.
  Beobachtet werden bei längeren Verläufen mit zahlreichen Krankheitsphasen auch gelegentlich *Persönlichkeitsveränderungen* in Richtung einer allgemeinen Nivellierung.
- Unter medikamentöser Rezidivprophylaxe Abschwächung und allmähliches Ausbleiben der zyklothymen Phasen bei 70–80% der Patienten zu erwarten.

Monopolare Zyklothymie mit depressiven Phasen (ICD-Gruppe 296)

Beschreibung

Affektive Psychose mit rezidivierenden depressiven Krankheitsphasen. (Synonym: endogene Depression, periodische Depression, phasische Depression, Melancholie).
Häufigste Zyklothymieform mit rund 60% aller Zyklothymien.

Ätiologie/Pathogenese

Wie bei bipolarer Zyklothymie:

- *Multikausalität* mit Schwergewicht auf Disposition zu zerebralen Neurotransmitterstörungen (noradrenerg-cholinerge Labilität?) Zusätzlich bei etwa 10% der Patienten auch äußere *Auslöser.*
- *Vorkommen:* um 0,3 bis 0,4% der Bevölkerung (Gesamtzyklothymien: um 0,6–0,8%).
  Frauen etwa zwei- bis dreimal so häufig wie Männer betroffen. Häufigste *Erstmanifestation* im 3. bis 5. Lebensjahrzehnt.

Sympatomatologie

Leitsymptome des depressiven Syndroms (s. S. 97):

- *Niedergeschlagenheit, Pessimismus* und *Hoffnungslosigkeit, Nihilismus, Leeregefühl, Angst.*
  Denkhemmung, Konzentrations- und *Gedächtnisstörungen, Grübeleien.*
  Antriebsverarmung bis zum Stupor,
- bei agitierten Formen demgegenüber: quälende *Unruhe* und *Umtriebigkeit.*
  Verarmungs- und *Versündigungswahn* mit *Selbstvorwürfen* und *Schuldgefühl. Hypochondrischer Wahn, nihilistischer Wahn.*
- Häufig *Suizidalität.*
- Vitalstörungen: *Müdigkeit* und *Erschöpfungsgefühl, Appetit-* und *Libidoverlust, Gewichtsverlust, Obstipation, Hypotonie. Oppressions-* und *Globusgefühl, Kopfdruck, Durchschlafstörungen* mit Früherwachen und Morgentief („positive Tagesschwankung").
- Bei larvierter Depression: vielfältige umschriebene oder diffuse *Körpermißempfindungen* und *Schmerzen,* die keinem Organsystem zuzuordnen sind.

Diagnostik/Differentialdiagnostik

- Äußeres Erscheinungsbild: *depressive Mimik* und *Pantomimik* (s. S. 7ff.) als Ausdruck entsprechender Erlebnisinhalte.
- *Anamnese* sowie aktuelle Lebenssituation abklären (s. S. 14ff.).

- Wichtig: *Suizidalität* abschätzen – etwa 10% der Patienten unternehmen Suizidversuche! (s. S. 98).
  Zusätzlich in Zweifelsfällen: testpsychologische Untersuchungen.
- Differentialdiagnostisch auszuschließen:
  Organisch begründbare Depression (s. S. 132). *Pharmakogene Depression* (s. S. 134). Depression bei *Schizophrenie* (s. S. 153ff.). *Neurotische Depression* bzw. depressive Neurose, *depressive Reaktion* oder *depressive Primärpersönlichkeit* (s. S. 179ff., 217). *Suchterkrankung bzw. Drogenabhängigkeit* (s. S. 234ff.).

Therapie

- Vorrangig: *Entlastung* von allen Verpflichtungen; bei deutlicherer Symptomatik stationäre Behandlung (obligat bei Suizidalität).
- *Medikamentöse* Behandlung mit Thymoleptika:
  bei gehemmten Depressionsformen *aktivierende,*
  bei agitierten Formen *anxiolytisch-dämpfende Medikamente,*
  bei larvierter Depression eher bipolar wirksame (s. S. 284ff.).
  (Zu beachten: Dosierung ausreichend hoch und mit Sicherheitsüberhang über das Abklingen der depressiven Phase hinaus. Dosisreduktion schrittweise. Initial auch parenterale Applikation in Erwägung ziehen.)
- *Schlafentzug* (s. S. 295); *Lichttherapie* (s. S. 375).
- Begleitend *stützende Psychotherapie* (s. S. 305ff.). *Familienberatung* (s. S. 255ff.).
- *Werk- und Bewegungstherapie* nur vorsichtig, da verstärktes Insuffizienzgefühl auftreten kann.
- Bei mehr als zwei Krankheitsphasen *Lithiumprophylaxe* einleiten, bei Unverträglichkeit oder Kontraindikation Versuch mit *Carbamazepin* unter Kontrolle von Blutbild und Serumspiegel (s. S. 287ff.).

Verlauf/Prognose

- Mit und ohne Behandlung in der Regel Abklingen der einzelnen depressiven Phasen mit völliger *Remission*; allerdings bei 10–15% Neigung zur *Chronifizierung*.
- Im Anschluß an depressive Phase nicht selten hypomanische *Nachschwankung* von ein paar Tagen Dauer; möglich ist auch ein Umkippen in eine endogen-manische Krankheitsphase (s. S. 142).
- Durchschnittliche *Intervalldauer* einer Krankheitsphase ½–1 Jahr, mit dem Älterwerden eher zunehmend.
  Unter medikamentöser Prophylaxe Abschwächung und/oder Ausbleiben späterer erneuter Krankheitsphasen bei rund 50–60% der Patienten zu erwarten.
  Verlauf im übrigen unberechenbar.

Monopolare Zyklothymie mit manischen Phasen (ICD-Gruppe 296)

Beschreibung

Affektive Psychose mit rezidivierenden manischen Krankheitsphasen (Synonyme: endogene Manie, zyklothyme Manie, periodische Manie, phasische Manie).

Ätiologie/Pathogenese

Wie bei den zuvor beschriebenen Zyklothymieformen (s. S. 142ff.):

- Anlagebedingte Anfälligkeit für Störungen im Stoffwechsel der *zerebralen Neurotransmitter* (Noradrenalinüberschuß an den Rezeptoren?).
  Häufigkeit um 5% aller Zyklothymieformen.

Symptomatologie

Leitsymptome des maniformen Syndroms (s. S. 101):

- *Grundlose Heiterkeit, teils mit gereizt-aggressivem Unterton. Enthemmung* bis zur *Distanzlosigkeit. Keine Krankheitseinsicht.*
  Umtriebigkeit, Unruhe und psychomotorische Erregtheit. Rede- und *Betätigungsdrang.*
  Ideenflüchtigkeit bis zur *Zerfahrenheit, Logorrhö.* Erhöhte *Ablenkbarkeit* und *Sprunghaftigkeit.*
  Steigerung der Vitalgefühle mit *Selbstüberschätzung. Vermindertes Schlafbedürfnis.*

Diagnostik/Differentialdiagnostik

Diagnose aus dem psychopathologischen Querschnittsbild wie aus der Verlaufsbeobachtung;
äußeres *Erscheinungsbild* wie auch für die betreffende Person ungewöhnliche *Verhaltensweisen* und *Aktivitäten* führen meist rasch zur Klärung (s. S. 7ff., 14ff.).
Differentialdiagnostisch auszuschließen:

- maniforme Syndrome bei *Hirnprozessen* (Stirnhirntumoren, progressive Paralyse),
- bei *Hyperthyreose* (symptomatische Manie – s. S. 135),
- bei *Stimulantienmißbrauch* bzw. Drogenintoxikation (s. S. 241),
- *hyperthyme Primärpersönlichkeit* (s. S. 226).

Therapie

- Fast immer *Aufnahme auf geschlossener Station* unumgänglich, notfalls über Zwangseinweisung (s. S. 265ff.).
- Abschirmung von *Außenreizen;*
  bei ambulanter Behandlung auch an die hohe Belastung der Angehörigen denken!
- *Umgang* mit Patienten freundlich-zurückhaltend; auf Versprechungen, Aufdringlichkeit und Aggressivität nicht eingehen!
  Wegen fehlender Krankheitseinsicht sind Absprachen mit dem Patienten nicht zuverlässig.
  Vorrangig:
- Medikamentöse Behandlung mit höherdosiert gegebenen, dämpfenden *Neuroleptika* (s. S. 280ff.),
  bei stärkerer Erregtheit auch in parenteraler Form.
- Zusätzlich immer wieder Möglichkeiten der *„Aussprache"* geben, jedoch sind psychotherapeutische Interventionen nicht angebracht.
- Zeitig Präventivbehandlung mit *Lithiumpräparaten* einleiten (s. S. 287ff.) mit dem Ziel einer mehrjährigen Langzeittherapie; bei Kontraindikation Einsatz von *Carbamazepin.*

Verlauf/Prognose

- Zunächst in der Regel folgenloses *Abklingen der akuten Phase,* gelegentlich Umkippen in depressive Symptomatik.
- Weiterer Verlauf unbestimmt; mit erneuten Krankheitsphasen ist wie bei allen Formen der *Zyklothymie* zu rechnen.
  Phasenlänge und krankheitsfreie Intervalle unvorhersehbar wie bei endogener Depression.
- Häufig *Komplikationen* aus Aktivitäten und Rechtsgeschäften, die aus der manischen Hochstimmung und Selbstüberschätzung getätigt wurden;
  hier z.B. Frage der *Geschäftsfähigkeit* oder anderer, forensisch relevanter Gesichtspunkte bedenken.
  In die Überlegungen evtl. auch Einrichtung einer *Pflegschaft* einbeziehen (s. S. 275ff.).

Involutionsdepression
(ICD-Gruppe 296)

Beschreibung

Erstmals in Involutionsalter (etwa ab dem 50. Lebensjahr) auftretende monopolare endogene *Depression* (Synonym: Involutionsmelancholie, Spätdepression, Rückbildungspsychose).

Ätiologie/Pathogenese

Wie bei Zyklothymie (s. S. 142ff.),
- jedoch zusätzlich Einwirkungen *hirnorganischer Abbauvorgänge.* Häufig Auslösung durch *peristatische Faktoren* wie Pensionierung, Vereinsamung, Isolation und Wohnungswechsel.

Symptomatologie

Insgesamt überwiegen die agitierten Formen mit *ängstlicher Erregtheit, Unruhe* und *Klagsamkeit* („Jammerdepression").
Sehr häufig:
- *depressive Wahnsymptomatik* (Versündigungs- und Verarmungswahn, hypochondrischer Wahn, nihilistischer Wahn).
- Gelegentlich auch *hysteriforme* und *anankastische Symptome.* Meist ausgeprägte *Schlaf-* und *Vitalstörungen,* auch *Leibmißempfindungen.*

Diagnostik/Differentialdiagnostik

Depressive Symptomatik ohne ausreichend begründbare organische und/oder peristatische Ursachen (s. S. 97ff.):
ängstlich-unruhig-bedrückte *Gesamterscheinung* mit häufig einförmiger *Wahnsymptomatik* und Selbstvorwürfen.
Wichtig: Erfassung *suizidaler Absichten!*
Differentialdiagnostisch zu bedenken:
- *organisch begründbare Depression* (s. S. 109ff.), vor allem bei Hirnarteriosklerose oder hirnatrophischem Prozeß,
- *symptomatische Depression* (s. S. 132ff.),
- erneute Phase schon früher durchgemachter *Zyklothymie* (s. S. 144ff.),
- Akzentuierung *depressiver Primärpersönlichkeit* (s. S. 217).
- Von internistischer Seite:
Ausschluß von Herzinsuffizienz, Hypertonie, Hypothyreose, Diabetes mellitus und *konsumierender Erkrankung* (Einzelheiten s. Lehrbücher der inneren Medizin).

Therapie

Allgemein:

- körperlich-internistische *Basistherapie* (z. B. Herz-Kreislauf-Behandlung, Flüssigkeitszufuhr, Elektrolytbilanzierung), allgemeinroborierende und pflegerische Maßnahmen,
- spezielle *internistische Therapie* bei Stoffwechsel-, Gefäß- oder endokriner Erkrankung.
- Im übrigen Einsatz dämpfend-anxiolytisch wirksamer *Thymoleptika* (s. S. 284ff.),
  bei kardialer oder anderweitiger Unverträglichkeit Versuch mit nichttrizyklischen Präparaten oder auch mit MAO-Hemmern.
  Kombination mit *Schlafentzugsbehandlung* wegen mangelhafter Compliance bei älteren Patienten meist wenig ergiebig.
- Bei Schlafstörungen bzw. zur Nacht eher Verabreichung deutlicher *sedierender Thymoleptika* oder schwachpotenter, dämpfender *Neuroleptika,*
  im Einzelfall Gabe von Paraldehyd bzw. Chloralhydrat („Chloraldurat“).
- Bei sehr schweren, therapieresistenten Verläufen auch Einsatz von *Elektrokrampftherapie* bedenken, wenn die körperliche Verfassung dies zuläßt (s. S. 296ff.).
- Zusätzlich ggf. *fürsorgerische* und *sozialtherapeutische* Maßnahmen;
  Einsatz des *sozialpsychiatrischen Außendienstes* nach der Entlassung zu Hausbesuchen.

Verlauf/Prognose

Insgesamt günstig, jedoch meist langgestreckte Phasen von 1–2 Jahren Dauer (durchschnittlich 14 Monate).
Rezidive eher selten, daher in der Regel keine Lithiumprophylaxe.

Involutionsmanie
(ICD-Gruppe 296)

Beschreibung

Im Involutionsalter (ab dem 50. Lebensjahr) erstmals auftretende *manische Symptomatik* ohne äußere Ursache (Synonym: Spätmanie).
Auftreten wesentlich seltener als Involutionsdepression.

Ätiologie/Pathogenese

Entstehungsursachen grundsätzlich wie bei der Involutionsdepression (s. S. 148ff.) mit möglicherweise deutlicher hirnorganischer Komponente.

Symptomatologie

- Typisch maniforme Symptomatik (s. S. 101):
  Grundlose Heiterkeit bis zur *Euphorie,* häufig aber auch *gereizte Stimmung. Keine Krankheitseinsicht.*
  Betriebsamkeit bis zur *Getriebenheit, Unruhe* und *Hektik.*
  Bewegungsdrang, vielfältige *Aktivitäten. Verworrene,* teils *ziellose Betätigung.*
  Ideenflucht bis zur *Zerfahrenheit, Logorrhö.*
  Vermindertes Schlafbedürfnis.

Diagnostik/Differentialdiagnostik

Maniformes Syndrom wie oben beschrieben ohne Hinweise auf schon früher in Erscheinung getretene zyklothyme Krankheitsphasen. Fehlen organischer wie auch peristatischer Ursachen.
Differentialdiagnostisch auszuschließen:
maniforme Krankheitsbilder anderer Ursache, vor allem solche

- bei *hirnorganischen Prozessen* (z. B. Stirnhirnprozessen, Hirnatrophie, progressive Paralyse) oder anderen körperlichen Funktionsstörungen (s. S. 135, 105ff.),
- *delirante Krankheitsbilder* bei Gefäßprozessen oder Medikamentenunverträglichkeit (s. S. 109, 131),
- *Stimulantien-* bzw. *Drogenmißbrauch* (s. S. 240ff.),
- Akzentuierung *hyperthymer Primärpersönlichkeit* (s. S. 226).

Therapie

Wie bei zyklothymer endogener Manie:

- *stationäre Aufnahme* dringend empfehlenswert, auch wegen der Belastung der Angehörigen.
- Möglichst lückenlose *Beaufsichtigung* und *Überwachung* hinsichtlich der körperlichen Verfassung;
  notfalls entsprechende *allgemeine pflegerische Maßnahmen.*
  Umgang mit dem Patienten sachlich-freundlich; von Zudringlichkeit oder Aggressivität nicht provozieren lassen!
  Schwerpunkt auf medikamentöser Behandlung:
- Dämpfung mittels *Neuroleptika* unter Beachtung extrapyramidaler Begleitwirkungen, die besonders im Alter zu sog. Spätdyskinesien führen können (s. S. 280ff.).
  Bei den älteren Patienten sorgfältig auch auf andere Begleiterscheinungen oder Unverträglichkeiten achten, die aus Interferenzen mit anderen Medikamenten entstehen können.
  Ferner:
- *forensisch relevante Folgen* bedenken (z. B. Schuldfähigkeit, Geschäftsfähigkeit, Pflegschaft – s. S. 267ff.).

Verlauf/Prognose

- Günstige Prognose; die Phasendauer erscheint im ganzen kürzer als bei der Involutionsdepression.
- Rezidive offenbar extrem selten;
  Indikation zur medikamentösen Prophylaxe daher nicht gegeben.

Endoreaktive Dysthymie
(ICD-Gruppen 296, 298)

Beschreibung

Zustand der *Depressivität* mit endogenen und reaktiven Anteilen; wahrscheinlich Randgruppe endogener Depressionen (Beispiel: Erschöpfungsdepression).

Ätiologie/Pathogenese

- Offenbar Zusammenspiel *endogener, somatogener* und *psychosozialer* Verursachungen.

Symptomatologie

- Vorherrschend *Versagensgefühl,* allgemeine *Hypochondrie, Ängstlichkeit, vitale Traurigkeit,* auch dysphorische Verstimmungen. *Vegetative Funktionsstörungen, körperliche Mißempfindungen* wie Übelkeit, Kopfdruck, Oppressionsgefühl.

Diagnostik/Differentialdiagnostik

Diagnose aufgrund oben beschriebener Symptomatik bei erkennbaren reaktiven Ursachen wie anmnestisch erfaßbaren phasischen Schwankungen. Oft Verlegenheitsdiagnose.
Differentialdiagnostisch:

- *erlebnisreaktive depressive Entwicklung* (s. S. 181ff.),
- leichtere *symptomatische Depression* (s. S. 132ff.),
- larvierte Form der *endogenen Depression* (s. S. 144ff.),
- Depressive und hypochondrische *Primärpersönlichkeit* (s. S. 217, 225).

Therapie

- *Allgemein-roborierende Maßnahmen, Bewegungstherapie,* Sport (s. S. 375ff.). Kontinuierlich begleitende *stützende Psychotherapie* (s. S. 305ff.).
- Psychopharmakologisch: bipolar wirksame *Thymoleptika* in mittelstarker Dosierung (s. S. 284ff.).

Verlauf/Prognose

- Neigung zu *Chronifizierung* bzw. verschleppten Phasen, vor allem, wenn stabilisierende peristatische Faktoren fehlen. Medikamentöse Prophylaxe wie bei Zyklothymie wenig ergiebig.

Beschreibung

Chronisch-progrediente Form der *Schizophrenie* mit allmählichem seelischem Verfall; bei frühem Beginn: Hebephrenie (Synonym: Dementia simplex).

Ätiologie/Pathogenese

- Mit großer Wahrscheinlichkeit *multifaktorielle Verursachung* mit Schwergewicht auf genetisch bedingter Disposition zu Funktionsstörungen im zerebralen Dopaminstoffwechsel (pathologischer Dopaminüberschuß an den postsynaptischen Rezeptoren? Hyperaktivität dopaminerger Neurone?).
  Zusätzlich gelegentlich psychische oder psychosoziale *Auslöser.*
- *Vorkommen:* Simplexformen umfassen etwa 10% der schizophrenen Erkrankungen insgesamt,
  d. h., betroffen sind rund 0,08–0,1% der Bevölkerung.

Symptomatologie

Beginn unspezifisch:

- Allmählicher *geistiger Leistungsabfall, Verlust an affektiver Resonanz. Einbußen an Vitalität und Dynamik, Schwunglosigkeit. Initiativeverlust* und *soziale Isolierung.*
- Im affektiven Bereich zusätzlich oft *inadäquate Gestimmtheit, Parathymie, Paramimie.* Faxen-Syndrom (s. S. 11, 83).
  Produktive Symptome wie Sinnestäuschungen, Wahn und motorische Entäußerungen treten weitgehend in den Hintergrund.
  Schließlich:
- Allmähliche *Versandung* mit *erheblicher Persönlichkeitsdeformation. Zerfahrenheit. Manieriertheit. Echopraxie.* Ungelenke *Motorik* und *Stereotypien. Negativismus. Verschrobenheit* (schizophrener Defekt).

Diagnostik/Differentialdiagnostik

Sorgfältige *Anamnese* und exakte *psychopathologische Querschnittsdiagnostik* führen bei fehlender hirnorganischer oder allgemeiner körperlicher Erkrankung zur sicheren Diagnose.
CT-Befunde s. S. 54, vorläufige *PET-Befunde* s. S. 56.

Schizophrenia simplex

Differentialdiagnostisch auszuschließen:

- *hirnorganischer Prozeß* bzw. *Demenz* (s. S. 87ff., 105ff.),
- *schizophrenes Defektsyndrom* (s. S. 161),
- *Symptomatische Psychose* (s. S. 131ff.),
- pubertätsbedingte juvenile *Verhaltensstörungen.*

Therapie

Nach Möglichkeit mehrdimensionale Therapie mit folgenden Schwerpunkten:

- *medikamentös:* Versuch mit hochpotenten, nicht dämpfenden Neuroleptika, ggf. in Kombination mit aktivierenden Thymoleptika im Sinne einer *Zweizügeltherapie* (s. S. 280ff., 284ff.).
- *Verhaltenstherapeutische Maßnahmen* wie Anwendung von Münzverstärkungssystemen (Token economy) mit dem Ziel der Aktivierung und Tagesstrukturierung, zur Verbesserung von Selbständigkeit und Kontaktverhalten (s. S. 336). Stützende Psychotherapie (s. S. 305ff.).
- Systematisches, abgestuftes *Arbeitstraining* und gestaffelte *Arbeitstherapie,* evtl. in Verbindung mit *beschütztem Wohnen* bzw. Aufenthalt in einer *Tagesklinik.* Anbindung an *Kontaktklubs* bei ambulanter Behandlung (s. S. 358ff.).
- Einbeziehung der Angehörigen bzw. *Familienberatung* (s. S. 355ff.).
- Im ganzen Schwerpunkt auf Langzeitbehandlung mit *Depotneuroleptika* sowie
  sozialtherapeutischen Maßnahmen einschließlich beruflicher Ausbildung oder Umschulung.
  Bei stationärer Behandlung frühzeitig Hospitalisierungseffekte vermeiden!

Verlauf/Prognose

Längerer Verlauf im ganzen meist nicht günstig:

- Tendenz zu chronisch-progredientem Verlauf mit allmählicher *Persönlichkeitsdeformierung,* vor allem, wenn strukturierte Beschäftigungstherapie, Milieu- und Freizeitgestaltung fehlen und stützende Psychotherapie vernachlässigt wird.
  Prognostisch des weiteren *belastend:*
- schizoide Primärpersönlichkeit,
- früher Erkrankungsbeginn,
- belastende äußere Lebensbedingungen,
- zusätzlicher Alkohol- oder Drogenkonsum.

Paranoid-halluzinatorische Schizophrenie
(ICD-Gruppe: 295)

Beschreibung

Krankheitsbild aus der Gruppe der Schizophrenien mit *produktiver Symptomatik.*

Ätiologie/Pathogenese

- Bei allen Schizophrenieformen ist eine anlagebedingte Neigung zu Funktionsstörungen im *zerebralen Stoffwechsel der Neurotransmitter,* insbesondere des Dopamins, infolge genetisch bedingter Disposition wahrscheinlich (s. a. S. 153).
  Im Einzelfall können *peristatische Faktoren* psychoseauslösend wirksam werden.
- Vorkommen: häufigste Erkrankungsform innerhalb der Schizophrenien, für die insgesamt mit einer *Erkrankungshäufigkeit* von 0,8–1,0% der Bevölkerung zu rechnen ist. Auf 100000 Einwohner pro Jahr 150 Neuerkrankungen; *Erkrankungsgipfel* im 3.–4. Lebensjahrzehnt.

Symptomatologie

- Nach uncharakteristischen Vorstadien mit *Affekt-* und *Denkstörungen* Auftreten von systematisiertem oder unsystematisiertem *Wahn*, am häufigsten als Verfolgungs- oder Sendungswahn. *Akustische Halluzinationen* – vor allem *Stimmenhören* in dialogischer, kommentierender oder imperativer Form; *Gedankenlautwerden. Icherlebensstörungen. Formale Denkstörungen. Körpermißempfindungen* und/oder *Leibhalluzinationen.* Echolalie.
  Hinweis: bei rund 80% aller schizophrenen Erkrankungen sollen – zumindest passager – Wahnsymptome auftreten.

Diagnostik/Differentialdiagnostik

Bei klassichem Krankheitsbild aufgrund obiger Symptomatik Diagnose nicht schwierig.

- Beweisend Symptome ersten Ranges (K. Schneider): *Gedankenlautwerden, Stimmenhören in Rede und Gegenrede, kommentierende Stimmen, leibliche Beeinflussungserlebnisse, Gedankenentzug, Wahnwahrnehmung* und andere *Ichstörungen.*
- Wichtig auch äußerer Gesamteindruck: als Ausdrucksstörungen *mimische und pantomimische Abnormitäten* (s. S. 7ff.).
  Bei verwaschener Symptomatik *testpsychologische Abstützung* durch projektive Verfahren (s. S. 30ff.) in Erwägung ziehen.

Differentialdiagnostisch:

- Schizophreniforme Syndrome bei *organisch begründbarer Psychose,* z. B. Enzephalitis, Kontusionspsychose, epileptische Psychose. Intoxikationspsychose und progressive Paralyse (s. S. 105 ff.);
- bei *symptomatischen Psychosen* (z. B. medikamenteninduzierte Psychose, Vitamin-B_{12}-Mangel-Psychose, Schwangerschafts- und Wochenbettpsychose (s. S. 131 ff.);
- paranoide *Durchgangssyndrome* anderer Art (s. S. 89);
- *Drogen-* und *Medikamentenmißbrauch* (s. S. 240 ff.);
- schizoide *Persönlichkeitsstörung* (s. S. 222), *Kontaktmangelparanoid.*

Therapie

- Schwerpunkt auf *hochpotenter neuroleptischer Therapie* mit ausreichend hoher und langer Dosierung; initial auch als parenterale Verabreichung (s. S. 280 ff.).
  Nach Abklingen des akuten Schubs und Entaktualisierung: Langzeitmedikation mit *Depot-Neuroleptika.*
  Im übrigen:
- *stützende Psychotherapie* (s. S. 305 ff.), *Werk- und Bewegungstherapie* (s. S. 365, 376).
  Familientherapie bzw. *Familienberatung* (s. S. 355 ff.).
- Wichtig: schon frühzeitig mit *soziotherapeutischen* und *rehabilitativen Maßnahmen* beginnen (s. S. 358 ff.). Gegebenenfalls – in Abhängigkeit vom weiteren Verlauf – Aufenthalt in beschützter Wohnung oder anderen Komplementäreinrichtungen.

Verlauf/Prognose

In der Regel zunächst Abklingen der akuten Symptomatik, weiterer Verlauf jedoch unberechenbar. Neigung zu Rezidiven vor allem bei fehlender oder unzureichender neuroleptischer Langzeitbehandlung wie auch unter belastenden Lebensbedingungen.
Sehr häufig im Anschluß an akuten Schub passager:

- *postremissives Erschöpfungssyndrom* mit den Merkmalen: *Niedergeschlagenheit, Schwunglosigkeit, Antriebsmangel, rasche Erschöpfbarkeit. Mangelnde Belastbarkeit* und *vermindertes Durchhaltevermögen.* Tendenz zu *Isolierung* und *Rückzug.*
- Nach mehreren Krankheitsschüben verbleiben nicht selten Residualsymptome mit *Denk-* und *Antriebsstörungen, affektiver Verflachung* und *Verlust an allgemeiner Leistungsfähigkeit,* welche die gesamte Persönlichkeit mehr oder weniger schwer kennzeichnen. (Schizophrenes Defektsyndrom, s. S. 161 ff.).

Beschreibung

Krankheitsbild aus der Gruppe der Schizophrenien mit ausgeprägten *motorischen Störungen.*

Ätiologie/Pathogenese

- Wie bei den anderen Schizophrenieformen wahrscheinlich anlagebedingte Neigung zu Funktionsstörungen im *zerebralen Neurotransmitterstoffwechsel.* Zusätzlich wohl im Einzelfall Einfluß *peristatischer Faktoren,* insbesondere als Auslöser bei latenter Erkrankung.
(Häufigkeit der Schizophrenien s. S. 153ff.).

Symptomatologie

- Akut bis subakut auftretende ausgeprägte *motorische Erregtheit* oder *völlige Erstarrung* (katatoner Stupor – s. S. 72), oft in Verbindung mit *bizarrer Körperhaltung* („Katalepsie").
Daneben: *Wahnsymptome* und *Sinnestäuschungen. Starke Gespanntheit, Negativismus, Denk- und Affektstörungen,* jedoch keine Bewußtseins- oder Orientierungseinbußen.
- Im *katatonen Stupor* tagelange Reglosigkeit mit vitaler Gefährdung, gelegentlich einhergehend mit hoher Körpertemperatur.

Diagnostik/Differentialdiagnostik

Die Diagnose ergibt sich aus der *Anamnese* wie auch aus der *Querschnittssymptomatik* bei Fehlen entsprechender organischer Befunde (s. S. 2ff.). *CT-Befunde* s. S. 54, *PET* s. S. 56.
- Differentialdiagnostisch:
hirnorganische Psychose bei *Enzephalitis, Intoxikation mit Rauschmitteln* (s. S. 104ff., 130ff., 233ff.),
- *malignes neuroleptisches Syndrom* ausschließen (s. S. 280ff.)!
- Abgrenzung auch zu *psychogenem Erregungszustand* (s. S. 164).

Therapie

- Wegen vitaler Gefährdung immer *Intensivbehandlung* mit Sondenernährung, Blut-, Elektrolyt- und Stoffwechselkontrollen, Kreislaufüberwachung und allgemeiner Pflege.
- Parenteral Verabreichung *hochpotenter Neuroleptika* (s. S. 280ff.).

Bei sog. *perniziöser Katatonie* (exzessiv erhöhte Körpertemperatur, Rigor, Azidose, CK-Anstieg, Tachykardie und andere, zum Teil ausgeprägte vegetative Störungen, anhaltender Stupor):

- Versuch einer Infusionsbehandlung mit Bromocriptin oder Dantamacrin („Dantrolen“) wie beim sog. malignen neuroleptischen Syndrom (s. S. 281), oder *Elektrokrampfbehandlung* in Erwägung ziehen (s. S. 296ff.), auch in Kombination mit *Neurolepsie.*

Nach Abklingen der akuten Symptomatik:

- *stützende Psychotherapie* mit allmählicher Aufarbeitung des Krankheitserlebnisses (s. S. 305ff.),
- *Werk- und Beschäftigungstherapie,* abgestufte *Arbeitstherapie* (s. S. 365ff.).
- Aufklärung der Angehörigen und *Familienberatung* (s. S. 355ff.).
- Gegebenenfalls soziotherapeutische Maßnahmen bis hin zu einem umfassenden *Rehabilitationsprogramm* (s. S. 358ff.).

Hinweis: Wie bei allen anderen Schizophrenieformen als Rezidivprophylaxe auch hier *neuroleptische Langzeitbehandlung,* zweckmäßigerweise in Form von Depotpräparaten anstreben.

Verlauf/Prognose

Typisch ist die *schubartig-rezidivierende Verlaufsform* bei jedoch vergleichsweise kurzer akuter Symptomatik. Im Vergleich zu anderen Schizophrenieformen weniger Residualsymptome und Defektsyndrome.

- Prognostisch *positiv:*
  syntone Primärpersönlichkeit, später Erkrankungsbeginn und günstige Milieufaktoren.
- Prognostisch *negativ:*
  schizoide Primärpersönlichkeit, kindliche Verhaltensstörungen, belastende Lebensumstände, Unter- oder Überforderung. Früher Erkrankungsbeginn.

Schizoaffektive Mischpsychose
(ICD-Gruppe 295)

Beschreibung

Form der *endogenen Psychose* mit Überschneidung schizophrener wie auch zyklothymer Symptomanteile.
(Synonym: atypische endogene Psychose, zykloide Psychose, Emotionspsychose, Legierungspsychose, Schizomanie).

Ätiologie/Pathogenese

- *Multikonditionale* Entstehungweise wie bei den übrigen endogenen Psychosen. Prämorbide Persönlichkeit eher unauffällig.
- Familiäre Belastung mit psychischen Störungen, vor allem endogenen Psychosen.

Symptomatologie

- Vermischung *schizophreniformer Symptome* (Denkstörungen, Antriebsstörungen, Wahn und Sinnestäuschungen – s. S. 155ff.) mit *depressiven und/oder maniformen Symptomen* (s. S. 97, 101). Symptomatik insgesamt beim selben Patienten allerdings wechselhaft.

Diagnostik/Differentialdiagnostik

Die Diagnose ergibt sich aus der aktuellen *Symptomatik* wie auch aus dem eher phasischen *Verlauf* mit kürzeren, aber häufigeren Krankheitsepisoden.
Immer Ausschluß körperlicher Grunderkrankung!
Differentialdiagnostisch:

- Beginnende *Schizophrenie* (s. S. 153ff.),
- Form der *Zyklothymie* (s. S. 142ff.),
- *Involutionspsychose* (s. S. 148ff.),
- *Drogeninduzierte Psychose* (s. S. 125ff.),
- *Vitamin-*B_{12}*-Mangel-Psychose (s. S. 136).*
- Pubertäre *Verhaltensstörungen.*
- Stimmungslabilität bei *hirnorganischen Prozessen* (s. S. 105ff.).

Therapie

Je nach Vorherrschen der Symptomatik *medikamentöse Behandlung* mit

- Neuroleptika oder Kombination von Neuroleptika mit Thymoleptika im Sinne einer Zweizügeltherapie (s. S. 280ff.).
- Bei unbefriedigender Wirksamkeit demgegenüber meist gutes Ansprechen auf *Elektrokrampfbehandlung* (s. S. 296ff.).

Im übrigen:

- *Zudeckend-stützende Therapie,* anknüpfend an aktuelle Symptomatik (s. S. 305ff.).
- *Werk- und Beschäftigungstherapie* sowie abgestufte *Arbeitstherapie* im Rahmen soziotherapeutischer Maßnahmen (s. S. 357ff.).
- Einbeziehung der Angehörigen und *Familienberatung* (s. S. 355ff.).
- Immer lohnenswert erscheint der Versuch einer medikamentösen *Langzeitbehandlung* mit Lithiumpräparaten (s. S. 287ff.).

Verlauf/Prognose

Meist Erkrankungsbeginn wie bei den affektiven Psychosen, jedoch eher zahlreiche, wenn auch kurze Episoden.

- Insgesamt scheint es eine Tendenz zur *Verschiebung* in Richtung mehr *schizophrenietypischer Symptome* zu geben, vor allem auch bezüglich des Potentialverlustes.
- Verlauf im übrigen eher phasisch als chronisch-progredient mit ausgesprochener Rezidivneigung.

Schizophrenes Defektsyndrom
(ICD-Gruppe 295)

Beschreibung

Im Verlauf einer schizophrenen Psychose sich zunehmend einstellende *Persönlichkeitsdeformation*.

Ätiologie/Pathogenese

- Begleit- bzw. Folgeerscheinung bei häufigeren schizophrenen Rezidiven.
  Ähnlichkeit mit Verlaufsgestalt bei *Schizophrenia simplex* (s. S. 153 ff.).

Symptomatologie

- Insgesamt vielfältige, oft wenig charakteristische subjektive Beschwerden:
  verminderte Belastbarkeit, erhöhte Erschöpfbarkeit und *Ermüdbarkeit, Reizbarkeit* und *Überempfindlichkeit, Entschlußlosigkeit, Ambivalenz, Leibgefühlstörungen*. Produktive Symptome treten weitgehend in den Hintergrund.
- Objektivierbare Symptome: *Antriebsveränderung* (Minderung oder Ambitendenz). *Affektstörungen* (Affektverarmung, affektive Nivellierung, Parathymie). *Denkstörungen* (Sperre, Perseveration, Inkohärenz, Zerfahrenheit).
- Oft *bizarres, manieriertes Gesamtverhalten* mit entsprechenden mimischen und pantomimischen Absonderlichkeiten. Faxen-Syndrom.

Diagnostik/Differentialdiagnostik

- Exakte Erhebung der *Anamnese* und *Verlaufsbeobachtung;* querschnittsmäßig Symptomatik wie oben beschrieben.
- Differentialdiagnostisch auszuschließen:
  hirnorganisch bedingte Wesensänderung (s. S. 87 ff.), *frühkindliche Hirnschädigung* (s. S. 105 ff.). *Chronischer Drogen- und Medikamentenmißbrauch* (s. S. 240 ff.).
  Schwere *neurotische Störung* bzw. *Persönlichkeitsstörung* (s. S. 222, 232 ff.).
- Achtung: Hospitalismusschäden abgrenzen!

Therapie

- Schwerpunktmäßig: *soziotherapeutische* Einflußnahme; Milieutherapie. *Arbeits-* und *Werktherapie* (s. S. 357ff.).
- *Verhaltenstherapeutische Maßnahmen* (s. S. 332ff.).
  Bei gravierenderen Persönlichkeitsveränderungen beschütztes Wohnen o. ä. unumgänglich (s. S. 369ff.).
- Bei Vorliegen deutlicherer Antriebs- und Stimmungsveränderungen Versuch mit medikamentöser Kombination von *Neuroleptika und Thymoleptika* (Zweizügeltherapie – s. S. 280ff., 284ff.).

Verlauf/Prognose

- Bei etwa 10–20% der schizophrenen Erkrankungen zu erwartendes Resultat, das jedoch wesentlich von äußeren Faktoren mitbestimmt wird:
  fehlende neuroleptische Langzeitbehandlung einerseits wie auch mangelhafte soziotherapeutische Maßnahmen fördern offenbar die Ausbildung *überdauernder Persönlichkeitsveränderungen.*

Anmerkungen

Als Erlebnisreaktionen werden abnorm verstärkte oder verzerrte *Erlebens-* und/oder *Verhaltensauffälligkeiten* beschrieben, die aus der Situation des Betroffenen verständlich und ableitbar und daher nachvollziehbar erscheinen. Als Ursachen kommen meist *akute Psychotraumatisierungen* in Frage: unerwartet auftretende seelische Streßeinwirkungen, Bedrohungen, Enttäuschungen, Kränkungen, Verlusterlebnisse und andere einschneidende Belastungen.

Kennzeichnend für die abnormen Erlebnisreaktionen ist, daß sie in der Regel rasch und folgenlos abklingen, allerdings kann sich bei Wiederholungen die Gefahr einer Chronifizierung in Richtung einer erlebnisreaktiven Entwicklung einstellen.

Ausmaß und Dauer der psychopathologischen Auffälligkeiten hängen einerseits ab von Intensität und Umfang des Psychotraumas, andererseits von der individuellen Belastbarkeit; insofern läßt sich eine Kennzeichnung „normalen Verhaltens" nicht zuverlässig geben.

Die Erlebnisreaktionen werden eingeteilt nach den vorherrschenden kognitiven und emotionalen Inhalten; *Leitsymptome* stellen Angst bzw. Panik, Unruhe bis zur Erregtheit, Niedergeschlagenheit bis zum Stupor und begleitende Körpersymptome dar.

Hinsichtlich der *Behandlung* ist hervorzuheben, daß therapeutische Maßnahmen möglichst rasch und durchgreifend erfolgen sollten. Im Vordergrund sollte die unmittelbare und uneingeschränkte sensible Annahme des Patienten im Rahmen der Krisenintervention stehen als Grundlage einer individuellen Psychotherapie.

Psychogener Erregungszustand
(ICD-Gruppen 298, 308)

Beschreibung

- Zustand abnorm starker innerlicher und/oder äußerlicher *Erregtheit* nach psychotraumatisierendem Ereignis.

Ätiologie/Pathogenese

Ursachen:

- für die betroffene Person ungewöhnlich heftige *psychische Belastung* (z. B. massive Bedrohung oder Gefährdung, unerwartet schwere Kränkung, Enttäuschung u. ä.).

Begünstigend wirken:

- konstitutionell oder passager *verminderte psychische Belastbarkeit,*
- schon vorausgegangene schwierige *Konfliktsituationen.*

Symptomatologie

Sich rasch aufschaukelnde motorische Unruhe:

- *Umherlaufen, Treten, Schreien, Umsichschlagen* bis zum allgemeinen *Bewegungssturm.*
- Trugwahrnehmungen in Form *illusionärer Verkennungen.* Innerlich dabei oft starke *Anspannung,* auch *Angstgefühl.*
- Begleitend vegetative Reaktionen: *Tachykardie, Zittern, Schwitzen, Erbrechen, Harndrang.*

Im Einzelfall anschließend *psychogene Amnesie* (s. S. 66).

Diagnostik/Differentialdiagnostik

Querschnittsmäßig Symptomatik wie oben beschrieben; *Verhaltensbeobachtung*, Klärung der *speziellen Anamnese* (s. S. 7ff., 16ff.).

- Kein Hinweis auf *körperliche Erkrankung* wie auch Fehlen echter *psychotischer Symptome* wie Halluzinationen, Wahn, Icherlebensstörungen u. ä.

Differentialdiagnostisch abzugrenzen:

- akut anlaufende *schizophrene Psychose* (s. S. 155ff.),
- *endogene Manie* oder maniformes Syndrom (s. S. 146ff., 135),
- *Intoxikation* mit Alkohol oder Rauschmitteln (s. S. 131ff.),
- *epileptischer Dämmerzustand* (s. S. 124).

Therapie

- Allmähliche, geduldige *Kontaktaufnahme* unter beharrlichem Zureden (Talking down).
  Bei heftigerer Symptomatik unter Umständen vorübergehende stationäre Aufnahme gerechtfertigt.
- Zur Unterstützung von Auflockerung und Beruhigung *Tranquilizer* oder *schwachpotente Neuroleptika* (auch parenteral) empfehlenswert.
- Anschließend schrittweise *detaillierteres Besprechen* der auslösenden Konfliktsituation;
  falls notwendig, Aufbau einer *systematisierten Psychotherapie* (s. S. 304ff.).

Verlauf/Prognose

In der Regel günstig: nach Abklingen der akuten Symptomatik meist rasche Normalisierung,

- allerdings Rezidivneigung bei konstitutionell vorhandener *Psycholabilität* („stimmungslabile" oder „übererregbare Persönlichkeit" – s. S. 221, 227)
  und
- anhaltender peristatischer *pathogener Reizkonstellation.*

Erlebnisreaktionen:

Depressive Reaktion
(ICD-Gruppe 309)

Beschreibung

Zustand deutlicher *Niedergeschlagenheit* und Melancholie nach vorausgegangener Psychotraumatisierung.

Ätiologie/Pathogenese

- Ursachen: für die betroffene Person außergewöhnliche *Belastung* (z. B. Verlusterlebnis, schwere Enttäuschung, Versagen, Kränkung u. ä.).
- Begünstigend *dispositionelle* Faktoren.

Symptomatologie

Merkmale des depressiven Syndroms (s. S. 97) in engem zeitlichem Zusammenhang mit auslösendem Ereignis:

- *Niedergeschlagenheit, Resignation, Antriebsverarmung* bis zur *Apathie* bzw. bis zum *depressiven Stupor*.
  Auch *Suizidalität* bzw. Suizidversuch möglich (s. a. S. 98).
- An körperlichen Begleiterscheinungen: *Erschöpfungs-* und *Mattigkeitsgefühl, Inappetenz, Schlafstörungen, Beklemmungsgefühl, Kopfdruck, Schwindel, Globusgefühl.*

Diagnostik/Differentialdiagnostik

Querschnittsmäßig *Symptomatik* wie oben beschrieben; *Exploration* und *Verhaltensbeobachtung* (s. S. 2ff., 7ff., 14ff.).
Fremdanamnestisch Hinweise auf vorausgegangene Geschehnisse.

- Immer organische Ursachen ausschließen!
  Differentialdiagnostisch zu diskutieren:
- *körperlich begründbare Depression* (s. S. 130ff.),
- *endogene* Depression (s. S. 142ff.).
- Abgrenzung zu *depressiver Neurose* (s. S. 179ff.) bzw. *depressiver Persönlichkeitsstörung* (s. S. 217) meist nicht schwierig.

Therapie

- Einfühlende, vorsichtige und gleichzeitig geduldige *Kontaktaufnahme* innerhalb des therapeutischen Gesprächs.
  Sodann allmählich Übergang zu *Besprechung* und *Beratung* hinsichtlich der zugrundeliegenden Ursachen;
  stützende oder – abhängig von der Indikation – andere Formen der *Psychotherapie* in Erwägung ziehen (s. S. 304 ff.).
- Vorübergehend als *medikamentöse* Stütze:
  Schwach- bis mittelpotente Thymoleptika (s. S. 284 ff.),
  bei Schlafstörungen eher solche mit dämpfender Wirkung oder vorübergehend in Kombination mit Tranquilizern (s. S. 289 ff.).

Verlauf/Prognose

Zunächst meist Abklingen der aktuellen Symptomatik; bei entsprechender Primärpersönlichkeit jedoch häufig Rezidivneigung mit Tendenz zur erlebnisreaktiven Entwicklung (s. S. 179, 216 ff.).

- Im Einzelfall kann eine latente Zyklothymie aktiviert werden; die depressive Symptomatik erhält eine mehr und mehr endogene Färbung und nimmt einen entsprechenden Verlauf (s. S. 142 ff.).

Schreckreaktion
(ICD-Gruppen 298, 308)

Beschreibung

Erlebnis einer *massiven Bedrohung* mit ausgeprägten vegetativen Begleiterscheinungen (s. a. Kap. „Psychogener Erregungszustand" – s. S. 164ff. und „Angstreaktion" – s. S. 170ff.).

Ätiologie/Pathogenese

- Für die betroffene Person außergewöhnlich massiv und unerwartet erlebte (vitale) Bedrohung (z. B. durch Überfall, Verkehrsunfall, Verschüttet- oder Eingeschlossenwerden)
- oder eindringliche Wahrnehmung plötzlicher und unberechenbarer Ereignisse mit exzessiven Sinnesreizen (z. B. Explosion, Lawine, Blitz).

Symptomatologie

- Schockartig auftretender psychischer Ausnahmezustand, häufig gekennzeichnet durch *motorische Erstarrung bis zum Stupor* („Totstellreflex"),
- *Gestimmtheit* nach Art des Erlebnisses: mehr ängstlich, depressiv oder paranoid.
- Zusätzlich gelegentlich *Verwirrtheit* und/oder *Desorientiertheit. Stottern* oder *Sprachverlust. Psychogene Körperstörungen,* Abasie, Astasie.

  Immer vegetative Begleitsymptome:
- *Herzklopfen, Schwitzen, Zittern, Blaßwerden, Erbrechen, Harn-* und/oder *Stuhldrang*.

Diagnostik/Differentialdiagnostik

Querschnittsmäßig Symptomatik wie oben beschrieben.

- *Verhaltensbeobachtung* (s. S. 7ff.).
- *Fremdanamnestisch* ggf. Hinweis auf vorauslaufende subjektive Bedrohung (s. S. 18).

  Differentialdiagnostisch:
- *akute schizophrene Psychose; katatoner Stupor* (s. S. 157ff.),
- *depressiver Stupor bei depressiver Reaktion* (s. S. 166),
- *Horrortrip nach Rauschmittelapplikation* (s. S. 125, 237ff.).

Therapie

- Vorsichtige, jedoch beharrliche *Kontaktherstellung* mit dem Betroffenen bei gleichzeitiger nachhaltiger Abschirmung gegenüber äußeren Reizen.
- Zusätzlich *medikamentöse Entlastung* (z. B. durch parenterale Verabreichung eines Tranquilizers, s. S. 289ff.).
- Im übrigen kathartische *Affektentlastung* mit Übergang in konfliktbearbeitende *Gesprächstherapie* oder andere Psychotherapieformen (s. S. 304ff.).
  Empfehlenswert auch Bewegungs- und Ausdruckstherapie wie im *Psychodrama* (s. S. 348ff.).
  Eine stationäre Aufnahme wird in der Regel nicht notwendig.

Verlauf/Prognose

- Günstige Prognose, wenn eine Chronifizierung in Richtung einer Konversionssymptomatik o. ä. vermieden werden kann (s. S. 185ff.).
  Indessen oft noch über längere Zeit ängstliche Unruhe und Spannungsgefühl mit Vermeiden potentiell belastender Situationen beobachten.
  Aus diesem Grund frühzeitig Bearbeitung von *Vermeidungsreaktionen* bzw. *Vermeidungsverhalten* bedenken!

Angstreaktion
(ICD-Gruppen 298, 308)

Beschreibung

Akutes *Angsterleben* mit dem Gefühl vitaler bzw. existentieller Bedrohung (s. Kap. „Psychogener Erregungszustand" – s. S. 164ff. und „Schreckreaktion" – s. S. 168ff.).

Ätiologie/Pathogenese

Reaktion auf ein Ereignis, das von der betroffenen Person als ungewöhnlich gefährdend erlebt wird.

Symptomatologie

- Angsterfüllte Erlebnisinhalte; *Panikstimmung.* (s. S. 95)
  Gespanntheit mit starker motorischer *Unruhe* oder *Stupor* („Totstellreflex").
- Gelegentlich kommen *Trugwahrnehmungen* in Form illusionärer Verkennungen vor (s. S. 68) wie auch *paranoide Reaktionen* (s. S. 71).
- An *psychogenen Körperstörungen* können Lähmungen, Abasie, Astasie, Sprachverlust, Blindheit und Taubheit auftreten.
- Immer ausgeprägte vegetative Begleiterscheinungen:
  Herzklopfen, Zittern, Schwitzen, Mundtrockenheit, Blässe, Übelkeit, Harn- und Stuhldrang.

Diagnostik/Differentialdiagnostik

Querschnittsmäßig Symptomatik wie oben beschrieben.

- *Verhaltensbeobachtung* (s. S. 2ff., 7ff.). *Eigen- und fremdanamnestische Hinweise* auf vorlaufende entsprechende angsterzeugende Geschehnisse (s. S. 14ff).

Differentialdiagnostisch auszuschließen:

- Akut anlaufende *schizophrene Psychose* (s. S. 155ff.),
- *Horrortrip* unter Drogeneinnahme (s. S. 125ff.),
- Angstanfall bei *phobischer Neurose* (insbesondere Herzphobie) mit Paniksyndrom (s. S. 181ff.).

Therapie

- Sehr behutsame *Kontaktaufnahme* mit geduldiger Ansprache wie auch sicherem Auftreten;
  bei ausgeprägter und anhaltender Symptomatik auch stationäre Aufnahme in Erwägung ziehen mit dem Ziel der Reizabschirmung, jedoch keine Isolierung des Patienten!
- Empfehlenswert *medikamentöse Entlastung* durch Tranquilizer (auch parenteral) (s. S. 289 ff).
- Allmähliches Besprechen und Aufarbeiten des Angsterlebnisses und -erlebens mittels *unsystematischer* oder *systematischer Psychotherapie* (s. S. 304 ff.).
- *Entspannungsübungen, autogenes Training, Bilderleben.* Bewegungstherapeutische und musiktherapeutische Elemente innerhalb von *Rollenspiel* und *Psychodrama* einsetzen.
- bei umschriebenen, definierten Angstauslösern auch *verhaltenstherapeutische Maßnahmen* (s. S. 327 ff.).

Verlauf/Prognose

Im Regelfall rasches Abklingen der akuten Symptomatik. Bei prädisponierter Persönlichkeit (s. S. 216 ff.) Rezidivneigung;

- daher bzw. zur Vorbeugung erlebnisreaktiver Entwicklung noch eine Zeitlang begleitende stützende Psychotherapie empfehlenswert. Dennoch langfristig latente Ängstlichkeit bzw. Angstbereitschaft.

Zweckreaktion
(ICD-Gruppen 298, 309)

Beschreibung

Verhaltensweisen als Reaktion auf unangenehme, peinliche oder belastende Erlebnisse, mit denen mehr oder weniger bewußt ein *bestimmtes Ziel* erreicht werden soll („Wunschreaktion").

Ätiologie/Pathogenese

Teils bewußte bzw. bewußtseinsnahe, teils unbewußte bzw. bewußtseinsferne Motive bilden den verkleideten Hintergrund der *zweckgebundenen Verhaltensweisen,* die in Form psychischer und/ oder körperlicher Auffälligkeiten in Erscheinung treten.

Symptomatologie

Oft ausdrucksstarkes Verhalten (mit hyperexpressiver Mimik und Pantomimik) in Form *psychogener Körperstörungen; Schmerzäußerungen, Apathie* und *Infantilismen* bzw. *regressive Verhaltensweisen.*

- Zu beobachten sind auch *psychogene Dämmerzustände* (s. S. 90) und
- *pseudodementielle Syndrome* (s. S. 88).

Diagnostik/Differentialdiagnostik

- Vorlaufende oder begleitende Umstände beurteilen: z. B. aktuelle Lebensbedingungen, Interaktionsprozesse, Motive und Absichten.
- Gründliche *körperliche* und *apparative* Untersuchung.

Differentialdiagnostisch abzugrenzen:

- *hirnorganische Störung* (s. S. 105 ff.),
- *echter Dämmerzustand* (s. S. 90),
- hysteriforme Symptome bei *Schizophrenie* oder *Involutionspsychose* (s. S. 148 ff., 153 ff.),
- *Drogenintoxikation* (s. S. 124, 131, 237 ff.).

Therapie

- Klare Ausgangssituation schaffen durch gründliche diagnostische *Abklärung;*
- sodann:
  offene und eindeutige *Besprechung* der Situation einschließlich weiterführender, beratender Hinweise.
  Auch bei echtem und vermeintlichem Getäuschtwerden freundlich-neutrale Grundhaltung mit pädagogischer Festigkeit gegenüber dem Patienten verbinden.
- Zusätzlich sehr hilfreich *beschäftigungs-* und *arbeitstherapeutische Maßnahmen* (s. S. 365ff.),
  überhaupt alle möglichen Formen *soziotherapeutischer* Hilfe und *Lebensplanung* (s. S. 357ff.).

Verlauf/Prognose

Verlauf grundsätzlich abhängig von Präzision und Zuverlässigkeit der Diagnostik wie auch der Klarheit und Festigkeit der ärztlichen Haltung bzw. des therapeutischen Settings.

- Bei unzulänglicher Abklärung und verschleppter oder unangemessen-überprotektiver Behandlung droht die Gefahr der Verfestigung und Verselbständigung der Störungen in Richtung einer *Tendenz- bzw. Rentenneurose* (s. S. 187ff.).

Wutreaktion
(ICD-Gruppen 298, 308)

Beschreibung

Rasch anlaufender *zorniger Affekt* mit Tendenz zu Aggressivität (s. auch Kap. „Psychogener Erregungszustand“ – S. 164).

Ätiologie/Pathogenese

Vorlaufend stimulierende Ereignisse, die für die betreffende Person besondere Bedeutung haben und schließlich zum Wutausbruch führen;
am häufigsten allmähliches Aufschaukeln bis zur impulsiven Kurzschlußhandlung nach Affektstau.
- Begünstigend: *konstitutionell* oder aufgrund *hirnorganischer Schädigung* vermehrte *Reizbarkeit* und/oder *Alkoholeinfluß*.

Symptomatologie

- Explosionsartig auftretende motorische Erregtheit mit aggressiver Komponente (s. S. 102):
  Schreien, Zertreten, Zerschlagen oder *Zerbrechen von Gegenständen,* auch *körperliche Attacken.*
- Vegetative Begleitsymptome:
  Zittern, Herzklopfen, Mundtrockenheit, Blaßwerden oder *Gesichtsrötung.*
- Im Anschluß gelegentlich *psychogene Amnesie* (s. S. 66).

Diagnostik/Differentialdiagnostik

- Diagnose aus dem Querschnitt anhand obiger Symptomatik;
- *Verhaltensbeobachtung* (s. S. 2ff., 7ff.).
- *Eigen-* oder *fremdanamnestisch* entsprechende vorlaufende Erlebnisse (s. S. 14ff.).

Differentialdiagnostisch auszuschließen:
- akut anlaufende schizophrene *Psychose* (s. S. 155ff.),
- *gereizte Manie* bei Zyklothymie (s. S. 146ff.),
- *Alkohol-* und/oder *Rauschmittelintoxikation* (s. S. 131ff., 237ff.).

Therapie

- Beruhigendes, geduldiges Zureden (Talking down) unter flexibel angepaßter *Gesprächsführung*.
  Grundsätzlich niemals durch aggressives Vehalten provozieren lassen!
- Als *medikamentöse* Stütze Tranquilizer oder schwachpotente, dämpfende Neuroleptika (s. S. 289ff.).
- Allmähliches *Aufarbeiten* der vorausgehenden auslösenden Situation,
  Abklärung peristatischer Faktoren.
- Weiterführende *Beratung* oder *stützende Psychotherapie* (s. S. 304ff.) bei weiterhin zu erwartenden Belastungen.
- Wichtig: vor allem bei Behandlung psychotischer Erregtheitszustände immer auf Anwesenheit zusätzlicher Hilfspersonen achten!

Verlauf/Prognose

Im Regelfall rasches Abklingen.

- Bei sensitiv-explosiver Primärpersönlichkeit jedoch Neigung zu *Rezidiven* (s. S. 227),
  bei Alkoholabhängigen häufig in Verbindung mit *Eifersuchtsvorstellungen* auftretend.
- Patienten mit gereizter Manie zeigen bisweilen ein unerwartet abruptes Umschlagen in wohlwollend-freundliche Kumpelhaftigkeit.

Psychogene Körperstörungen
(ICD-Gruppen 306, 308)

Beschreibung

Erlebnisbedingte *körperliche Funktionsstörung* (Synonym: Konversionssymptomatik).

Ätiologie/Pathogenese

- Umsetzen psychotraumatisierender, für den Betroffenen nicht adäquat zu verarbeitender Erlebnisse in funktionelle Körperstörungen, die mehr oder weniger bewußt ausgestaltet werden.
- Begünstigend: *dispositionelle* Faktoren.

Symptomatologie

- Auftreten können alle Arten von Körperstörungen äußerer Art: *Lähmungen, Abasie, Astasie, Stupor, Sprachverlust, Taubheit* und *Blindheit, Anfälle, Zittern* u. ä.
- wie auch solche organgebundener Art: *Sensibilitätsstörungen, Schmerzzustände, Funktionsunregelmäßigkeiten* der inneren Organe u. ä.

  Begleitende Stimmungslage meist *bedrückt*.
  (s. Kap. „Zweckreaktionen“ – S. 172ff.).

Diagnostik/Differentialdiagnostik

- Diagnostik nach gründlicher *allgemein-körperlicher* und *neurologischer* Untersuchung
  sowie aufgrund der Kenntnisse über Entstehungsbedingungen und Verlauf der speziellen Störungen.
- Aufdeckung *psychodynamisch* wirksamer Faktoren durch *vertiefte Exploration* und *Fremdanamnese* sowie zusätzlich *testpsychologische Untersuchungen* (s. S. 2ff., 14ff., 22ff.).

  Differentialdiagnostisch in Erwägung zu ziehen:
- hysteriforme Symptome, Leibmißempfindungen und Vitalstörungen bei *endogenen Psychosen* (s. S. 142ff.),
- Konversions- bzw. *hysterische Neurose* (s. S. 185ff.),
- *psychogener Schmerz* (s. S. 241),
- hysterische *Primärpersönlichkeit* (s. S. 227).

Therapie

- Vorrangig Ausschluß körperlicher Erkrankung bzw. *diagnostische Klarheit.*
- Sodann Indikation und Wahl *systematisierter Psychotherapie,* am ehesten aufdeckendes Verfahren (s. S. 316ff.)
  oder verwandte Therapiemethode, z. B.:
  Bilderleben, Gestalttherapie, Psychodrama (s. S. 314, 325, 348), *Bewegungs-* und *Musiktherapie* (s. S. 376ff.).
- Hilfreich *begleitende* allgemeine roborierende Maßnahmen, körperliches Training, Sport.

Verlauf/Prognose

Verlauf nicht immer unkompliziert;

- bei asthenischer oder hypochondrischer Primärpersönlichkeit oder anderer *Persönlichkeitsstörung* (s. S. 216) Neigung zur Chronifizierung;
- ebenso bei häufig wiederholten körperlichen und apparativen Untersuchungen bzw. zugrundeliegender diagnostischer Unklarheit und therapeutischer Unsicherheit.
  In solchen Fällen z. B. Einmündung in *Konversionsneurose* zu beobachten (s. S. 185ff.).

Anmerkungen

Zu *erlebnisreaktiven seelischen Fehlentwicklungen* kann es im Gefolge chronischer emotionaler Belastungen bzw. anhaltend-rezidivierender Psychotraumatisierungen kommen, die häufig bis in die frühe Kindheit zurückzuverfolgen sind. Bei mangelhaften Kompensationsmöglichkeiten oder -fähigkeiten, d. h. einem Zusammenspiel *peristatischer* und *konstitutioneller Faktoren,* resultieren aus den einwirkenden Belastungen vielfältige Deformationen von Erlebnis- und Verhaltensweisen, welche die gesamte Lebensführung nachhaltig tangieren können.
Im Gegensatz zu den Erlebnisreaktionen (s. S. 163ff.) kann auch nach Wegfall der Schädigungen die neurotische Symptomatik persistieren, sogar Veränderungen der *Persönlichkeitsstruktur* (sog. „neurotischer Defekt") werden beobachtet.
Krankhafte Störungen können sich auf psychischem und/oder körperlichem Gebiet zeigen; je nach Schwerpunkt wird von *psychoneurotischen* oder *psychosomatischen* Erkrankungen gesprochen. Eine diesbezügliche Behandlungsbedürftigkeit soll bei 10–20% der Bevölkerung bestehen.
Aus *tiefenpsychologischer Sicht* stehen hinsichtlich der Verursachung global aus dem bewußten Erleben verdrängte Konfliktkonstellationen im Mittelpunkt; insbesondere wird nach psychoanalytischer Lehrmeinung die Symptomatik abgeleitet aus ins Unbewußte verdrängten und abgewehrten Triebwünschen. Die Krankheitserscheinungen tragen symbolischen Charakter; Form und Ausmaß der jeweiligen Störungen werden erklärt aus ihrer Entstehungsgeschichte während unterschiedlicher Entwicklungsphasen in der Kindheit.
Aus *lerntheoretischer Sicht* werden erlebnisreaktive Störungen aufgefaßt als Folge erlernter und automatisierter „Fehlgewohnheiten"; beide Ansätze vermögen nach heutigem Stand nicht alle Symptome befriedigend zu erklären.
Therapeutisch kommen bei ausgebreiteten, diffusen Fehlentwicklungen („Kernneurosen", „Charakterneurosen") eher aufdeckende psychotherapeutische bzw. gestalttherapeutische Einzel- und Gruppenmaßnahmen in Frage, während bei partiellen, umschriebenen Störungen (z. B. Phobien) wie auch bei sehr festgefahrenen, chronifizierten Erkrankungen meist verhaltenstherapeutische Methoden weiterführen.

Reaktive Depression, depressive Neurose (ICD-Gruppe 300)

Beschreibung

Chronifizierte Form von *Depressivität* psychogenen Ursprungs.

Ätiologie/Pathogenese

Die depressive Fehlentwicklung ist zu erklären aus dem Zusammenspiel dispositioneller, psychosozialer und lernpsychologischer Ursachen.

- *Tiefenpsychologische* Leithypothese: aufgrund frühkindlicher Behinderung der Entwicklung zur Eigenständigkeit Verdrängung und Umwandlung fremdaggressiver Impulse in Autoaggressivität und Depressivität.
- *Lernpsychologische* Leithypothese: zunehmende Form von Hilflosigkeit und Unselbständigkeit mit Selbstabwertung infolge sich wiederholender Verstärkungen mit negativen Auswirkungen auf das Selbstbild.

Symptomatologie

- Im wesentlichen Merkmale des depressiven Syndroms (s. S. 97): *Leeregefühl, Niedergeschlagenheit, Erschöpfungsgefühl, Leistungsschwäche. Versagensgefühl, Antriebshemmung.* Intermittierend auch *Suizidalität* (s. S. 98).
  Nicht selten Erlebenseinengung auf traumatisierende Erlebnisse.
- Begleitende Vitalstörungen: *(Ein-)Schlafstörungen,* allgemeine *Kraftlosigkeit,* Ab- oder Zunahme von *Appetenz* und *Gewicht.*

Diagnostik/Differentialdiagnostik

- Immer Ausschluß *organischer Ursachen* sowie Abklärung in Richtung *endogener Faktoren.*
  Sodann: umfassende (biographische) *Anamnese* unter psychodynamischen Gesichtspunkten (s. S. 14ff.).
  Differentialdiagnostisch:
- *symptomatische Depression* (s. S. 132ff.). *Chronischer Abusus* (s. S. 240ff.). *Postremissives Erschöpfungssyndrom* (s. S. 156). Reaktiv ausgelöste *endogene Depression* bzw. *endoreaktive Dysthymie* (s. S. 152).
- *Depressive Persönlichkeitsstruktur* (s. S. 217).

Therapie

Bei gesicherter Diagnose nach Möglichkeit anzustreben:

- längerfristige, *systematisierte Psychotherapie,* am ehesten aufdeckendes Verfahren (s. S. 316ff.),
  ggf. in Kombination mit Bilderleben, Psychodrama oder Gestalttherapie.
- Alternativ: *kognitive Verhaltenstherapie* in Verbindung mit Selbstbehauptungstrainings (s. S. 327ff.).
- Im übrigen *unterstützend:*
  Bewegungs- und *Musiktherapie, kreative Werktherapie* (s. S. 367, 376ff.).
  Passager kann – vor allem initial oder zur Überbrückung von krisenhaften Zuspitzungen – eine *medikamentöse Begleitbehandlung* mit schwachpotenten Thymoleptika in Erwägung gezogen werden.
- Achtung: bei Suizidalität oder anderen Komplikationen stationäre Aufnahme mit engerer Verlaufsbeobachtung erforderlich!

Verlauf/Prognose

Unter kontinuierlicher Therapie längerfristig *nicht ungünstig;* ansonsten *Verfestigung* in Richtung chronischer Depressivität mit Einbußen der allgemeinen Leistungsfähigkeit zu erwarten.

Angstneurose, phobische Neurose, Paniksyndrom
(ICD-Gruppe 300)

Beschreibung

Kurzzeitige oder anhaltende Zustände diffuser, gegenstandsloser oder situativ gebundener, phobischer *Ängste* mit vegetativer Begleitsymptomatik. Paniksyndrom oft kaschierte Herzphobie.

Ätiologie/Pathogenese

Unterschiedliche Erklärungsmodelle (Einzelheiten s. Lehrbücher der Neurosenlehre. Beim Paniksyndrom möglicherweise Verwandtschaft zur endogenen Depression (s. S. 142ff.).

- *Tiefenpsychologische Leithypothesen:* Entstehungsgeschichte aus Abwehr bzw. Ablehnung unannehmbarer sexueller Impulse bzw. aus ödipaler Konstellation.
  Überhaupt: früh erfahrene Lebensunsicherheit durch fehlende oder übertriebene Fürsorge; mangelhafte Entwicklung von Urvertrauen. Trennungsangst.
- *Lernpsychologische Leithypothesen:* Verstärkung ehemals geringer Ängste über entsprechende konditionierende Lernerfahrungen.
  Entwicklung von Vermeidungsverhalten mit Tendenz zur Generalisiation.
- *Vorkommen* bei 2–4% der Bevölkerung; Frauen wesentlich häufiger betroffen.
  Familiär gehäuftes Auftreten. Beginn schon im Jugendalter.

Symptomatologie

Symptome frei flottierender oder gebundener Ängste (s. S. 95ff.).

- Beim *Paniksyndrom* (Panic disorders) plötzlich auftretender, bis zu 30 Min. anhaltender intensiver (Vernichtungs-)Angstanfall.
- Im übrigen vorherrschend: *Beklemmungsgefühl. Innere Gespanntheit, Unruhe. Entfremdungserleben* bis zur *Depersonalisation. Niedergeschlagenheit. Schlafstörungen.* Mehr oder weniger ausgeprägte *vegetative Begleitsymptomatik.*
  Bei hypochondrisch gefärbter Angstneurose im Vordergrund ängstlich-besorgte *Selbstbeobachtung* und *Selbstkontrolle* wegen ausgeprägter Befürchtungen um die eigene Gesundheit.
  In letzter Zeit zunehmendes Auftreten von AIDS-Phobien als Sonderform der hypochondrischen Neurose zu beobachten.

Angstneurose, phobische Neurose, Paniksyndrom

Diagnostik/Differentialdiagnostik

- Zunächst immer Abklärung *organischer Ursachen* (z. B. Hyperthyreose, hypertensive Krisen, Hyperventilationstetanie. Phäochromozytom); insbesondere bei *Herzphobie* zweifelsfrei kardiale Erkrankung ausschließen (Herzinsuffizienz, Mitralklappenprolaps, Koronarerkrankung, Rhythmusstörungen).
- Sodann vertiefte *Anamneseerhebung, Verlaufsbeobachtung* und *testpsychologische Diagnostik* (s. S. 2ff., 7ff., 14ff., 22ff.).
- Schließlich genauere Differenzierung zwischen Angst- und phobischer Neurose bzw. Paniksyndrom.

  Differentialdiagnostisch abzugrenzen von:
- *Prodromalstadium schizophrener Psychose* (s. S. 153ff.), *endogener (hypochondrischer) Depression* (s. S. 142ff.), *Involutionsdepression* (s. S. 148ff.), *hypochondrischer Primärpersönlichkeit* (s. S. 225), *Horror-Trip* bzw. *drogeninduzierter Psychose* (s. S. 125ff. u. 237ff.), *Temporallappenepilepsie.*

Therapie

- Bei diffuser, chronischer Angstsymptomatik längerfristig *aufdekkende Psychotherapie. Suggestiv-* und *Entspannungsmethoden* (s. S. 309ff.).
- Bei Herzphobie zusätzlich: stufenweise *Körper-* und *Bewegungstraining, Biofeedback* (s. S. 300ff.), medikamentöse Stütze mit *Betarezeptorenblockern* (s. S. 292ff.).
- Bei phobischer Neurose: Methoden der *Verhaltenstherapie* wie Desensibilisierung oder Reizüberflutung (s. S. 328ff.) ökonomischer und rascher wirksam.

  Tranquilizer allenfalls zur kurzfristigen Überbrückung krisenhafter Zuspitzungen einsetzen, ansonsten medikamentöser Versuch mit Thymoleptikum wie *Imipramin („Tofranil“).*

Verlauf/Prognose

- Bei mangelhafter Behandlung Neigung zur Chronifizierung bzw. Progredienz mit zunehmender Einengung des Lebensraumes und Leistungseinschränkung bis zur Arbeitsunfähigkeit.
- Andererseits langfristig auch *Spontanremissionen* möglich. Umschriebene phobische Störungen werden eher kompensiert und in den Lebenslauf eingebunden.
- Beim *Paniksyndrom* Neigung zur Generalisierung mit Vermeidungsverhalten; häufig sekundäre Depression.

Beschreibung

Fehlentwicklung mit *Zwangsgedanken, Zwangsvorstellungen* und *Zwangsimpulsen,* wobei das Unsinnige der Symptomatik klar erkannt wird (Synonym: anankastische Neurose).

Ätiologie/Pathogenese

Multidimensionale Entstehungsweise aus konstitutionellen und peristatischen Faktoren.

- *Tiefenpsychologische Leithypothese:* Abwehr verdrängter sexueller und aggressiver Regungen infolge übertriebener Reinlichkeitserziehung und Unterdrückung sexueller Impulse im Kindesalter.
- *Lernpsychologische Leithypothese:* erlernte Reizkonstellationen mit dem Ziel, durch bestimmte Handlungen die mit Zwangsgedanken verbundene Angst zu mindern bzw. zu verhindern.

Symptomatologie

Merkmale des Zwanges bzw. des anankastischen Syndroms (s. S. 94):

- Zwanghaft und beharrlich sich aufdrängende Vorstellungen, Befürchtungen oder Impulse, die beispielsweise ihren Ausdruck finden in *Zweifelsucht, Grübel-* und *Kontrollzwang, Zählzwang* oder *Waschzwang.* Die Symptome zeigen gelegentlich Symbolcharakter in Form ritueller Handlungen (z. B. Händewaschen).
  Obgleich der Patient sich kognitiv gegen die widersinnigen Inhalte sperrt, führt das Unterlassen von Zwangshandlungen zu erheblichem Angstgefühl.

Diagnostik/Differentialdiagnostik

- Ausschluß *organischer* oder *endogener* Ursachen, auch wenn Symptomatik typisch erscheint.
- Ausführliche, tiefenpsychologisch akzentuierte *Anamneseerhebung* (s. S. 2ff., 14ff.) und Verhaltensbeobachtung (s. S. 7ff.).
  Differentialdiagnostisch auszuschließen:
- *endogene Depression* anankastischer Färbung (s. S. 142ff.),
- *Schizophrenie* (s. S. 153ff.),
- *anankastische Primärpersönlichkeit* (s. S. 220),
- *Zwangssymptome* (z. B. Zwangsmimik) als erlebnisleeres Symptom bei Enzephalitis, Hirnarteriosklerose, Morbus Parkinson, Thalamusschäden, Bulbärparalyse (Paraminie s. S. 11).

Therapie

- In der Regel langfristig *tiefenpsychologisch orientierte Psychotherapie* (s. S. 316ff.).
  Alternativ:
- *Verhaltenstherapeutische Maßnahmen* wie systematische Desensibilisierung (s. S. 328ff.) oder *kognitive Verhaltenstherapie* (s. S. 337ff.).
- Bei chronifizierter Zwangssymptomatik auch Verbindung von *stützender Psychotherapie* (s. S. 307ff.) mit kombinierter *neurothymoleptischer Pharmakotherapie.*

Verlauf/Prognose

Trotz Neigung zur Chronifizierung Linderung möglich. Völlige Heilung sehr selten, insbesondere bei langlaufender Fehlentwicklung und entsprechender Primärpersönlichkeit.
Andererseits mit dem Alter eher Abnahme der Erlebnisintensität von Zwangssymptomen.

Konversionsneurose, hysterische Neurose (ICD-Gruppe 300)

Beschreibung

Nichtorganisch begründbare *körperliche Beschwerden* und Symptome mit mehr oder weniger offenkundigem Darstellungscharakter.

Ätiologie/Pathogenese

- Aus *tiefenpsychologischer* Sicht Ausdruck einer Scheinlösung innerseelischer Konflikte mit psychogener Umwandlung (Konversion) in funktionelle Körperstörungen.
- *Lernpsychologische Hypothese:*
  Verstärkung und Automatisierung von Symptomen infolge konditionierter Zuwendung („Krankheitsgewinn“).

Symptomatologie

- Auftreten vielfältiger Körpersymptome psychogenen Ursprungs: *Lähmungen, Sprechstörungen, Blindheit* und *Taubheit, Krämpfe, Erbrechen, Abasie und/oder Astasie. Tremor* und *Hyperästhesie, Anästhesie* und *Schmerzzustände.*
  (Hysterischer Dämmerzustand s. S. 90).

Diagnostik/Differentialdiagnostik

Erforderlich sicherer Ausschluß *organischer Ursachen:*

- gründliche allgemeine körperliche, neurologische und apparative Diagnostik.
  Sodann: vertiefte *Anamneseerhebung* und genauere *Verhaltensbeobachtung* sowie *Verlaufsbeobachtung.*
  Differentialdiagnostisch zu bedenken:
- *endogene (larvierte) Depression* (s. S. 142 ff.),
- Leibmißempfindungen bei *Schizophrenie* (s. S. 153 ff.),
- *hysterische Primärpersönlichkeit* (s. S. 230).

Konversionsneurose, hysterische Neurose

Therapie

- Teilnehmendes *Verständnis* für die subjektiven Beschwerden und sachliche *Aufklärung* des Patienten ohne Bagatellisierung, aber auch ohne Vorwurfshaltung.
  Gleichzeitig: Vermeidung von besonderer Schonung und Überfürsorge.
  Festigkeit auch bei grob-demonstrativen Körpersymptomen und Verhaltensstörungen unter Vermittlung der eigenen diagnostischen Sicherheit.
- Im übrigen: *Suggestivmaßnahmen, verhaltenstherapeutische Trainings* (z. B. Münzverstärkung – s. S. 336);
  Erfolge aufwendiger, analytisch orientierter Psychotherapien *nicht* überzeugend.
  Statt dessen: Versuch mit stützender oder klientenzentrierter *Gesprächstherapie* (s. S. 323 ff.).
  Wichtig: Bewegungstherapie, Sport, ansteigende körperliche Belastung (s. S. 376 ff.).

Verlauf/Prognose

Prognose *unsicher bis zweifelhaft;*

- unter Umständen Progredienz bis zur tatsächlichen Unfähigkeit zur Selbstversorgung bzw. zu sich verfestigenden und verbleibenden Körperschäden
  vor allem bei diagnostischer Unsicherheit und damit verbundenen wiederholten körperlichen und apparativen Untersuchungen
  (s. auch Kap. „Zweckreaktion" – S. 172 ff. und „Rentenneurose" – S. 187 ff.).

Rentenneurose (Entschädigungsneurose) (ICD-Gruppe 300)

Beschreibung

Psychogene Körperstörung mit finalem Charakter (z. B. als Ausdruck von Rentenbegehren oder Entschädigungswünschen – s. auch Kap. „Hysterische Neurose" – S. 185 ff.)

Ätiologie/Pathogenese

Aus Kränkungsgefühl, Enttäuschung, Frustration oder Sicherungswünschen entstandene und zunehmend bewußtseinsferner werdende Symptomentwicklung und -verstärkung.
Fixierung ehemals unbewußter Wunsch- und Zweckreaktion aus geringfügigen Anlässen; (z. B. Bagatellverletzungen besonders im Kopfbereich), Entschädigungsansprüche.

Symptomatologie

- Deutlich demonstrative, meist grobe *Körperstörungen mit vielfältigen subjektiven Beschwerden,* die einförmig-querulatorisch und/oder aggravierend auf eine bestimmte schädigende Ursache bezogen werden (s. a. S. 176 ff.).
- Begleitende psychopathologische Symptomatik:
  subdepressiv-dysphorische Grundstimmung, Reizbarkeit. Klagsamkeit in Richtung einer allgemeinen *Hypochondrie. Sozialer Rückzug, Isolierung.*

Diagnostik/Differentialdiagnostik

- Körperliche Erkrankung muß zweifelsfrei *ausgeschlossen* werden, d. h. die vorgetragenen Beschwerden sind nicht auf organische Ursachen zurückzuführen.
- Sorgfältige *Anamneseerhebung* (s. S. 14 ff.).
  Im Querschnitt fällt auf, daß das vermeintliche Schädigungsereignis querulatorisch bis kämpferisch immer wieder hervorgehoben wird („Rentenkampf"),
  meist begleitet von hyperexpressiven mimischen und gestikulatorischen Äußerungen.
  Differentialdiagnostisch auszuschließen:
- *endogene (hypochondrische) Depression* (s. S. 142 ff.),
- *Konversionsneurose* bzw. *hysterische Neurose* (s. S. 185 ff.),
- *hysterische Primärpersönlichkeit* (s. S. 227).

Therapie

- So früh und umfassend wie möglich gründliche körperliche und apparative Durchuntersuchung mit sicherem Abschluß der Diagnostik bzw. *eindeutiger Diagnosestellung.*
- Sodann sachliche und verständliche *Aufklärung* und *Besprechung* der Situation ohne Vorwurfshaltung.
- Limitierung von Krankschreibung, Kurwünschen, Rentenbegehren u. ä. unter Darlegung der therapeutischen Kontraindikation. Ggf. Angebot *stützender Psychotherapie* oder *soziotherapeutischer Hilfen* (s. S. 305ff., 372).

Verlauf/Prognose

Nicht selten wird die Prognose unkorrigierbar ungünstig, da die psychopathologischen und Begleitsymptome fixiert werden.
Dies bedeutet eine Tendenz zur *Chronifizierung* bzw. *Progredienz,* die schließlich tatsächliche Arbeits- und Erwerbsunfähigkeit nach sich ziehen kann, so daß z. B. eine Berentung früher oder später „erzwungen" wird.

Anmerkungen

Der Begriff „psychosomatisch“ beinhaltet die gegenseitigen *Wechselwirkungen seelischer und körperlicher Einflüsse* auf Genese und Ablauf von Erkrankungen, die als organische Leiden in Erscheinung treten. Dies bedeutet, daß die entsprechenden Körpersymptome und Körperfunktionsstörungen durch *psychische Ursachen* wesentlich *mitbedingt* werden. Demgegenüber lassen sich greifbare morphologische Veränderungen primär nicht nachweisen.

Die multikausale Betrachtungsweise beinhaltet, daß anlagebedingte *biologische Faktoren, lernpsychologisch* zu erklärende *Fehlkonditionierungen* und *psychodynamisch* wirksame, aus der Biographie abzuleitende *Ursachen* zusammenwirken und zu ganz bestimmten Krankheiten führen, wobei spezielle Streßeinwirkungen oder Lebensereignisse eine auslösende Rolle spielen können.

Als Schaltstelle zwischen den biologischen Abläufen einerseits und den seelischen bzw. psychosozialen Geschehnissen andererseits gilt das substantielle wie funktionelle Ineinandergreifen *vegetativer* und *endokriner Funktionskreise* samt *limbischem System* und *Hypothalamus*.

Entsprechend dem biopsychosozialen Integrationsmodell psychosomatischer Erkrankungen sind *diagnostischer Zugang* und *therapeutische Strategien* mehrgleisig; sie umfassen sowohl körperliche wie psychische Ansätze (s. a. S. 178 ff.).

Hinsichtlich der Häufigkeit psychosomatischer Erkrankungen schwanken die entsprechenden Angaben zwischen 20 und 30% der Bevölkerung, wovon abermals 30–40% als dringend behandlungsbedürftig anzusehen sind; meistens handelt es sich um internistische Erkrankungen.

Im folgenden findet sich eine Auflistung der wichtigsten psychosomatischen Krankheitsbilder; Einzelheiten zu Diagnostik und Therapie sind in den entsprechenden Lehrbüchern der Psychosomatik und inneren Medizin nachzulesen.

Psychogener Kopfschmerz, Spannungskopfschmerz
(ICD-Gruppen 306, 307)

Beschreibung

Diffuser, dumpfer chronisch-rezidivierender *Kopfschmerz* oder *Kopfdruck*.
(Typische Migräne als psychosomatische Erkrankung hingegen umstritten).

Ätiologie/Pathogenese

Symptomatik teils erklärbar aus anhaltenden Muskelverspannungen im Bereich der Nacken- und Kopfmuskulatur.

- *Psychodynamisch:*
  Widerspiegelung intrapsychischer Konflikte mit Funktion der neurotischen Bewältigung („Kopfzerbrechen"), dadurch auch Vermeidung von Angst, Scham oder Bedrückungsgefühl. Krankheitsgewinn durch Zuwendung.
- Chronifizierung der Beschwerden infolge *operanter Verstärkung des Schmerzverhaltens.*
- *Dispositionelle* Faktoren sind mitverursachend wirksam.

Symptomatologie

- Meist anhaltend-dumpfes Schmerz- und/ oder Druckgefühl im Hinterkopf- und Scheitelbereich, gelegentlich aber auch pulsierender und klopfender Schmerz, häufig verbunden mit Schwindel und/oder Übelkeit. *Hartspann* im Bereich der Nacken- und Schultermuskulatur.

Diagnostik/Differentialdiagnostik

- Vordringlich Ausschluß *körperlicher,* insbesondere *neurologischer, ophthalmologischer, hals-nasen-ohrenärztlicher* und *zahnärztlicher* Erkrankung.
  Im übrigen:
- *Neuroradiologische* Untersuchungen einschließlich *CT-Befund* unauffällig (s. S. 53ff.).
- Im *EEG* Tendenz zu Frequenzlabilität oder unregelmäßiger Grundaktivität (s. S. 51).
- Wichtig: Neigung zu Analgetikamißbrauch eruieren!
- Vertiefte *Exploration* (s. S. 2ff.) und exakte Erhebung der *biographischen Anamnese* (s. S. 14ff.) bestätigen meist die Diagnose.

Differentialdiagnostisch in Erwägung zu ziehen:

- *Hirnerkrankungen* (z. B. hirnatrophischer Prozeß, Arteriosklerose, Hirntumor),
- *vasomotorischer Kopfschmerz* (Migräne, Horton-Neuralgie bzw. Cluster headache),
- *Arteriitis temporalis,*
- HWS-Syndrom bzw. *spondylogener Kopfschmerz,*
- chronische *Sinusitis,*
- *Augenerkrankung* (z. B. Fehlsichtigkeit, Glaukom),
- *Zahnerkrankung* (z. B. Costen-Syndrom),
- *kardiovaskuläre Erkrankungen,* insbesondere Hypertonie wie auch Hypotonie,
- chronische *Intoxikation* bzw. *Medikamentenmißbrauch* (s. S. 243 ff.),
- *endogene (larvierte) Depression* (s. S. 144 ff.).

Therapie

- Nach sicherem Abschluß der Diagnostik zunächst umfassende *Aufklärung* und *Beratung* des Patienten, auch hinsichtlich psychohygienischer bzw. lebensgestaltender Faktoren;
- *Entspannungsübungen* (autogenes Training), evtl. in Verbindung mit Biofeedback (s. S. 300 ff., 309).
- *Klientenzentrierte Gesprächstherapie* oder *aufdeckende Psychotherapieform* (s. S. 316 ff.).

Als unterstützende *Allgemeinmaßnahmen:*
Physio- und Bewegungstherapie, Gymnastik, Schwimmen (s. S. 375 ff.).
Medikamentös: Versuch mit schwachpotenten Thymoleptika; Analgetika möglichst vermeiden, im Ausnahmefall Salicylsäurederivate oder Paracetamol.

Verlauf/Prognose

Typisch sind Schwankungen mit deutlicher Rezidivneigung.

- Häufig Tendenz zu Analgetikamißbrauch mit dadurch bedingter *Chronifizierung* des Kopfschmerzes.

Psychosomatische Erkrankungen:
Eßsucht (Hyperphagie), Bulimie
(ICD-Gruppen 307, 783)

Beschreibung

- Unkontrolliertes, *übermäßiges Essen* mit zunehmender Adipositas.
- Bei *Bulimie:* Erhaltung des Normalgewichts (vgl. Bulimarexie S. 194ff.).

Häufigkeit um 1–3% der Bevölkerung.

Ätiologie/Pathogenese

Vielfältige Erklärungshypothesen:
- Primär *Selbstunsicherheit* und verminderte *Frustrationstoleranz.*
- *Verleugnung* eigener Wünsche und Bedürfnisse. Befriedigung *emotionaler Defizite* durch orale Kalorienzufuhr, besonders unter *Streßsituationen.*

Krankheitsbeginn um 14.–20. Lebensjahr.
Betroffen eher mittlere und höhere soziale Schichten.

Symptomatologie

Meist heimliche „Freßattacken" mit Einverleibung größerer Mengen an Nahrungsmitteln (oft Süßspeisen).
- Bei Eßsucht: zunehmende *Übergewichtigkeit,*
- bei Bulimie: *Normalgewicht* infolge häufigen Erbrechens.

Hiermit einhergehend: Laxantienabusus, Fasten, Einnahme von Appetitzüglern.
Begleitende psychische Auffälligkeiten:
- *Schuldgefühl, Selbstvorwürfe, Schamgefühl* und *Selbstverachtung* bis zur *Suizidalität.*

Vermehrte *Reizbarkeit, Nervosität, Schlafstörungen.* Gelegentlich Neigung zu *Alkoholmißbrauch.*

Diagnostik/Differentialdiagnostik

Kennzeichnend ist die organisch nicht begründbare Übergewichtigkeit.
Äußerlich auffallend sind dabei oft erhebliche kurzfristige *Schwankungen* des Körpergewichts.
- Bulimie schwerer nachweisbar, daher *fremdanamnestische Angaben* besonders wichtig (s. S. 18).

Hier häufiger Störungen im *Elektrolyt-* und *Mineralhaushalt* sowie *Hypoglykämie.*
- Die vertiefte *Exploration* (s. S. 2ff.) läßt oft eine untergründige Depressivität wie auch Störungen des Körperschemas erkennen.

Differentialdiagnostisch auszuschließen:
- Psychogene *Polydipsie,*
- Hyperphagie mit Übergewichtigkeit als Folge einer *Organerkrankung* bzw. nach *Enzephalitis* oder *traumatischer Hirnschädigung,*
- *Kleine-Levin-Syndrom,*
- *chronische Schizophrenie* bzw. *schizophrenes Defektsyndrom* (s. S. 153ff.),
(sog. Borderline-Syndrom s. S. 234ff.).

Therapie

Allgemein:
- ausreichend *körperliche Belastung, Sport, Bewegungstherapie.* Bei Eßsucht ohne Erbrechen zusätzlich kalorienarme Diät.
Im übrigen unerläßlich:
- systematisierte *aufdeckende* oder *klientenzentrierte Psychotherapie* (s. S. 304ff.),
evtl. in Kombination mit *verhaltenstherapeutischen Maßnahmen* (Kontrolle des Eßverhaltens, Veränderung des Selbstkonzeptes, Aversionstherapie, Münzverstärkung – s. S. 327ff.);
- Einbindung in *Selbsthilfegruppe* (s. S. 373).

Verlauf/Prognose

Hartnäckige *Rezidivneigung* mit begleitenden depressiven Einbrüchen, Selbstvorwürfen und Entmutigung;
ohne Behandlung ungünstige Prognose quoad sanationem.

Anorexia nervosa (Magersucht), Bulimarexie
(ICD-Gruppe 307)

Beschreibung

Schwere Störung des *Eßverhaltens* mit bedrohlich werdender Abmagerung bis zur Kachexie (s. a. Borderline-Syndrom – S. 234ff.).

Ätiologie/Pathogenese

Offenbar Zusammenwirken *biologischer, psychischer* und *psychosozialer Faktoren:*

- Gesteigerte neuronale Aktivität im Nucleus caudatus?
- Verleugnung eigener Bedürfnisse. Leistungsorientiertheit und Ehrgeiz. Neigung zur Askese.
  Konflikt zwischen enger Familienbindung und Ablösung. Unbewußte Ablehnung der Reifung.
  Kulturelle Einflüsse („Schlankheitsideal"). Äußere Auslöser.
- *Häufigkeit:* betroffen etwa 1% der weiblichen, 0,1% der männlichen Bevölkerung während der Adoleszenz.
  Beginn etwa 1.–3. Lebensjahrzehnt.

Symptomatologie

Auffallend erhebliche *Abmagerung* bis um 25% des ursprünglichen Körpergewichtes.

- Begleitend: *Amenorrhö* bzw. *Zyklusstörungen, Bradykardie, Hypotonie, Hypoglykämie, Elektrolytstörungen, Ödeme. Körperliche Schwäche* und *trophische Störungen.*
  Gleichzeitig Eßdrang mit folgendem selbstinduziertem *Erbrechen. Laxantien-* und/oder *Diuretikaabusus.* Einnahme von *Appetitzüglern.*
- Bei Bulimarexie ausgeprägte Symptome der Bulimie (s. S. 193ff.).

Diagnostik/Differentialdiagnostik

- Gründliche körperliche und apparative Abklärung der vorgefundenen *Kachexie.*
  Bei der Untersuchung fällt eine Tendenz zu Dissimulation und Verleugnung von Erschöpfung und Müdigkeit auf.
- Ausführliche *Anamneseerhebung* im Rahmen *vertiefter Exploration* (s. S. 2ff.) und *Fremdanamnese* (s. S. 18).
- *Testpsychologische Zusatzdiagnostik* (s. S. 22ff.).

Differentialdiagnostisch:

- schwere konsumierende *körperliche Erkrankung* (z. B. Malignom, Tuberkulose, anhaltende Infektion),
- *hormonelle Störung* ausschließen (z. B. Hypophysenvorderlappen-insuffizienz bzw. Sheehan-Syndrom);
- exzessives *Fasten* aus anderen Ursachen (z. B. bei Vergiftungswahn im Rahmen einer Psychose).

Therapie

Allgemein:

- hochkalorische – notfalls parenterale – *Ernährung* mittels Magensonde im Rahmen stationärer Überwachung mit dem Ziel der Gewichtszunahme und der Elektrolytbilanzierung.

In spezieller Hinsicht:

- Behandlungsversuch mit *systematisierter, aufdeckender Psychotherapie oder klientenzentrierter Gesprächstherapie* (s. S. 316ff.), ggf. in Kombination mit
- *verhaltenstherapeutischen Maßnahmen* (z. B. Selbstkontrollmethoden, Münzverstärkungssystem – s. S. 327ff.).
- *Familientherapie* (s. S. 355ff.).

Verlauf/Prognose

Bei Nichtbehandlung deutlich ungünstiger Verlauf bis zum Tod infolge Kachexie möglich;
darüber hinaus *Chronifizierung* bei 30–40% der Patientinnen.
Prognostisch *belastend:*
früher Krankheitsbeginn und/oder pathologische Familienstruktur.

Arterielle Hypertonie
(ICD-Gruppe 306)

Beschreibung

Anhaltende *Blutdruckerhöhung* als Folge eines gesteigerten Sympathikotonus.

Ätiologie/Pathogenese

Als Ursachen kommen *genetische* und/oder *dispositionelle Faktoren* in Frage, auch *Ernährungsbedingungen.*
Sympathikotonie infolge *psychischer* und *psychosozialer* Einflüsse:

- persönliche und berufliche *Belastungssituationen,* chronische *Überforderung.*
  Persönlichkeitsstruktur:
  zwanghaft bis *perfektionistisch, leistungsorientiert* und *ehrgeizig,* andererseits *empfindsam* bis *empfindlich.*
- *Häufigkeit:* 50–70% aller Patienten mit Hypertonie.
  (Einzelheiten s. Lehrbücher der inneren und psychosomatischen Medizin.)

Symptomatologie

Typische Symptome der Hypertonie wie *Kopfdruck, Schwindelgefühl, Augenflimmern, Müdigkeit* u. ä.

Diagnostik/Differentialdiagnostik

Umfassende *internistische Abklärung* der erhöhten Blutdruckwerte (systolisch ab 140 mm Hg, diastolisch ab 90 mm Hg) notwendig.
Kontrolle der Katecholaminausscheidung.

- Zusätzlich vertiefte *Exploration* bzw. *biographische Anamnese* und *testpsychologische Persönlichkeitsdiagnostik* (s. S. 2ff., 14ff., 22ff.).
  Differentialdiagnostisch:
- situativ bedingte, *passagere Blutdruckerhöhung* bei Angst oder Erregtheit (s. S. 95ff., 164ff., 168ff.).
- Ausschluß einer essentiellen, renalen, endokrinen oder medikamentös induzierten *Hypertonie.*
  (Im übrigen s. Lehrbücher der inneren Medizin).

Therapie

In leichteren Fällen:

- *Beratung* zur Regelung der Lebensweise einschließlich Psychohygiene;
- ggf. *Nikotinkarenz, Gewichtsreduktion.*
- Versuch mit *autogenem Training* oder anderen *Entspannungsübungen* (s. S. 309 ff.).
- *Biofeedback* (s. S. 300).
- *Aufdeckende Psychotherapie, Bilderleben* oder *Gestalttherapie* (s. S. 314 ff.).

Falls ohne ausreichenden Erfolg, gezielte *medikamentöse* Behandlung mit Antihypertensiva (s. Lehrbücher der inneren Medizin).

Verlauf/Prognose

Günstig bei suffizienter internistischer Behandlung und ergänzenden Maßnahmen (Kontrolle durch regelmäßige RR-Überprüfung!).
Ungünstig bei *allmählicher Fixierung* zunächst situativer Blutdruckerhöhungen in Richtung stabiler Hypertonie mit daraus resultierenden Folgeerscheinungen.

Asthma bronchiale
(ICD-Gruppen 316, 493)

Beschreibung

Anfallsartige *Dyspnoe* aufgrund endogener Kontraktion der Bronchialmuskulatur mit Schleimansammlung.

Ätiologie/Pathogenese

- Zu den Schleimhaut- und Muskulaturreaktionen im Bronchialbereich kommt es infolge *allergisch-dispositioneller Faktoren* bzw. *immunologischer Einflüsse.*
- *Psychodynamische Hypothesen:*
  frühe Störungen der symbiotischen Einheit mit der Mutter bei gleichzeitiger Angst vor Zurückweisung. Konflikt zwischen Anklammerungs und Unabhängigkeitsstrebungen. Mangelhafte Entwicklung von Urvertrauen.
  Persönlichkeitsprofil nicht einheitlich; Hinweise auf Neigung zu Mißtrauen und Kontaktscheu.
- *Häufigkeit* bei 0,1–2% der Bevölkerung.

Symptomatologie

- Im Asthmaanfall (lebensbedrohliche) *Atemnot mit Angstgefühl, Unruhe.* Außerhalb der aktuellen Symptomatik Neigung zur Depressivität.
  (Einzelheiten siehe Lehrbücher der inneren Medizin.)

Diagnostik/Differentialdiagnostik

Diagnose ableitbar aus *Beschwerdebild* und *typischer Anamnese;* familiär häufig allergische Diathese.

- Diagnostische Abklärung durch entsprechende *internistische Untersuchungen,* insbesondere Lungenfunktionsprüfung.
  Zur Ermittlung psychogener Faktoren *vertiefte Exploration, Fremdanamnese* und *Testdiagnostik* (s. S. 2ff., 14ff., 22ff.).
- Differentialdiagnostisch
  sind anderweitige internistische Erkrankungen auszuschließen, im besonderen solche *pneumologischer, kardialer* und *hämatologischer Art.*

Therapie

- Im akuten Asthmaanfall gezielte *medikamentöse* Therapie nach internistischer Maßgabe (Einzelheiten s. Lehrbücher der inneren Medizin).
- Unterstützend: *Entspannungsübungen; autogenes Training* (s. S. 309ff.).

Außerhalb des Anfalls:

- Systematische *Atemtherapie.*
- *Biofeedback; verhaltenstherapeutische Maßnahmen* (s. S. 300, 327ff.).
- Bei pathologischen Beziehungstrukturen *Familientherapie* in Erwägung ziehen sowie Formen *systematisierter Psychotherapie* (s. S. 314ff.).
- Falls Allergene nachgewiesen sind: *Desensibilisierung*.

Verlauf/Prognose

- Unter kompetenter internistisch-psychotherapeutischer Kombinationsbehandlung eher gute Prognose bei etwa ⅔ der Asthmatiker; bei früher Erstmanifestation laut Angaben bessere Remissionsquoten.
- Lebensbedrohlich: *Status asthmaticus;* bei rund 1% der Asthmatiker *maligner Verlauf*.

Ulcus duodeni
(ICD-Gruppen 316, 532)

Beschreibung

Chronisch-rezidivierende *Geschwürsbildung* im Zwölffingerdarm.

Ätiologie/Pathogenese

Zusammenspiel *somatischer* und *psychischer Faktoren:*

- *dispositionell* erhöhte sekretorische Aktivität und gesteigerte Motilität im Magen-Dünndarmbereich.
- Psychosoziale *Stressoren:* anhaltende private und berufliche Belastungen, Krisensituationen, Trennungserlebnisse und Partnerschaftskonflikte, Isolierung.
- *Psychodynamische Hypothesen:* Ambivalenzkonflikte bei Autonomiebedürfnis mit Überkompensation des Wunsches nach Abhängigkeit („Pseudounabhängigkeit").
  Eine typische „Ulkus-Persönlichkeit" gibt es aber offenbar nicht.
- *Erkrankungshäufigkeit* um 1–2% der Bevölkerung.
  Mehr Männer als Frauen betroffen.
- *Erkrankungsgipfel* um das 45. Lebensjahr.

Symptomatologie

Chronisch-rezidivierende *Oberbauchbeschwerden. Nüchternschmerz. Übelkeit* und *Brechreiz.*
Häufig jahreszeitliche Schwankungen mit Erkrankungsgipfel im Frühjahr und Herbst (Einzelheiten s. Lehrbücher der inneren Medizin).

Diagnostik/Differentialdiagnostik

Internistische klinische und apparative Abklärung.

- Bei Verdacht auf psychogene Mitverursachung ausführliche *biographische Anamnese* bzw. *vertiefte Exploration* (s. S. 2ff., 14ff.),
- ergänzend *testpsychologische Zusatzdiagnostik* (s. S. 22ff.).

Differentialdiagnostisch:
Ausschluß andersartiger Erkrankungen im *Gastrointestinaltrakt* bzw. *Oberbauchbereich* (z. B. Karzinom, Hiatushernie, Gastritis).

Therapie

- *Beratung* zur Regelung der Lebensweise; Psychohygiene.
- Ggf. *Erholungskur.*
- *Medikamentös-konservativ:* H_2-Rezeptorenblocker oder Carbenoxolon (Einzelheiten s. Lehrbücher der inneren Medizin).

Von psychotherapeutischer Seite:

- aufdeckende *Einzel- oder Gruppentherapie* (s. S. 316ff., 345ff.);
- *Logotherapie,* klientenzentrierte *Gesprächstherapie* (s. S. 321ff.).

Verlauf/Prognose

Trotz Tendenz zu Spontanremissionen insgesamt eher *chronisch-rezidivierender Verlauf.*

- *Komplikationen* aufgrund von Blutungen mit Schocksymptomatik und Blutungsanämie oder Perforationen mit folgender Peritonitis.
- Offenbar insgesamt *schlechtere Prognose* bei Personen mit depressiv-pessimistischer, zaghafter und introvertierter Primärpersönlichkeit.
- Bei ⅓ der Patienten chirurgische Eingriffe erforderlich.

Colitis ulcerosa
(ICD-Gruppen 316, 564)

Beschreibung

Rezidivierende *Schleimhautentzündung* des Dickdarms.

Ätiologie/Pathogenese

- Offenbar *genetische Disposition* zu umschriebenen hyperergischen Reaktionen bzw. immunologischer Instabilität. Einflüsse der *Ernährung* (Einzelheiten s. Lehrbücher der inneren Medizin).
- *Primärpersönlichkeit* eher passiv-abhängig, depressiv-zwanghaft und ichschwach mit Neigung zur Anklammerung und Bedürfnis nach Zuwendung und Geborgenheit. Erziehung eher streng und perfektionistisch – psychosomatische Genese allerdings nicht unumstritten!
- *Psychosoziale Auslöser* (z. B. Konfliktsituationen, Verlusterlebnisse, schwere Kränkungen) haben offenbar akzentuierenden Einfluß auf die Erkrankung.
- *Häufigkeit* unter 0,5% der Bevölkerung; Reizkolon bei ca. 10%.

Symptomatologie

Reduzierter *Allgemeinzustand* infolge der rezidivierenden schleimig-blutigen *Diarrhöen,* einhergehend mit krampfartigen *Bauchschmerzen* (Tenesmen) und subfebrilen *Temperaturen.* Beschleunigte *BSG. Dysproteinämie.* Oft hypochrome *Eisenmangelanämie. Gewichtsabnahme.*

Diagnostik/Differentialdiagnostik

Umfassende *klinisch-internistische Abklärung* einschließlich endoskopischer und röntgenologischer Diagnostik.

- Aufhellung möglicher psychodynamischer Einflüsse mit Hilfe *vertiefter Exploration* und *Anamneseerhebung* (s. S. 2ff., 14ff.),
- sowie *testpsychologischer Persönlichkeitsdiagnostik* (s. S. 22ff.).

Differentialdiagnostisch:

- Ausschluß anderweitiger *entzündlicher* oder *tumoröser Erkrankungen des Darms* (z. B. Enteritis, Divertikulitis, Darmtuberkulose, Dickdarmkarzinom);
- alimentäre *Intoxikation.*

Therapie

- *Diätetisch:* schlackenarme, kalorienreiche Kost; keine Milchprodukte.
- *Medikamentös:* Salazosulfapyridin bzw. Mesalazin und/oder Glucocorticoide (Einzelheiten s. Lehrbücher der inneren Medizin).
  Ggf. *Wasser-* und *Elektrolytausgleich*.
  Psychotherapeutisch:
- *Entspannungsübungen, autogenes Training, Hypnose* (s. S. 309ff.),
- *katathymes Bilderleben* (s. S. 314ff.),
- *kreative* und *Musiktherapie* (s. S. 367, 378).

Verlauf/Prognose

Vor allem bei Schweregrad II und III unberechenbarer, körperlich und seelisch *sehr belastender Krankheitsverlauf* mit nicht vorhersehbaren Komplikationen in Form von Eisenmangelanämien, Dysproteinämie, Peritonitis, Blutungen, Perforationen und Fistelbildung.
Offenbar Schwankungen mit Frühjahrs- und Herbstgipfel.
(Bei *Kindern* im allgemeinen ungünstigere Prognose;
Gefahr maligner Entartung um so höher, je jünger der Patient ist und je länger die Erkrankung besteht.
Andererseits offenbar jedoch auch *Ausheilungen* bei bis zu 50% der Patienten möglich.)

Pseudoepilepsie
(ICD-Gruppen 310, 316)

Beschreibung

Epileptiforme *Anfälle* nichtorganischer Ursache; Form der Konversionsneurose (s. S. 185ff.).

Ätiologie/Pathogenese

Auftreten von Krämpfen mit Hinfallen im Anschluß an als subjektiv gravierend erlebte *Psychotraumatisierung* (z. B. Kränkung, Bedrohung, Beschämung) oder als *Zweckreaktion* bei hysterischer Primärpersönlichkeit (s. S. 176, 230ff.).

Symptomatologie

Auf den ersten Blick Symptomatik wie bei Grand-mal-Anfall:

- *Hinfallen* oder *Hinstürzen, krampfartiges Schütteln* des Rumpfes und der Gliedmaßen, *Reaktionslosigkeit* auf *Außenreize.*
Jedoch: meist deutlich appellativer Charakter des Anfallgeschehens in Gegenwart anderer;
bisweilen extreme Beugung des Körpers (Opisthotonus) wie bei hysterischem „arc de cercle".
- Achtung: im Gegensatz zum echten epileptischen Anfall kein Zungenbiß, kein Urinabgang. Augen meist fest geschlossen. Verletzungen sehr selten!

Diagnostik/Differentialdiagnostik

Grundsätzlich umfassende *neurologische Abklärung* einschließlich *neuroradiologischer* und *EEG-Untersuchungen* (s. S. 20ff. 51ff.)

- Sodann differenzierte psychopathologische Abklärung durch *Exploration, Anamneseerhebung* und *Verhaltensbeobachtung* (s. S. 2ff., 7ff. 14ff.,).
- Auszuschließen sind neben echten epileptischen Anfällen *Kreislaufdysregulationen, Synkopen* bzw. *Herzrhythmusunregelmäßigkeiten, Hyperventilationssyndrome, Drop attacks* bei vertebrobasilärer Insuffizienz, *hypoglykämische* und *hypokalzämische Krisen.*
Hinweis: Kombination echter epileptischer und pseudoepileptischer Anfälle möglich!

Therapie

Nach zweifelsfreier Sicherung der Diagnose:

- *Aufklärung* und *Beratung* mit geduldiger, aber sicherer therapeutischer Haltung unter Verzicht auf besondere Zuwendung zum Patienten während des aktuellen Anfalls.

Im übrigen:

- *stützende Psychotherapie; Suggestivmaßnahmen* (s. S. 305 ff.).
- Zudeckende bzw. *Gesprächspsychotherapie* (s. S. 321 ff.); nur ausnahmsweise *analytisch orientierte Psychotherapie* (s. S. 316 ff., 345 ff.).

Verlauf/Prognose

Eher günstig.
Bei hysterischer Primärpersönlichkeit allerdings oft überdauernde *Neigung zu wechselnden Konversionssymptomen,* die unterschiedlich bewußtseinsnah „eingesetzt" werden.

Psychosomatische Erkrankungen:

Endogenes Ekzem (ICD-Gruppen 316, 691)

Beschreibung

Chronisch-rezidivierendes *Ekzem* unbekannter Ursache (Synonym: Neurodermitis, atopische Dermatitis).

Ätiologie/Pathogenese

- Offenbar Zusammenwirken *genetisch-allergologischer* und *immunologischer* Faktoren wie auch *psychischer* Einflüsse (Einzelheiten siehe Lehrbücher der Dermatologie).
  Psychodynamische Leitthese:
- Mangel an emotionaler Wärme und Zuwendung während der Kindheit bei gleichzeitiger äußerer Überprotektivität und Fürsorglichkeit. Aggressiv getönte Ambivalenzproblematik.
- Häufig Persönlichkeitszüge von *Empfindlichkeit* bis zur *Sensitivität. Gehemmtheit* mit Kontaktstörungen. *Schizoide Charakterstruktur.*

Symptomatologie

Rezidivierend *pruriginös-juckendes Krankheitsbild* mit Kratzartefakten.
Häufig tagesrhythmische Zunahme gegen Abend.
Bevorzugte Lokalisation: *Kniekehlen, Armbeugen, Hand- und Fußgelenke, Hals* (siehe dermatologische Lehrbücher).

Diagnostik/Differentialdiagnostik

Typische Symptomatik wie oben beschrieben:
- Hautveränderungen, Juckreiz, gelegentlich sekundäre Infektion. Umfassende *dermatologische Abklärung,* vor allem auch hinsichtlich allergologischer Ursachen.
- Zusätzlich: *Persönlichkeitsdiagnostik* (s. S. 2ff., 22ff.).
- Abklärung der *Lebensgeschichte* sowie möglicher *psychosozialer Auslöser* (s. S. 17).
  (In der Familienanamnese häufig Neigung zu Allergien.)
- Differentialdiagnostisch abzugrenzen von
  Ekzemen anderer Art (z. B. Kontaktekzem, seborrhoisches Ekzem, Stauungsekzem, Arzneimittelekzem),
  Neigung zu *Selbstbeschädigung* infolge Autoaggressivität oder auch als Zweckreaktion.
  Auch prüfen, ob *taktile Halluzinose* bzw. *Dermatozoenwahn* vorliegen (s. S. 69, 127).

Therapie

Spezielle Therapie s. dermatologische Lehrbücher.
Psychotherapeutisch:

- therapeutische Gespräche bzw. *Gesprächspsychotherapie* (s. S. 305ff.);
- *Entspannungsübungen,* insbesondere autogenes Training (s. S. 309ff.),
- *katathymes Bilderleben* (s. S. 314ff.),
- *gestalttherapeutische Übungen* (s. S. 325ff.),
- Versuch mit *analytisch orientierter Psychotherapie* (s. S. 316ff., 345ff.).
- Bei zusätzlich vorliegender ausgeprägter Nervosität und Unruhe Verordnung von *schwachpotenten Neuroleptika* mit z. B. Promethazin („Atosil") oder nichtkardioselektiven *Betarezeptorenblockern* (s. S. 292ff.).

Verlauf/Prognose

Weiterer Verlauf in der Regel durch deutliche, von der psychischen Verfassung abhängige *Schwankungen* gekennzeichnet mit Perioden der Exazerbation und erneute Remissionen. Umgebungs- bzw. Klimawechsel haben häufig günstigen Einfluß.
Mit längerer Erkrankungsdauer zunehmende *Lichenifikation* der Haut möglich.

Anorgasmie, Frigidität
(ICD-Nummer 302)

Beschreibung

Nichterreichen des lustvollen *Höhepunktes* beim Sexualverkehr.

Ätiologie/Pathogenese

Als Ursachen kommen in Frage:
- *psychosexuelle Fehlentwicklung, Unreife, Angst* vor *Schwangerschaft* oder *Infektion. Schamgefühl. Partnerschaftskonflikte.*
- Als gelegentliche organische Ursache oder Begleiterscheinung *mangelhafte vaginale Lubrikation.*

Symptomatologie

Ausbleiben des Orgasmus, häufig kombiniert mit Libidostörungen oder mit Vaginismus.
Begleitend *Gereiztheit, Depressivität* und *Selbstwertkrisen* möglich. Spannungen in der Partnerschaft.

Diagnostik/Differentialdiagnostik

- Vorlaufend gründliche *gynäkologische* bzw. *urologische* Abklärung zum Ausschluß körperlicher Ursachen. Auch endokrinologische oder neurologische Funktionsstörungen ausschließen.
- Folgend oder begleitend vertiefte *biographische Anamnese* (s. S. 2ff., 14ff.).
- Differentialdiagnostisch ist zu beachten, daß fakultative Anorgasmie während bestimmter Lebenssituationen nicht als primäre Störung zu bewerten ist.

Therapie

Wenn nötig, sexuelle *Aufklärung* und *Beratung.*
- Im übrigen *Kombination von Psycho- und Verhaltenstherapie* im Rahmen *partner-* und *familientherapeutischer Maßnahmen* (s. S. 304ff., 327ff., 355ff.).

Verlauf/Prognose

Bei fachgerechter Behandlung *günstige Prognose* mit relativ hoher Erfolgsquote.
Im übrigen weiterer Verlauf abhängig von interaktionellen und psychosozialen Einflüssen.

Beschreibung

Unfähigkeit des Mannes zum *Sexualverkehr* wegen Erektionsschwäche oder Ejaculatio praecox;
Impotentia coeundi aus nichtorganischen Ursachen.

Ätiologie/Pathogenese

Bei psychogener Impotenz kommen als Ursachen in Frage:

- sexueller *Leistungsdruck* bzw. *Versagensangst. Erwartungsspannung, Selbstunsicherheit, Schamgefühl;*
- *Partnerschaftskonflikt* bzw. unbewußte Ablehnung der Partnerin oder umgekehrt.

Symptomatologie

Körperliche Unfähigkeit zum befriedigenden Sexualverkehr.
Begleitende Beeinträchtigungen: *Depressivität, Selbstvorwürfe, Selbstunsicherheit* und *Selbstwertkrisen.*

Diagnostik/Differentialdiagnostik

- Abklärung des Krankheitsbildes durch umfassende *allgemeine körperliche* und *urologische* Untersuchungen.
- Vorrangig sind körperliche Ursachen auszuschließen wie Erkrankungen, Mißbildungen oder Verletzungen im *Urogenitalbereich, chronischer Alkoholismus* bzw. *Medikamentenmißbrauch, Hypertonie* und/oder *Diabetes mellitus, Rückenmarkerkrankung.*
- Bei psychogener Verursachung vertiefte *Anamneseerhebung* und *Persönlichkeitsdiagnostik* (s. S. 2ff., 22ff.).

Therapie

- Gegebenenfalls *Aufklärung* und *Beratung.* Empfehlung vorläufiger *sexueller Abstinenz.*
- Spezielle Sexualtherapie als Kombination von *Psychotherapie,* spezifischer *Verhaltenstherapie* und *Partnertherapie* (s. S. 304ff., 327ff.).

Verlauf/Prognose

Bei sachgemäßer Behandlung gute Prognose mit Erfolgen bei über 80% der Patienten.

Prostatopathie
(ICD-Gruppen 302, 306)

Beschreibung

Form der *chronischen Prostatitis* ohne organische Ursachen.

Ätiologie/Pathogenese

Psychopathogene Hintergründe:

- Selbstwert- und Identitätsstörungen. *Persönlichkeitsstruktur* häufig zwangsneurotisch, auch subdepressiv und hypochondrisch.
- Neigung zu *aggressiver Gehemmtheit. Negative Selbsteinschätzung.*
- Entwicklung der Erkrankung nicht selten *im Anschluß an organisch begründete Prostatabeschwerden* infolge Verstärkung durch fortgesetzte physiotherapeutische oder chemotherapeutische Behandlungen.

Erkrankungsgipfel zwischen 35. und 40. Lebensjahr.

Symptomatologie

Anhaltendes *Druckgefühl im Dammbereich. Schmerz* in der *Leistengegend* und im *Unterbauchbereich. Pollakisurie. Brennen beim Wasserlassen.*

Zusätzlich meist *funktionelle Sexualstörungen* und *Libidoverlust.*

Begleitend: *hypochondrische Ängste, Klagsamkeit, Niedergedrücktheit, Schonhaltung.*

Diagnostik/Differentialdiagnostik

- Aufgrund der geschilderten Symptomatik gründliche *urologische Abklärung* zum Ausschluß einer organischen Erkrankung (Einzelheiten siehe Lehrbücher der Urologie).
- Gezielte *Persönlichkeitsdiagnostik* (s. S. 2ff., 22ff.).
- Differentialdiagnostisch
sind anderweitige Erkrankungen im Urogenital- bzw. Unterbauchbereich auszuschließen.

Therapie

Urologische Behandlung, vor allem solche invasiven Charakters, nur bei *eindeutiger organischer Verursachung* oder *Mitverursachung* der beschriebenen Symptomatik (Einzelheiten s. Lehrbücher der Urologie).
Ansonsten vorrangig:

- ärztliche *Aufklärung* und *Beratung; Psychohygiene.*
- *Suggestivverfahren* und *Entspannungsübungen* (s. S. 309ff.).
- Stützende und personenzentrierte *Gesprächstherapie* (s. S. 305ff., 323ff.).

Verlauf/Prognose

Trotz Remissionen Neigung zur *Chronifizierung* und Fixation auf das Beschwerdebild, vor allem nach häufigeren und/oder aufwendigeren operativen Eingriffen.
Wichtig: begleitende *urologische Verlaufsbeobachtung* empfehlenswert, um Prostatahypertrophie, beginnendes Adenom oder Karzinom zweifelsfrei auszuschließen!

Dyspareunie, Vaginismus
(ICD-Gruppen 302, 306)

Beschreibung

Schmerzhafter oder erschwerter Sexualverkehr, bedingt durch eine spastische *Verkrampfung der Scheide*.

Ätiologie/Pathogenese

Falls keine lokalen organischen Ursachen vorliegen:

- *fehlgeleitete Sexualerziehung, Unkenntnis über Anatomie und Physiologie der Sexualorgane. Angst vor Schwangerschaft. Unbewußte Ablehnung des Partners. Unbewußte Homosexualität.*
- *Situative Widerstände* gegen Kohabitation mangels vorhergehender erotischer Stimulation oder aus ungünstigen momentanen Bedingungen (z. B. Zeitdruck, Gespanntheit, Unruhe).
- Frühere unangenehme oder traumatisierende *sexuelle Erfahrungen.*
- Angst vor *Ansteckungskrankheiten.*

Symptomatologie

Vor oder während des Sexualverkehrs Vaginismus.
Schmerzen während oder nach der Kohabitation. Mangelhafte vaginale Lubrikation.
Dysmenorrhö oder Amenorrhö, Menorrhagien.

- Psychische Begleiterscheinungen:
  Gereiztheit, Depressivität, psychische Labilität, Verlust an Selbstvertrauen und *Selbstsicherheit.*

Diagnostik/Differentialdiagnostik

- Umfassende und gründliche *gynäkologische Untersuchung* zum Ausschluß organischer Erkrankungen (z. B. Lageanomalien oder entzündliche Veränderungen im Urogenitalbereich, Zystitis, Endometriose, Adnexitis). Notwendig sind großes Taktgefühl und Einfühlungsvermögen des Untersuchers.
  Falls keine körperlichen Ursachen zu ermitteln:
- gründliche *Anamneseerhebung* und *Exploration der Persönlichkeit,* vor allem der *partnerschaftlichen Beziehungen* (s. S. 2ff., 14ff.).
- Differentialdiagnostisch
  sind Erkrankungen auf *urologischem* und/oder *gynäkologischem* Gebiet auszuschließen.

Therapie

Falls Erkrankung nichtorganischen Ursprungs ist oder begleitend zur spezifischen Behandlung (Einzelheiten s. Lehrbücher der Gynäkologie):

- zur Entlastung Empfehlung zu (vorübergehender) *sexueller Enthaltsamkeit.*
- Falls notwendig, sexuelle *Aufklärung* und *Beratung.*
- Therapeutische Gespräche bzw. *klientenzentrierte Gesprächstherapie* (s. S. 305ff., 323ff.).
- *Entspannungsübungen* wie autogenes Training; *katathymes Bilderleben* (s. S. 309ff., 314ff.).
- Kombination von *Psychotherapie* mit *verhaltenstherapeutischen Maßnahmen* (s. S. 327ff.).

Wichtig: wenn möglich, immer *Sexualpartner* mit in die Behandlung einbeziehen!

Verlauf/Prognose

Unter sachgemäßer Behandlung ohne Zeitdruck *günstige Prognose* mit allmählicher Rückbildung der genannten Beschwerden.

Psychosomatische Erkrankungen:

Psychogener Schmerz
(ICD-Gruppe: 307)

Beschreibung

Schmerzerleben, für dessen Intensität und Ausgestaltung psychische Einflüsse ausschließlich oder wesentlich mitbestimmend verantwortlich sind.

Ätiologie/Pathogenese

Das individuelle Schmerzerleben wird durch vielfältige emotionale, intentionale und motivationale Faktoren verursacht oder geprägt.
Psychodynamisch kann es sich um ein konversionsneurotisches Geschehen zur Abwehr verpönter Wünsche und Impulse handeln. Auch kann eine unbewußte Selbstbestrafung vorliegen.
Situativ sind verstärkend wirksam: Angst und Besorgnis, Ungewißheit, Erwartung und Anspannung, auch negative Vorerfahrungen.

Symptomatologie

Meist diffuser, schwer lokalisierbarer chronifizierter Schmerz mit gelegentlich symbolischer „Organwahl" (Schmerzbereich als Projektionsfeld für zugrundeliegendes Konfliktgeschehen).

Diagnostik/Differentialdiagnostik

- Genaue Erfassung von Art, Ausmaß, Dauer, Intensität und Gestaltung des Schmerzes als Grundlage umfassender *körperlicher* und *apparativer Dignostik.*
- Begleitend gründliche Exploration der *Persönlichkeit* und Erkundung des *psychosozialen Umfeldes* (s. S. 2ff., 14ff.).

Differentialdiagnostisch:

- Leibmißempfindungen bei *endogener (larvierter) Depression* (s. S. 142ff.),
- Zönästhesien bei *Schizophrenie* (s. Seiten 153ff.).
- Immer abklären, ob *Analgetikaabusus* vorliegt!
- (s. auch Kap. „Zweckreaktion" – S. 172, „Hysterische Neurose" – S. 185ff.).

Therapie

- *Aufklärung* über Entstehungsweise des Schmerzes.
- *Entspannungsübungen* und *Suggestionsmethoden* (s. S. 309 ff.).
- *Katathymes Bilderleben* (s. S. 314 ff.).
- *Verhaltenstherapeutische Trainings* (s. S. 327 ff.).
  Wichtig: konsequenter *Entzug von Analgetika* bei Abusus, statt dessen
- medikamentöser Behandlungsversuch mit *Kombination von Neuro- und Thymoleptika* (s. S. 280 ff.).

Verlauf/Prognose

- Ohne kontinuierliche Therapie Neigung zur *Chronifizierung* des Schmerzes mit Gefahr der Berufs- oder Erwerbsunfähigkeit und Pflegebedürftigkeit sowie Entwicklung eines *chronischen Schmerzmittelmißbrauchs*.
  Anderenfalls Prognose nicht ungünstig, vor allem bei deutlich konfliktgebundenen Schmerzzuständen.
- Hiervon abgesehen werden auch situationsunabhängige *Spontanremissionen* beobachtet.

Anmerkungen

Der Begriff „Persönlichkeitsstörung" ist nicht unumstritten; teils ist er an die Stelle der früher üblichen Bezeichnung „Psychopathie" oder „abnorme Persönlichkeit" getreten, teils wird er verwendet bei Vorliegen sog. Charakter- oder Kernneurosen mit Prägnanzcharakter.

Allgemein werden jedoch darunter *seelische Abnormitäten* verstanden, die als mehr oder weniger *überdauernde Verhaltens- und Erlebnisweisen* in Erscheinung treten, wobei sie entweder den Betreffenden beeinträchtigen und/oder sich auf die Umwelt störend auswirken.

Die Chronizität dieser „Extremvarianten seelischer Wesensarten" beinhaltet nicht nur den – im Vergleich zu den meisten anderen psychischen Erkrankungen – erheblichen konstitutionellen Anteil, sondern auch die großen Schwierigkeiten einer wirksamen Behandlung, erst recht hinsichtlich einer Heilung.

Aus den verschiedenen Erlebens- und Verhaltensabwandlungen resultieren vielfältige konflikthafte *Interferenzen mit der Umwelt,* so daß oftmals gegenseitige Verstärkungen zu beobachten sind und der Übergang zu den Erlebnisreaktionen und erlebnisreaktiven Entwicklungen (s. S. 163ff., 178ff.) unscharf und fließend wird.

Demgegenüber konnte eine nosologische Verwandtschaft zu den endogenen Psychosen bisher nicht wahrscheinlich gemacht werden.

Betroffen von Persönlichkeitsstörungen sind rund 5% der Bevölkerung, nicht eingerechnet die Personen mit Veranlagungen zu Suchtverhalten und Triebabweichungen.

Therapeutisch werden im Einzelfall aufdeckende ambulante Langzeitbehandlungen versucht wie auch Trainings zur Selbstkontrolle, Selbstbehauptung und sozialen Kompetenz.

Wie auch sonst stellen die tiefen- und lernpsychologischen Modelle zur Pathogenese der Symptomatik Hypothesen dar, die jeweils von bestimmten, schulgebundenen Prämissen ausgehen und nicht als Beweisträger gewertet werden dürfen.

Depressive Persönlichkeit
(ICD-Gruppe 301)

Beschreibung

Meist bis in die Kindheit zurückzuverfolgende Züge von *Bedrücktheit, Gehemmtheit* und *Pessimismus.*

Ätiologie/Pathogenese

- In *psychodynamischer Sicht* Frühentwicklung einer depressiven Persönlichkeitsstruktur aus gestörter Eltern-Kind-Beziehung, insbesondere aus ambivalenter Bindung zur Mutter.
  Daraus resultierend Angst vor Entwicklung zur Unabhängigkeit.
  Im übrigen: konstitutionell bedingte Persönlichkeitsvariante.

Symptomatologie

Durchgehend *zaghaft-stille,* stets *unfroh* bis *bedrückt* wirkende Patienten mit Neigung zu *Zukunftsängsten* und *Pessimismus.*
Andererseits: auffallende Zuverlässigkeit, Gewissenhaftigkeit und *Genauigkeit* („Typus melancholicus").

Diagnostik/Differentialdiagnostik

- Diagnose aus umfassenden *fremd* und *eigenanamnestischen* Erhebungen, *Verhaltensinterpretation* und *Verlaufsbeobachtung.*
  Differentialdiagnostisch:
- *Depressive Entwicklung* (s. S. 179ff.). *Depressive Reaktion* (s. S. 166ff.). *Endoreaktive Dysthymie* (s. S. 152ff.). Leichtere chronifizierte *endogene Depression* (s. S. 144ff.). Mitigierte *symptomatische Depression* (s. S. 132ff.).

Therapie

- Im Einzelfall Versuch einer längerlaufenden, aufdeckenden ambulanten *Psychotherapie* zur Bearbeitung möglicherweise zugrundeliegender Trennungs- und Geborgenheitsproblematik (s. S. 316ff.). Ansonsten *stützende Psychotherapie* (s. S. 305ff.).
- *Im übrigen:* Vermeiden einschneidender *sozialer Belastungen;* Stabilisierung enger *persönlicher Beziehungen.*

Verlauf/Prognose

Trotz chronifizierten Verlaufs meist zufriedenstellende Lebensbewältigung.

Selbstunsichere Persönlichkeit
(ICD-Gruppe 301)

Beschreibung

Personen mit Mangel an *Selbstvertrauen* und *Selbstsicherheit.*

Ätiologie/Pathogenese

- *Psychodynamische Hypothesen:*
starke Mutterbindung und Überfürsorge bei schwachen bzw. fehlenden Vätern. *Lerntheoretisch* Entwicklung zu „gelernter Hilflosigkeit".
Entwicklung aus Konflikten zwischen Wollen und Können mit begleitenden Selbstwertkrisen und Negativerfahrungen durch persönliche Niederlagen.
- Immer auch *dispositionelle Faktoren* wirksam.

Symptomatologie

Konstante Wesenszüge von *Selbstunsicherheit, Gehemmtheit* und Schüchternheit mit mangelhaftem *Durchsetzungsvermögen.*
Andererseits: große *Empfindlichkeit* und *Verletzbarkeit.* Neigung zu *Affektstau* und *Aggressionshemmung*. Häufig *Selbstvorwürfe.*

Diagnostik/Differentialdiagnostik

- Diagnose aus umfassender *Fremd-* und *Eigenanamnese*, aus *Verlaufs-* und *Verhaltensbeobachtung. Testpsychologische* Diagnostik.
Differentialdiagnostisch auszuschließen:
abortive *gehemmte Depression* (s. S. 144ff.) bzw. *depressive Persönlichkeit* (s. S. 217).

Therapie

- Schwergewicht auf *Verhaltenstherapie;* Methoden zur *Selbstbehauptung* und *Selbstsicherheitstrainings* (s. S. 332ff.),
- *Rollenspiel* und *Psychodrama, Gruppenpsychotherapie* (s. S. 348ff.), *Werktherapie* (s. S. 365ff.).

Verlauf/Prognose

Prognose bei zufriedenstellender schulischer und beruflicher Ausbildung und gelungener Partnerwahl gut.

Anankastische Persönlichkeit (ICD-Gruppe 301)

Beschreibung

Personen mit übertriebener *Ordnungsliebe* und *Pedanterie*.

Ätiologie/Pathogenese

- *Psychodynamische Leithypothese:* Anankasmus als Kompensationsvorgang aufgrund der Abwehr innerer Desorganisationsimpulse; äußere Ordnung als ichstützendes Gerüst.
  Nach psychoanalytischer Auffassung „anal-retentiver Charakter".
- Immer auch *konstitutionelle Ursache* mitwirkend.

Symptomatologie

Auffallende *Genauigkeit* und *Strenge*; nur wenig Spielraum zu *Kompromißbereitschaft*. Risikoarme Lebensführung und Streben nach allseits geordneten Verhältnissen. *Perfektionismus, Pünktlichkeit, Sparsamkeit, Zuverlässigkeit,* aber auch *Eigensinn* mit querulatorischer Note.
Männer häufiger betroffen.

Diagnostik/Differentialdiagnostik

- Querschnittsmäßig ableitbar aus obiger Symptomatik. Ferner umfassende *Anamnese* und *Verlaufsbeobachtung*. *Testpsychologische Diagnostik* (s. S. 7ff., 14ff., 22ff.).
  Differentialdiagnostisch:
  Zwangsneurose (s. S. 183ff.) bzw. anankastische Syndrome anderer Ursache (s. S. 94).

Therapie

- Langzeitbehandlung in Form von *Aussprache* und *Aufarbeitung* situativ belastender Faktoren (s. S. 305ff.). Versuch mit *autosuggestiven Entspannungsübungen* und *Hypnose* (s. S. 309ff.).
  Im Gegensatz zu anankastischer Neurose aufdeckende Psychotherapie wenig ergiebig.
  Im übrigen: Vermeidung von Überforderung durch Konfrontation mit Entscheidungen, die rasche Kompromißbereitschaft erfordern.

Verlauf/Prognose

Tendenz zur Verfestigung und Chronifizierung.

Stimmungslabile Persönlichkeit
(ICD-Gruppe 301)

Beschreibung

Personen mit rasch wechselnder Neigung hinsichtlich *emotionaler Reaktionen* (Synonym: thymopathische Persönlichkeit).

Ätiologie/Pathogenese

Weitgehend konstitutionell festgelegte Persönlichkeitsstruktur.

Symptomatologie

- Vorherrschend sind kaum nachvollziehbare, oft impulshafte *Stimmungsschwankungen* und unberechenbare *Launenhaftigkeit,* die auch in *dranghafte Handlungen* wie Dipsomanie, Kleptomanie, Poriomanie (s. S. 248 ff.) ausarten können.
- Latent: *innere Unruhe, Reizhunger. Sucht nach Veränderung, Unstetigkeit* und *Umtriebigkeit.*

Diagnostik/Differentialdiagnostik

Diagnose ableitbar aus obiger Querschnittssymptomatik. Hinweise aus *Fremd-* und *biographischer Anamnese. Verlaufsbeobachtungen* (s. S. 7 ff., 14 ff.).
Differentialdiagnostisch:
Affektlabilität bzw. -inkontinenz bei *hirnorganischem Psychosyndrom* (s. S. 87, 104 ff.) oder *Suchterkrankungen* (s. S. 237 ff.).

Therapie

- Wenn möglich, *häufigere Aussprache* mit dem Ziel der Affektabfuhr (s. S. 305 ff., 342 ff.).
- Stützend: alle Arten von *Bewegungstherapie* und *Musiktherapie* (s. S. 376 ff.).
- *Vermeiden medikamentöser Behandlung,* da Neigung zu Abhängigkeit. Im übrigen erzieherisch-feste Grundhaltung.

Verlauf/Prognose

Im Laufe des Lebens eher Abnahme der dranghaften Impulse.

Schizoide Persönlichkeit
(ICD-Gruppe 301)

Beschreibung

Personen mit Neigung zu *Kontaktscheu, Überempfindlichkeit* und *mangelnder emotionaler Anteilnahme.*

Ätiologie/Pathogenese

- Vorherrschend *konstitutionelle Faktoren;* häufig *familiäre Belastung.* Vorkommen bei *Männern* häufiger.
- *Biographisch:* oft spannungsreiche, schwierige familiäre Verhältnisse mit fehlender emotionaler Wärme.

Symptomatologie

Kennzeichnend sind Züge von *Mißtrauen, Zwiespältigkeit, Distanziertheit* und *Verschlossenheit. Emotionale Kühle.* Neigung zu *Isolation* und *Vereinsamung.* Oft *mangelhafte Anpassungsfähigkeit.*

Diagnostik/Differentialdiagnostik

Diagnose aufgrund umfassender *Fremd-* und *Eigenanamnese, Verlaufsbeobachtung* und *Verhaltensbeobachtung. Testpsychologische Diagnostik* (s. S. 7ff., 14ff., 22ff.).
Differentialdiagnostisch:
erlebnisreaktive Entwicklung (s. S. 179ff.) *Schizophrenia simplex* (s. S. 153ff.) und Residualsyndrom nach *akuter Psychose* (s. S. 161ff.).

Therapie

Soweit möglich, Einbettung in *Lebensgemeinschaft* mit festen Bezugspersonen und stabilen Interaktionen.
Stützende Psychotherapie (s. S. 305ff.). *Bewegungs-* und *Musiktherapie* (s. S. 376ff.). *Arbeits-* und *Werktherapie* (s. S. 365ff.). *Gruppenaktivitäten, Selbsthilfegruppe* (s. S. 373).

Verlauf/Prognose

Im Laufe des Lebens Verfestigung zur Verschrobenheit („Sonderling“).

Asthenische Persönlichkeit
(ICD-Gruppe 301)

Beschreibung

Personen mit *mangelhafter allgemeiner Belastbarkeit, geringer Ausdauer* und anhaltendem Gefühl rascher *Erschöpfbarkeit* und *Ermüdbarkeit.*

Ätiologie/Pathogenese

- Vorherrschend *konstitutionelle* Faktoren.
- *Lerntheoretisch:* vermutlich versäumte, adäquate Belastung im Kindesalter bzw. Überprotektivität mit daraus resultierender „gelernter Hilflosigkeit".

Symptomatologie

- Im Vordergrund: vielfältige *Klagsamkeit, Versagens-* und *Erschöpfungsgefühl. Mangelhaftes Durchsetzungsvermögen,* überhaupt *Ichschwäche.*
- Körperlich begleitend: *vegetative Labilität, Schlafstörungen, allgemeine Leistungsschwäche.*

Diagnostik/Differentialdiagnostik

Bestandsaufnahme durch *Fremd-* und *Eigenanamnese* (s. S. 14ff.), *Verlaufsbeobachtungen. Verhaltensbeobachtung* (s. S. 7ff.).
Auf jeden Fall körperliche Erkrankung zweifelsfrei ausschließen!
Differentialdiagnostisch:
Erschöpfungssyndrom nach *Psychose* (s. S. 153ff.). Chronischer *Drogen- oder Medikamentenmißbrauch* (s. S. 240ff.). Schwer abgrenzbar gegenüber *depressiver Neurose* (s. S. 179ff.) oder *larvierter Depression* (s. S. 144ff.).

Therapie

- Schwerpunkt auf *allgemeinen roborierenden Maßnahmen, Physiotherapie, Bewegungstherapie* und *Sport* (s. S. 375ff.).
  Im übrigen: *Ermutigung, stützende Psychotherapie* (s. S. 305ff.).

Verlauf/Prognose

Einförmig mit situativ bedingten Schwankungen.

Hypochondrische Persönlichkeit (ICD-Gruppe 301)

Beschreibung

Personen mit Neigung zu *ängstlicher Selbstbeobachtung* bezüglich ihrer gesundheitlichen Verfassung.

Ätiologie/Pathogenese

Wie bei asthenischer Persönlichkeit (s. S. 222).

Symptomatologie

- Vorherrschend fortlaufende *ängstliche Selbstbeobachtung,* einhergehend mit multiplen Befürchtungen, häufigen Arztbesuchen bzw. Untersuchungen (s. auch S. 99).
- *Vermeiden* gesundheitlich *belastender Situationen;* ausgeprägte *Schonhaltung* und betont *„gesunde" Lebensführung.*

Diagnostik/Differentialdiagnostik

Diagnose aus *Verhaltensbeobachtung, Anamnese* und *Verlaufsbeobachtung.* Auf jeden Fall körperliche Erkrankung ausschließen!
Differentialdiagnostisch:
depressive Neurose (s. S. 179ff.), *endogene hypochondrische Depression* (s. S. 142ff.) bzw. *Involutionsdepression* (s. S. 148ff.) wie auch Leibgefühlsstörungen bei *Schizophrenie* (s. S. 153ff.).

Therapie

- Wiederholte, geduldige *Aufklärung* und *Beruhigung; stützende Psychotherapie* (s. S. 305ff.).
- Alle Arten von *Sport* und *Bewegungstherapie* (s. S. 375ff.). Logo- und *Gesprächstherapie* (s. S. 321ff.).
- *Kognitive Therapien* (s. S. 337ff.), *Gruppentherapie* (s. S. 342ff.).

Verlauf/Prognose

Einförmiger Verlauf mit situativ gebundenen *Schwankungen.*

Hyperthyme Persönlichkeit
(ICD-Gruppe 301)

Beschreibung

Auffallend *betriebsame Personen* mit lebhaftem bis unruhigem Temperament.

Ätiologie/Pathogenese

Weitgehend konstitutionell bestimmt.

Symptomatologie

- Auffallend sind Charakterzüge von *Überaktivität* bis ständiger *Unruhe,* oft begleitet von Neigung zu *Geltungsbedürftigkeit und Distanzarmut,* auch vermehrter *Erregbarkeit.* Mitreißende Gesellschafter („Betriebsnudel") (s. a. S. 101).

Diagnostik/Differentialdiagnostik

Diagnose ableitbar aus obiger Symptomatik, ferner aus *Fremd-* und *biographischer Anamnese* sowie *Verlaufs- und Verhaltensbeobachtung* (s. S. 7ff., 14ff.).
Differentialdiagnostisch:
Manie bei *Zyklothymie* (s. S. 142ff.) ausschließen, ferner eine *hirnorganische Wesensänderung* (s. S. 87ff., 104ff.) bzw. Stirnhirnsyndrom oder eine *symptomatische Psychose* (s. S. 131ff.).

Therapie

Nicht bekannt; in der Regel auch nicht erforderlich.

Verlauf/Prognose

Mit dem Älterwerden meist gewisse Beruhigung. Als Negativvariante *Persönlichkeitsnivellierung* möglich.

Übererregbare (explosible) Persönlichkeit (ICD-Gruppe 301)

Beschreibung

Personen mit Neigung zu heftigeren *Affektausbrüchen* schon bei geringfügigen Anlässen.

Ätiologie/Pathogenese

- *Dispositionell* bedingte *Überreagibilität* und *Unausgeglichenheit* hinsichtlich der emotionalen Balance mit daraus resultierender verminderter Frustrationstoleranz.
- *Psychodynamische Hypothese:* inadäquate Abfuhr unbewußter *Triebimpulse* bei *massiv verdrängten, aggressiven Regungen.*

Symptomatologie

- Leitsymptome sind rasches *Aufbrausen* und *Affektentladungen* bis zum *Jähzorn,* vor allem unter Alkohol. *Wutreaktionen* bis zu tätlichen *Auseinandersetzungen* (s. S. 102, 174). Latente *Reizbarkeit* und *Affektlabilität* (s. S. 84).

Diagnostik/Differentialdiagnostik

Diagnose ableitbar aus obiger Querschnittssymptomatik.
Umfassende *Fremdanamnese. Verhaltensbeobachtungen* (s. S. 7ff., 14ff.).
Differentialdiagnostisch unbedingt *hirnorganisch bedingte Störungen* (s. S. 105ff.) oder anderweitige *körperliche Erkrankung* ausschließen!

Therapie

- Grundsätzlich *Vermeiden von Alkoholgenuß* oder *stimulierenden psychotropen Mitteln,* ansonsten wenig beeinflußbar.
- Bei akutem Erregungszustand: *beruhigendes Zureden* (Talking down). Ausnahmsweise auch Verabreichung von *Tranquilizern* (s. S. 289ff.) oder *Neuroleptika* (s. S. 280ff.) notwendig.

Verlauf/Prognose

Mit dem Älterwerden einerseits *Abmilderung* der Erregbarkeit, jedoch andererseits auch Interferenz mit arteriosklerotisch bedingten hirnorganischen Beeinträchtigungen.

- Im Verlauf überdurchschnittlich häufig *Strafverfahren* wegen Sachbeschädigung oder Körperverletzung und damit aufgeworfener Frage nach strafrechtlicher Verantwortlichkeit (s. S. 270ff.).

Fanatische Persönlichkeit
(ICD-Gruppe 301)

Beschreibung

Menschen mit betont *kämpferischer Haltung* für abnorm überbewertete Ideen und Vorstellungen.

Ätiologie/Pathogenese

Außer *dispositionellen* Faktoren:

- Entwicklung häufig durch vermeintlich oder tatsächlich erlittenes Unrecht, durch Benachteiligung oder Zurücksetzung.
- *Psychodynamisch:* unbewältigte Aggressionsproblematik.

Symptomatologie

- Vorherrschend *unbelehrbar-rechthaberische Haltung,* einhergehend mit *Überempfindlichkeit,* aber auch *Unduldsamkeit* bis zu querulatorischer *Streitsüchtigkeit* und *Aggressivität.*

Diagnostik/Differentialdiagnostik

Diagnose ableitbar aus obiger *Querschnittssymptomatik* wie auch aus *Fremd-* und *Eigenanamnese* sowie *Verlaufsbeobachtung.*
Differentialdiagnostisch abzugrenzen von
Rentenneurose (s. S. 187 ff.) und *Zweckreaktion* (s. S. 172 ff.) wie auch von *schizophrenem Defektsyndrom* (s. S. 161 ff.).

Therapie

Eher stützende *Psychotherapieverfahren* (s. S. 305 ff.) und *Entspannungsmaßnahmen* (s. S. 309 ff.). *Personenzentrierte* und *Logotherapie* (s. S. 321 ff.).

Verlauf/Prognose

Vorherrschend durchgehende unkorrigierbare Haltung gegenüber äußeren Einflüssen mit vielfältigen Aktivitäten; mit dem Alter gewisse *Abmilderung.*

Beschreibung

Geltungsbedürftige Personen, die gern die allgemeine Aufmerksamkeit auf sich ziehen.

Ätiologie/Pathogenese

- Neben *dispositionellen* Faktoren in *pschodynamischer* Hinsicht früh entstandene Störung aufgrund mangelhafter Auseinandersetzung mit der Realität und somit Verharren in infantilem Wunschdenken. Störung als Ausweichmöglichkeit vor der Realität; Verdrängung ambivalenter Einstellungen. Überdurchschnittlich lang dauernde Fixation an Eltern und Geschwister.
  Vorkommen bei *Frauen* häufiger.

Symptomatologie

- Meist lebhafte, auf Selbstdarstellung bedachte Personen mit Tendenz zu *demonstrativen Verhaltensweisen,* die gelegentlich dramatischen Charakter annehmen können.
  Bei starkem *Kontaktbedürfnis* Neigung zu *Distanzlosigkeit* mit gleichzeitiger *Bindungsschwäche* und *Unstetigkeit.*
  Anspruchshaltung gegenüber Mitmenschen.

Diagnostik/Differentialdiagnostik

Diagnose aufgrund obiger Querschnittssymptomatik und nach vertiefter *Fremd-* und *biographischer Anamnese* sowie *Verlaufsbeobachtung* (s. S. 2ff., 14ff.).
Differentialdiagnostisch:
Abgrenzung zu *maniformen Syndromen* (s. S. 101). Übergang zu *hysterischer Neurose* (s. S. 185ff.) fließend.

Therapie

- In der Regel *supportive* und/oder *adaptive Psychotherapie* (s. S. 305ff.).
- Im übrigen: im Umgang mit dem Patienten eher wohlwollende, aber gleichbleibende Distanz mit Verdeutlichung der Grenzen des persönlichen Spielraums.

Verlauf/Prognose

Mit dem Alter *Minderung* der Persönlichkeitsauffälligkeiten; gleichzeitig nicht selten Neigung zu *Depressivität.*

Narzißtische Persönlichkeitsstörung
(ICD-Gruppe 301)

Beschreibung

Personen mit Neigung zu *Selbstüberschätzung, Omnipotenzgefühl* und dem Wunsch nach *Bewundert- und Begehrtwerden* (Synonym: narzißtische Neurose).

Ätiologie/Pathogenese

- *Psychodynamische Leithypothesen:*
  libidinöse Ichbesetzung als Folge einer pathologischen Fehlentwicklung aufgrund frustrierender Kindheitserfahrungen;
  fehlende Geborgenheit und grundlegende Mängel an Zuwendung.
  Nichtentwicklung von Urvertrauen und fehlende Reifung zu einem konsistenten Selbst.

Symptomatologie

- Leitsymptome sind: *Omnipotenz-* und *Größenphantasien* bei gleichzeitigen *Minderwertigkeitsgefühlen. Ehrgeiz,* aber auch *Neidgefühl. Anspruchshaltung.* Wunsch nach *Anerkennung und Bewunderung. Langeweile, innere Leere, Reizhunger.*

Diagnostik/Differentialdiagnostik

Vertiefte *biographische Anamnese* bzw. *Erstinterview. Fremdanamnese. Verhaltensbeobachtung. Testpsychologische Diagnostik.*
Differentialdiagnostisch:
schizoide Persönlichkeit (s. S. 222ff.), beginnende *Schizophrenie* (s. S. 153ff.), *sog. Borderline-Syndrom* (s. S. 234ff.).

Therapie

Aufdeckende *Psychotherapie* (s. S. 316ff.) oder klientenzentrierte *Gesprächstherapie* (s. S. 323ff.) in Form von Einzeltherapien.
Gestalttherapie (s. S. 325ff.), *rational-emotive* bzw. *kognitive Therapien* (s. S. 337ff.).

Verlauf/Prognose

Schleppender Verlauf bei *zweifelhafter* Prognose; weniger günstig als bei „echten" Neurosen.

Beschreibung

Personen mit Neigung zu *dissozialen Verhaltensweisen.*

Ätiologie/Pathogenese

In der Regel sowohl hereditär wie auch lebensgeschichtlich *familiäre Belastungen:*

- *Mangelhafte Fürsorge,* früher *Elternverlust.* Lerndefizit hinsichtlich der Internalisierung *sozialer Spielregeln;* oft *dissoziale Eltern.* Gelegentlich *frühkindlicher Hospitalismus.*
- *Vorkommen* bei etwa 1% der Frauen und 3% der Männer.

Symptomatologie

- Meist früh Konsum von Alkohol und/oder Drogen; bereits während der Kindheit dissoziale Verhaltensweisen.
  Vorherrschend:
- Mangelhaftes Vermögen zu *Einordnung* und *Eingliederung* in die Spielregeln und Gesetzmäßigkeiten gesellschaftlichen Zusammenlebens. Eigene Bedürfnisse stehen im Vordergrund, Belange anderer werden weniger beachtet.
- *Primärpersönlichkeit* eher gemütsarm und haltschwach, andererseits leicht beeinflußbar und verführbar.
  Neigung zur *Delinquenz* bei oft auffallend geringer emotionaler Beteiligung und mangelhaftem Lernvermögen aus den Folgen (z. B. Bestrafung).

Diagnostik/Differentialdiagnostik

Diagnose aus *Familien-, Eigen-* und *biographischer Anamnese* wie auch *Verlaufs- und Verhaltensbeobachtung* (s. S. 14 ff.).
Testpsychologische Untersuchungen (s. S. 22 ff.).
Im *EEG* überdurchschnittlich häufig niedrigere Frequenzen (s. S. 51 ff.).
Differentialdiagnostisch:

- *frühkindliche Hirnschädigung* mit Verhaltensstörungen (s. S. 86, 105 ff.),
- hirnorganisches *Psychosyndrom* (s. S. 87),
- Verwahrlosung bei *Drogenabhängigkeit* und/oder *Alkoholismus* (s. S. 237 ff.),
- *Defektschizophrenie* bzw. psychotisches Residuum (s. S. 161 ff.).

Therapie

Schwerpunkt auf *Gruppentherapie* (s. S. 343, 350 ff.) und *soziotherapeutischen Maßnahmen* (s. S. 365 ff.).

Verlauf/Prognose

Zunächst nicht günstig:

- Tendenz zur *Delinquenz* mit zunehmender Verwicklung in Strafverfahren. In diesen Fällen Behandlung in psychiatrischen Einrichtungen wenig sinnvoll (s. auch S. 265 ff.).
- In der zweiten Lebenshälfte meist deutliche Stabilisierung.

Borderline-Syndrom
(ICD-Gruppen 295, 301)

Beschreibung

Personen mit Neigung zu multiplen *Erlebens-* und *Verhaltensstörungen,* oft bei schizoider Primärpersönlichkeit (s. S. 221 ff.).

Ätiologie/Pathogenese

- Zusammenspiel *dispositioneller, erlebnisreaktiver* und *endogener Faktoren* mit dem Resultat spezifischer Ichstörungen. Entwicklung entweder in Richtung sog. Borderline-Neurose oder sog. Borderline-Persönlichkeitsstruktur.
  Auftreten bei *Frauen* häufiger.

Symptomatologie

- Bei Borderline-Neurose:
  Überempfindlichkeit und *Verletzbarkeit* mit paranoid anmutenden *Beeinträchtigungsideen* bis zu wahnhaften Vorstellungen. *Narzißmus. Minderwertigkeitsgefühl* und *verminderte Belastbarkeit. Identitätsunsicherheit.*
- Bei „schizotypischer" Borderline-Persönlichkeitsstruktur:
  Ängstlichkeit und *Sensitivität, Denk-* und *Wahrnehmungsstörungen,* chronische diffuse *Ängste* und *Kommunikationsstörungen.*
- Bei „instabiler" Borderline-Persönlichkeitsstruktur:
  Reizbarkeit und *Impulsivität* sowie *Aggressivität, Stimmungslabilität, Hypochondrie* und *Konversionssymptome. Phobische Störungen, Abhängigkeit. Spielsüchtigkeit.*

Diagnostik/Differentialdiagnostik

Umfassende *anamnestische Erhebungen, Verlaufsbeobachtung, testpsychologische Untersuchungen* (s. S. 2 ff., 14 ff., 22 ff.).
Diagnostik insgesamt schwierig, da Borderline-Begriff unscharf und unbestimmt wie auch pathogenetische Modelle überbesetzt mit vielfältigen hypothetischen Konstruktionen.
Borderline-Diagnose nicht selten Ersatz für mangelhafte Differentialdiagnostik.

Differentialdiagnostisch ist genauer zu überprüfen, ob folgende psychische Erkrankungen vorliegen können:

- *minimale zerebrale Schädigung* (MCD) mit Verhaltensstörungen (s. S. 105 ff.);
- blande *Schizophrenie* bzw. *Defektsyndrom* (s. S. 153 ff.);
- *Persönlichkeitsstörung* anderer Art, insbesondere *sexuelle Triebabweichung* oder *Suchterkrankung* (s. S. 216 ff., 257 ff.).

Therapie

Zu empfehlen sind

- adaptive, kognitive und stützende *Einzel-* und *Gruppentherapien*.

Ferner:

- *Musik-*, *Spiel-* und *Bewegungstherapie* (s. S. 374 ff.),
- *Gestaltungs-* und *Werktherapie* (s. S. 365 ff.).

Verlauf/Prognose

Bislang nicht eindeutig bestimmbar.

Anmerkungen

Suchterkrankungen sind gekennzeichnet durch ein *unwiderstehliches Verlangen* nach (weiterer) Einnahme der betreffenden Droge (psychische Abhängigkeit) und *Toleranzsteigerung* sowie *Abstinenzerscheinungen* bei Absetzen der psychotropen Substanz (physische Abhängigkeit). Laut Definition der WHO handelt es sich um einen Zustand periodischer oder chronischer schädlicher Intoxikation durch wiederholten Gebrauch von Drogen. Sucht entwickelt sich aus einem Zusammenspiel von *Drogeneinwirkung,* betroffener *Persönlichkeit* und *Umwelteinflüssen.* Mit anderen Worten: Konstitution, Disposition durch frühe Sozialisationsstörungen, suchterzeugende Substanz und äußere Auslöser führen zur Suchterkrankung, die über den bloßen Mißbrauch hinausgeht.

Potentiell gefährdet erscheint grundsätzlich jeder Mensch; besonders anfällig sind jedoch empfindsame, selbstunsichere und stimmungslabile Personen mit erhöhtem Reizbedürfnis, aber auch risikofreudiger Neugier. *Auslöserfunktion* können chronische Schmerzzustände, Schlafstörungen, anhaltende Streß- und Konfliktsituationen, soziale Isolierung, berufliches Versagen u. ä. haben. Die stoffgebundenen *Süchte,* deren Kennzeichen Dosissteigerung und Toleranzerhöhung sind, umfassen Alkoholismus, Drogenabhängigkeit und Medikamentenmißbrauch.

Hiervon zu unterscheiden sind die Formen *süchtigen Verhaltens,* die gesondert beschrieben werden (s. S. 248ff.). Der Mißbrauch von Medikamenten ohne psychotrope Wirkung (z. B. als Laxantienabusus) wird hier nicht weiter abgehandelt.

Obgleich verschiedene Suchtstoffe häufig nebeneinander eingenommen werden (Polytoxikomanie), dominiert nach Schätzungen der *Alkoholismus* (ca. 60–70%), gefolgt von der *Drogenabhängigkeit* (ca. 20%) und der *Medikamentensucht* (ca. 15–20%).

Suchterkrankungen gehen mit vermehrter Delinquenz einher (z. B. Verkehrs- und Eigentumsdelikte unter Alkoholeinfluß, Kriminalität durch Rauschgifthandel).

Kennzeichnend für die *Therapie* von Suchterkrankungen ist ein schrittweises Vorgehen, das sich über Monate bis Jahre erstrecken kann und die völlige Abstinenz zum Ziel hat. Die Behandlung erfolgt innerhalb eines multiprofessionellen Teams; sie umfaßt in der Regel die Phasen Entgiftung – Entwöhnung – Rehabilitation und Nachsorge.

Alkoholismus (Alkoholabhängigkeit)
(ICD-Gruppen 303, 305)

Beschreibung

Andauernder, *hoher Konsum von Alkohol* als suchtmäßiges Genießen (Synonym: Trunksucht).

- Laut WHO chronische Verhaltensstörung, die bestimmt wird durch *exzessives Trinken* von Alkohol über das sozial übliche Maß hinaus u. a. mit der Folge körperlicher und psychischer Abhängigkeit. (Alkoholmißbrauch: lediglich körperliche und soziale Folgen.)

Ätiologie/Pathogenese

Multikonditionale Entstehungsweise aus dem Zusammenwirken von *genetischer Disposition, Persönlichkeitsstruktur, Droge* und *Sozialfeld* (Familie, Sozialschicht, Beruf, kulturelle Einflüsse).
Psychodynamische Hypothesen:

- infolge Ich- und Identitätsstörungen mangelnde Frustrationstoleranz und Fixation auf oraler Stufe.
  Lerntheoretische Hypothesen:
- Verstärkung von Befindlichkeiten, die als angenehm erlebt werden, Vermeidung von Unlustgefühl.
  Persönlichkeitszüge:
- vermehrte Frustrationsempfindlichkeit bei hohem Anspruchsniveau. Infolge verminderter Belastbarkeit Trinken als Mittel der Spannungslinderung, Anxiolyse und Kontakterleichterung.
- *Vorkommen* bei ca. 3–5% der Bevölkerung, Männer 6 bis 7mal häufiger als Frauen betroffen.
  Statistisch gehäuft bei höherem sozialen Status, aber auch bei unteren sozialen Schichten. Zunehmend Jugendalkoholismus.
- Noch nicht geklärt sind Besonderheiten eines veränderten Alkoholabbaus infolge genetisch bedingter enzymatischer Besonderheiten, die zu einer *Veränderung der Alkoholtoleranz* führen. (Genetisch bedingte Varianten des alkoholabbauenden Enzyms Alkoholdehydrogenase und des Metaboliten Acetaldehyd? Überproduktion von endogenen Betacarbolinen?)
- Entwicklung: *Anfangs-* oder *Prodromalphase, kritische Phase, chronische Phase.*
  Alkoholismus beginnt mit kritischer Phase; Gefährdungsgrenze bei *Frauen* 20 g, bei *Männern* 60 g Alkohol pro Tag.

Alkoholismus (Alkoholabhängigkeit)

Symptomatologie

- Alkoholerkrankung anfangs oft schwer erkennbar (Verleugnung). Vorausgehend häufig internistische Erkrankungen wie *Magen-Darm-Beschwerden, Schlafstörungen, vegetative Symptome.*
- Bei chronischem Alkoholismus: *Gastritis, Pankreatitis, Fettleber, Myokardschäden, Potenzstörungen, Polyneuropathie, Embryopathie.*
  Auch *epileptische Anfälle* und *Enzephalopathie.*
- Persönlichkeitsveränderungen: *Stimmungslabilität, Reizbarkeit, Verwahrlosung, Rücksichtslosigkeit,* vermehrte *Erregbarkeit, Eifersucht. Dissoziale Tendenzen* bis zur *Kriminalität* (s. S. 102).
- Zunehmende Gedächtnis- und Konzentrationsstörungen weisen auf ein beginnendes *Korsakow-Syndrom* (s. S. 67) hin, von dem 3–5% aller Alkoholiker betroffen sind.
- Auftreten von *deliranten Zuständen* („Delirium tremens" – s. S. 92) bei rund 15% aller Alkoholiker. Seltener chronische *Alkoholhalluzinose* (s. S. 93).

Diagnostik/Differentialdiagnostik

- Gründliche *körperliche, klinische* und *apparative Untersuchung.* Umfassende *Fremd-* und *Eigenanamnese* (s. S. 14ff.).
  Bei gezielter Beobachtung Auffälligkeiten im *Benehmen* und *Verhalten. Tremor, Konjunktivitis.*
- Im *zerebralen Computertomogramm* (s. S. 54) diffuse hirnatrophische Veränderungen. *Test* (*MALT* – s. S. 47).
- Bei akuter Intoxikation Nachweis durch *Blutalkoholuntersuchung.*
  Differentialdiagnostisch:
  Drogenabhängigkeit (s. S. 237ff.), *Intoxikationspsychose* (S. 124, 131ff.), *Korsakow-Syndrome* anderer Genese (s. S. 109ff.).

Therapie

- Zunächst *Kontaktaufnahme* mit Klärung der Diagnose und der Lebensverhältnisse sowie zur Abschätzung der Motivation.
- Sodann: Stationäre *Entgiftung* bzw. *Entzugsbehandlung* (s. S. 302ff.) – stationäre Behandlung notwendig bei alkoholischem Delir. In diesem Fall Intensivüberwachung mit Elektrolytausgleich und Gabe von Multivitaminpräparaten sowie Magnesium.
- Schwerpunkt *medikamentöser Behandlung:* Clomethiazol („Distraneurin") oral (Tabletten, Kapseln oder Mixtur) in individuell sehr unterschiedlicher Dosierung; Dauer maximal 1 Woche. Bei schwerer Symptomatik (nach wie vor Letalität beim alkoholischen Delir 0,5–1%!) als 0,8%ige Lösung zur Infusionstherapie.

Alternativ: Verordnung von dämpfenden Neuroleptika (s. S. 280ff.).

- Prophylaktisch *Vitamin B_1* (Thiamin), zwingend bei Verdacht auf Wernicke-Enzephalopathie!
- Bei Alkoholhalluzinose: mittelpotente *Neuroleptika.*

Ggf. Mitbehandlung internistischer Erkrankungen.
Im Anschluß an Entgiftungsphase:

- über 3–6 Monate *Entwöhnungsbehandlung* in qualifizierter Fachklinik mit differenziertem psycho- und soziotherapeutischen Behandlungsangebot.

Schließlich

- *Rehabilitationsbehandlung* mit fortlaufender ambulanter Gruppenbetreuung; Anbindung an *Selbsthilfegruppen* unumgänglich (z. B. anonyme Alkoholiker [AA], Kreuzbund, Blaukreuz, Guttempler).

Miteinbeziehen der Angehörigen (Al-Anon – s. S. 373). Falls der Patient sozial entwurzelt ist, Verbleiben in *Übergangsheim* oder – bei dauerhaften, schwereren körperlichen und psychischen Schädigungen – in *Dauerwohnheim* (s. S. 369ff.).
Anmerkung: die medikamentöse *Aversivbehandlung* mit Disulfiram („Antabus") hat sich nicht durchgesetzt.

Verlauf/Prognose

Bei fehlender oder unzureichender Behandlung in max. 10% der Fälle *Spontanheilung,* ansonsten allmählicher körperlicher und geistiger Verfall bis zur schweren alkoholischen *Demenz.*
Übliche „Alkoholikerkarriere": zunächst Gelegenheits- und Erleichterungstrinken (Alpha- und Betatyp), dann Trinken mit Kontrollverlust (Gammatyp), schließlich gewohnheitsmäßiges Trinken (Deltatyp). Exzessives, periodisches Trinken in Intervallen (Epsilontyp).

- Unter adäquater Behandlung *Heilungsquote* um 30–50%.
- Bei bereits vorliegendem Korsakow-Syndrom deutlich ungünstigere Prognose mit nur 10–20% Heilung, im übrigen unter konsequenter Abstinenz teils erhebliche Rückentwicklung der alkoholbedingten Ausfallserscheinungen.
- Hiervon unabhängig Belastung der Prognose einerseits durch *Suizidrate* (um 10%), andererseits durch soziale Begleiterscheinungen in Form von *Delinquenz* (Verkehrs- und Eigentumsdelikte, Sach- und Personenbeschädigungen), *Invalidität, familiäre Schwierigkeiten.*

Größere Gefährdung bei alleinstehenden und sozial isolierten Patienten.

- Achtung: Sog. kontrolliertes Trinken beim Alkoholiker kontraindiziert!

Abhängigkeit von harten Drogen
(ICD-Gruppen 304, 305)

Beschreibung

Physische und psychische Abhängigkeit von den sog. *harten Drogen* (z. B. Opioiden, LSD, DOM, STP).

Ätiologie/Pathogenese

Wie bei allen Suchterkrankungen:
Zusammenwirken *dispositioneller, drogenimmanenter* und *psychosozialer Faktoren.*

- *Persönlichkeitsstruktur* in der Regel gekennzeichnet durch Selbstunsicherheit, Frustrationsintoleranz, Reizhunger und Stimmungslabilität.
- *Suchtauslösend* sind oft äußere Belastungen wie Lebensschwierigkeiten, chronische Konfliktsituationen, Existenzängste, Überforderung.

  Lernpsychologischer Einfluß:
  als angenehm empfunden Entschärfung von Frustration und Distreß, einhergehend mit einer Anhebung der Stimmungslage. Dann Fortsetzung der Drogeneinnahme zur Vermeidung von Entzugssymptomen.
- *Vorkommen* am häufigsten bei *Jugendlichen* nicht selten als Zeichen einer Protesthaltung.

Symptomatologie

- Nach Einnahme von *Halluzinogenen* (z. B. LSD, Mescalin oder Psilocybin):
  zunächst unnatürliches *Wohlbefinden, intensivere Wahrnehmung, erhöhte Phantasietätigkeit.* Dann *Entfremdungserlebnisse,* Veränderungen im *Raum- und Zeiterleben.*
  Optische Halluzinationen und *Synästhesien.* Gelegentlich *„Horrortrips" und Echoeffekte* (s. auch S. 124ff.).
  Körperlich: Mydriasis, Mundtrockenheit, Tremor, Tachykardie und Schwindel, Schlafstörungen, Inappetenz.
- Bei Abhängigkeit von *Opiaten* und *Opioiden* (z. B. Heroin, Morphium):
  rauschhafte Euphorisierung, Enthemmung, Steigerung des Selbstgefühls.
  Körperlich: Myosis, Atemdepression. Physischer Verfall mit Verwahrlosung.
- Bei Mißbrauch von *Kokain:*
  Gefühl der vermehrten Leistungsfähigkeit, Euphorie, maniforme Verhaltensweisen.
  Körperlich: Mydriasis, Schwitzen, Schwindel, Tachykardie, Hypertonie, Übelkeit, Kopfschmerz.

Abhängigkeit von harten Drogen

Diagnostik/Differentialdiagnostik

- Ausführliche *Eigen- und Fremdanamnese. Verhaltensbeobachtung.*
- Gründliche *körperliche Untersuchung.* Einstichstellen? Unklare Abszesse? (s. S. 20ff.)
- Im Verdachtsfall immer *Drogenscreening* (s. S. 58)!
- Bei Fixern Untersuchungen auf Hepatitis und AIDS (s. S. 62).

Therapie

Beginn mit *Kontaktnahme* einschließlich Abklärung der Motivation zur Drogenabstinenz mit Einbeziehung der nächsten Angehörigen. Umfassende körperliche und psychiatrische Diagnostik.
Sodann:

- konsequente *Entgiftung* auf geschlossener Station zur Entzugsbehandlung (s. S. 302ff.).
- Wichtig: bei Abhängigkeit von Opiaten und Opioiden ist mit heftigen *Abstinenzerscheinungen* nach etwa sechs Stunden zu rechnen in Form von:
  starker Unruhe, Erregtheit, Übelkeit, Brechreiz und Erbrechen, Durchfällen, Schweißausbrüchen, Tränenfluß, Schlafstörungen, Muskel- und Gliederschmerzen, Angstgefühl und Depressivität.
  In diesen Fällen außer eingehender Überwachung Dämpfung mit Neuroleptika (s. S. 280ff.).
- Bei akuter Intoxikation mit *Halluzinogenen* bzw. *Horrortrip:* beruhigendes Zureden sowie medikamentös Diazepam i. v. oder i. m.
- Vergiftung durch *Opiate* mit Levallorphan („Lorfan") i. v. behandeln! Bei Kokainüberdosierung Propanolol oder Diazepam.
  Im übrigen:
- längerfristige *Entwöhnungsbehandlung* in geeigneter Fachklinik mit folgendem abgestuften Rehabilitationsprogramm. Anschließend umfassende soziotherapeutische Nachsorge (s. S. 357ff.).
- Anschluß an *Selbsthilfegruppen* (z. B. Synanon, day-top – s. S. 373).

Verlauf/Prognose

- Unter adäquater Behandlung können derzeit 30–40% der Patienten abstinent und sozial selbständig werden; ebenso viele werden wiederholt rückfällig und tendieren zu sozialer Verwahrlosung und körperlichem Verfall. Etwa 10% der „Drogenkarrieren" enden mit dem Tod.
  (Anmerkung: Behandlung mit Ersatzdrogen, z. B. L-Polamidon im sog. Methadon-Programm, umstritten. Die Verschreibung von Betäubungsmitteln ist im übrigen nach dem BtmG geregelt.)

Haschischmißbrauch
(ICD Gruppen 304, 305)

Beschreibung

Physische und psychische Abhängigkeit von *Haschisch* bzw. *Marihuana.*

Ätiologie/Pathogenese

Prinzipiell wie bei den anderen Suchterkrankungen.
Motivation zur Einnahme von Rauschdrogen wie Haschisch zusätzlich gekennzeichnet durch Wunsch nach „Selbsterfahrung“, „Bewußtseinserweiterung“ oder Reizhunger.

Symptomatologie

- Zunächst subjektiv *gesteigertes Wohlbefinden* und *Entspannungsgefühl, intensivere Wahrnehmungserlebnisse, erhöhte Phantasiefähigkeit, Größenideen,* auch *Gespanntheit* und *Angst, Zeiterlebensstörungen, Depersonalisations-* und *Derealisationserlebnisse.*
- *Körperlich:* Reizhusten, Tränenfluß, Mundtrockenheit, Mydriasis, Tachykardie und Tremor, gerötete Konjunktiven.
- Bei höherer Dosierung: *Intoxikationspsychose* mit Sinnestäuschungen (s. S. 124ff.).

Diagnostik/Differentialdiagnostik

- Ausführliche *Eigen- und Fremdanamnese. Verhaltensbeobachtung. Allgemeine körperliche Untersuchung* (s. S. 20ff.).

Differentialdiagnostisch:
- Ausschluß anderweitiger *Intoxikationen.*
- Chronifizierte schizophrene *Psychose.*
- Hirnorganisches *Psychosyndrom.*

Haschischmißbrauch

Therapie

- Konsequente *Entziehungsbehandlung* (an Abstinenzerscheinungen nach ein bis zwei Tagen zu erwarten:
feinschlägiger Tremor, Schweißausbrüche, Schlafstörungen, Dysphorie und innere Unruhe).
- Anlaufende *Intoxikationspsychose* durch Einsatz mittelpotenter *Neuroleptika* behandeln (s. S. 280ff.).

Begleitend:

- aufdeckende oder adaptive *Einzel- und Gruppentherapie* (s. S. 304ff., 342ff.);
- *Entspannungsübungen, katathymes Bilderleben* (s. S. 309ff., 314ff.).

Wichtig:
Umsteigen auf härtere Drogen verhindern!

Verlauf/Prognose

Insgesamt nicht ungünstig.

- Allerdings gelegentlich *Auslösung* latenter endogener Psychose mit dann typischem Ablauf (s. S. 155ff.).
Anhaltender Haschischgenuß kann außerdem bei Jugendlichen zu einer Verzögerung der persönlichen und sozialen Entwicklung sowie zu einer anhaltenden emotionalen Instabilität führen.
- Hinweis: Genuß und Besitz von Haschisch bzw. Marihuana fallen unter das Betäubungsmittelgesetz und werden daher *strafrechtlich verfolgt!* (s. a. S. 238).
Aussetzung der Strafe nach § 35 BtmG, falls *kontrollierte Therapie* erfolgt und nachgewiesen wird.

Stimulantienmißbrauch (ICD-Gruppen 304, 305)

Beschreibung

Mißbräuchliche Verwendung und Abhängigkeit von *Psychostimulantien* (wie z. B. Methamphetamin, Methylphenidat, Phenmetrazin, Ephedrin, auch Koffein).

Ätiologie/Pathogenese

- Einnahme der Mittel hauptsächlich zur Leistungssteigerung und Minderung von Müdigkeitsgefühl, auch zur Appetitreduzierung (s. auch Kap. „Anorexia nervosa", S. 194 ff.).
- Gelegentlich Einsatz auch zur Behandlung von Depressionen und bei Hochleistungssportlern (Doping) unter Ausnutzung der sympathikomimetischen Wirkung.
  Weitere (hintergründige) *Motivationen:*
  Reizhunger, innere Leere, Kontaktstörungen, Ängstlichkeit.
  Persönlichkeit: „mehr scheinen als sein".

Symptomatologie

Subjektives *Gefühl der Leistungssteigerung, Euphorisierung, Antriebssteigerung, Libidozunahme.*
Bei längerem Gebrauch: *Unruhe, Angstzustände, Schlafstörungen,* gelegentlich auch *paranoid-halluzinatorische Psychosen* (s. S. 124 ff.).

Diagnostik/Differentialdiagnostik

- Querschnittsmäßig auffallende *Lebhaftigkeit; Rede-* und *Bewegungsdrang, maniforme Verhaltensweisen.*
- Klärung durch *Fremd- und Eigenanamnese* (s. S. 14 ff.).
- Immer Ausschluß *körperlicher Erkrankung* (z. B. Schilddrüsenüberfunktion, Hypertonie, Hypoglykämie)!
  Differentialdiagnostisch:
  maniformes Syndrom anderer Genese (s. S. 101), z. B. bei Zyklothymie (s. S. 142 ff.) oder *beginnender Schizophrenie* (s. S. 155 ff.).

Therapie

- Stationäre Entzugsbehandlung (s. S. 302 ff.); bei heftigen *Abstinenzsymptomen* (z. B. Schlafstörungen, Stimmungsschwankungen) Verabreichung schwachpotenter *Neuroleptika* (s. S. 280 ff.).
- Begleitende *Einzel- und Gruppenpsychotherapie* (s. S. 304 ff., 342 ff.).

Verlauf/Prognose

Bei weiterer Abstinenz gute Prognose.

Schnüffelsucht (Sniffing)
(ICD-Gruppen 303, 305)

Beschreibung

Mißbräuchliche Verwendung von psychotrop wirksamen *Substanzen,* die in *Lösungs-* und *Reinigungsmitteln* enthalten sind (wie z. B. Azeton, Chloroform, Äther, Benzin, Tetrachlorkohlenstoff).

Ätiologie/Pathogenese

Prinzipiell wie bei allen Suchterkrankungen Entstehung aus *persönlicher Entwicklung* und *Umweltbedingungen* (s. S. 233ff.).
Auftreten hauptsächlich bei Jugendlichen;
hier als besondere *Motive:* Rückzug, Resignation, Frustrationsintoleranz, Protesthaltung, auch Neugier.

Symptomatologie

- Täglich mehrfaches *Einatmen von Schnüffelstoffen* bis zur Entstehung von *Euphorie, Entfremdungserlebnissen* und *Benommenheit.*
- *Körperliche Begleiterscheinungen:* undeutliches Sprechen, Ataxie. Übelkeit und Brechreiz.
  Bei chronischer Inhalation *Appetitstörungen, Gewichtsabnahme, Unruhe* und *Konzentrationsstörungen. Leberschädigung.*

Diagnostik/Differentialdiagnostik

Ableitung aus oben beschriebener *Symptomatik* wie aus *Eigen-* und *Fremdanamnese. Verhaltensbeobachtung.*
Differentialdiagnostisch:
immer *körperliche Erkrankung* ausschließen!

Therapie

Konsequente Abstinenz.
Begleitend: *psychotherapeutische Betreuung* (s. S. 304ff.).

Verlauf/Prognose

Abhängig vom Vermögen zu weiterer Abstinenz.

Schlafmittelabhängigkeit
(ICD-Gruppen 304, 305)

Psychische und physische Abhängigkeit von *Hypnotika* (z. B. Barbituraten, Bromverbindungen, Harnstoffderivaten u. ä.).

Ätiologie/Pathogenese

Grundsätzlich wie bei allen Suchterkrankungen (s. S. 233 ff.). Induzierend sind meist *Schlafstörungen*.

- *Frauen* häufiger als Männer betroffen.

Symptomatologie

- In Abhängigkeit von der Dosishöhe: *Verlangsamung, Gleichgültigkeit, Interesselosigkeit. Stimmungslabilität*, teils auch *Euphorie*.
- *Körperliche Begleiterscheinungen:* verwaschene Sprache. Koordinationsstörungen, Tremor. Bei höherer Dosierung zunehmende Bewußtseinstrübung.
  (Anmerkung: Schlafmittel werden häufig in suizidaler Absicht eingenommen!)
- Bei *chronischer Intoxikation* psychoorganische Symptome, Verlangsamung. Auch Schlafstörungen bzw. Tendenz zur Toleranzerhöhung.

Diagnostik/Differentialdiagnostik

- Diagnosestellung aufgrund obiger *Symptomatik. Eigen- und Fremdanamnese, Verhaltens- und Verlaufsbeobachtung*.
- Gründliche *körperliche Untersuchung. Drogenscreening*.
- Im *EEG* gehäuft frontale Betawellenaktivität (s. S. 51 ff.).
  Differentialdiagnostisch:
- andere Arten *chronischer Intoxikation* (s. S. 244 ff.).
- *hirnorganisches Psychosyndrom bzw. Demenz* (s. S. 87 ff., 104 ff.).

Therapie

- Stationäre *Entgiftungs- und Entzugsbehandlung* mit begleitender *Psychotherapie* (s. S. 302 ff., 304 ff.).
  Zu rechnen ist mit tagelang anhaltenden *Entzugserscheinungen* wie z. B. Tremor, Unruhe, Kollapsneigung, Krampfanfällen, auch deliranten Symptomen (Gabe von Neuroleptika – s. S. 280 ff.).
- Wichtig: bei *Barbituratabhängigkeit* protrahierter Entzug über mehrere Tage empfehlenswert.

Verlauf/Prognose

Abhängig vom Vermögen zu weiterer Abstinenz.

- Wichtig: *ärztliche Verschreibungsdisziplin!*

Analgetikamißbrauch

Beschreibung

Fortlaufende Einnahme von *Schmerzmitteln* mit physischer und psychischer Abhängigkeit.

Ätiologie/Pathogenese

Grundsätzlich wie bei allen Abhängigkeitserkrankungen (s. S. 233ff.).

- Entwicklung des Schmerzmittelmißbrauchs in der Regel aufgrund *chronischer Schmerzzustände.* *Bei Frauen* deutlich häufigeres Vorkommen.

Symptomatologie

- Vor allem bei hochpotenten Analgetika bzw. Mischpräparaten *Euphorisierung* bzw. *Stimulierung, Betriebsamkeit* und *Angeregtheit.* Später eher Neigung zu *Gleichgültigkeit, Müdigkeit* und *Abgestumpftheit.*
- *Körperliche Begleiterscheinungen:* Tremor, Apathie. Nierenschädigung, Kopfschmerz. Agranulozytose, Anämie.

Diagnostik/Differentialdiagnostik

- Diagnosestellung aufgrund obiger *Symptomatik* einschließlich *körperlicher Untersuchung* und *Drogenscreening.*
- Umfassende *Fremd- und Eigenanamnese, Verlaufsbeobachtung.* Differentialdiagnostisch: andersartige *chronische Intoxikationen* (s. S. 243ff).

Therapie

- Stationäre *Entgiftungs- und Entzugsbehandlung* mit *psychotherapeutischer Betreuung* (s. S. 302ff., 304ff.). Als *Entzugserscheinungen* können Schlafstörungen, Tremor, Kreislaufdysregulation, Affektlabilität bzw. Dysphorie und delirante Symptome auftreten, die mit Neuroleptika zu behandeln sind.
- Im übrigen: Ausweichen auf andere Formen der Schmerzbehandlung (z. B. *Entspannungsübungen, neurothymoleptische Behandlung*). Ausnahme: Schmerzzustände im Finalstadium körperlicher Erkrankungen.

Verlauf/Prognose

Abhängig vom Vermögen zu weiterer Abstinenz.

- Wichtig: ärztliche Kontrolle der *Verordnungspraxis!*

Abhängigkeit von Tranquilizern
(ICD-Gruppen 303, 305)

Beschreibung

Fortlaufende Einnahme von *Tranquilizern* mit physischer und psychischer Abhängigkeit.
(Anmerkung: Tranquilizer stellen die am häufigsten mißbräuchlich eingenommenen Medikamente dar!)

Ätiologie/Pathogenese

Grundsätzlich wie bei allen Arten von Abhängigkeitskrankheiten (s. S. 233ff.):

- Entwicklung mißbräuchlicher Anwendung mit Tendenz zu Toleranzerhöhung und Dosissteigerung meist infolge von *Überlastung* und *Überforderung, chronischen Konfliktsituationen,* auch zur Bekämpfung von *Einschlafstörungen.*

Symptomatologie

- *Müdigkeit* bis zur *Benommenheit, Gleichgültigkeit, allgemeine Verlangsamung.*
- *Körperliche Begleiterscheinungen:* Koordinationsstörungen, verwaschene Sprache, Hypotonie, verlangsamte Reaktionsgeschwindigkeit, Muskelerschlaffung.

Tranquilizermißbrauch nicht selten in Verbindung mit Alkoholgenuß bzw. Neigung zu *Polytoxikomanie!*

Diagnostik/Differentialdiagnostik

- Diagnosestellung aus obiger *Querschnittssymptomatik* wie aus *Eigen- und Fremdanamnese* und *Verlaufsbeobachtung.*
- *Körperliche Untersuchung* einschließlich apparativer Diagnostik und *Drogenscreening* (s. S. 20, 57ff.).
- Im *EEG* Tendenz zu frontaler Betawellenaktivität.

Differentialdiagnostisch:

- Ausschluß andersartiger *Intoxikationserkrankungen* (s. S. 243ff.).
- Hirnorganisches *Psychosyndrom* bzw. hirnorganisch begründbare *Psychose* (s. S. 87, 104ff.).

Abhängigkeit von Tranquilizern

Therapie

- Stationäre *Entgiftungs-* und *Entzugsbehandlung* mit begleitender *Psychotherapie* (s. S. 302ff., 304ff.). Regelung der Lebensweise.
- Bei Vorliegen gravierender neurotischer Störungen längerfristig aufdeckende *Einzel-* oder *Gruppentherapie*.
- Ggf. Wechsel auf *Betablocker* oder *schwachpotente Neuroleptika* (s. S. 280ff., 292ff.).

Verlauf/Prognose

Abhängig von weiterer Abstinenz.

- Wichtig: *ärztliche Verschreibungsdisziplin!*

Nikotinsucht
(ICD-Gruppe 305)

Beschreibung

Weltweit verbreitete Abhängigkeit von *Nikotinkonsum* in Form von (Zigaretten-)Rauchen.

Ätiologie/Pathogenese

Vorlaufend jugendliche *Neugier; Kollektiverlebnisse.* Einwirkungen *negativer Vorbilder* in der Familie oder in Gestalt anderer Bezugspersonen.
Unterdrückung von Unlustgefühlen und Spannungszuständen.
Vorkommen in USA und Europa bei 50–60% der Männer und 30–40% der Frauen.

Symptomatologie

- Süchtiges Rauchen als regelmäßiger Konsum von 15–20 Zigaretten täglich und mehr; bei *Abstinenz* Unlustgefühle und Unwohlsein.
- Oft *Kombination* mit Alkohol- oder gesteigertem Kaffeekonsum. Während des Rauchens beruhigender Effekt wie auch subjektive Steigerung von Wachheit und Konzentrationsvermögen.

Diagnostik

Diagnose aufgrund obiger Beschreibung; Raucherhusten. Braunfärbung der Finger. Belästigung anderer durch Tabakrauch.

Therapie

- *Aufklärung* und *Information, Entspannungsübungen, Gesprächstherapie, Hypnose* (s. S. 305 ff., 309 ff.).
  Verhaltenstherapeutische Maßnahmen, z. B in Form von Selbstkontrolltrainings (s. S. 327 ff.).
- Im Einzelfall übergangsweise Verwendung von nikotinhaltigem Kaugummi (z. B. „Nicorette“) mit dem Ziel schrittweiser Reduktion bis zur völligen Abstinenz.

Verlauf/Prognose

- *Spontane* Nikotinabstinenz wird von 10–15% der Raucher erreicht. Bei systematischer *Entwöhnungsbehandlung* Abstinenz bei etwa 25–30%.
- Bei fortlaufendem Nikotinmißbrauch langfristig Belastung der Prognose durch koronare Herzerkrankung, allgemeine Arteriosklerose, Bronchialkarzinom und Fertilitätsstörungen.

Süchtiges Verhalten, psychische Abhängigkeiten

Anmerkungen

Süchtiges Verhalten äußert sich im *unwiderstehlichen Drang* zu Aktivitäten, die individuell Befriedigung verschaffen, jedoch den Betreffenden völlig an eine bestimmte Tätigkeit oder Verhaltensweise binden können. Solcherart nichtstoffgebundene Abhängigkeiten, die sich in einem leidenschaftlichen Tun bis zur Besessenheit widerspiegeln, können prinzipiell bei jedem Handeln vorkommen.

Als bekannteste Verhaltensformen sind zu nennen: Arbeitssüchtigkeit, Spielsüchtigkeit, Stehlsüchtigkeit und Sexualsüchtigkeit, darüber hinaus einige Monomanien wie die Pyromanie oder die Poriomanie. Harmlose Leidenschaften ohne nennenswerte Folgen stellen etwa die Naschsucht oder die Sammelsucht dar.

Süchtiges Verhalten setzt innerhalb der *Persönlichkeit* eine bestimmte „Suchtstruktur" voraus, die jedoch für die verschiedenen süchtigen Verhaltensweisen unterschiedlich akzentuiert ist. Allen gemeinsam scheint das Ziel einer passageren Ichentlastung durch Regression und einem Ausgleich emotionaler Defizite.

Die bei den süchtigen Verhaltensweisen fehlende physische Abhängigkeit nötigt zu einer *Differenzierung zwischen „Sucht" und „süchtigem Verhalten"*, das eher den Charakter einer Leidenschaft trägt.

Im Kontrast zu den stoffgebundenen Süchten gibt es bei den nichtstoffgebundenen Abhängigkeiten keine körperlichen Entzugssymptome, jedoch Zustände von Unruhe, Gereiztheit und Dysphorie wie auch vegetativen Symptomen als Ausdruck innerer Gespanntheit.

Die sexualsüchtigen Triebentartungen sind unter dem Kapitel „Sexuelle Devianz" beschrieben (s. S. 257 ff.). Eßsucht und Magersucht werden demgegenüber wegen der Wechselwirkung mit körperlichen Vorgängen unter dem Kapitel „Psychosomatische Erkrankungen" aufgeführt (s. S. 192 ff.).

Die Schwerpunkte der Therapie liegen wie bei den echten Süchten auf dem konsequenten Entzug des Stimulus und der begleitenden psychotherapeutischen Betreuung.

Spielsucht, Spielleidenschaft
(ICD-Gruppe 312)

Beschreibung

Unkontrolliert bis zwanghaftes, unersättliches *Spielen* an Glücksspielautomaten oder bei anderen Glücksspielen.

Ätiologie/Pathogenese

- *Psychodynamische Hypothesen:* prägenitale Befriedigungswünsche, unbewußte „triumphierende" Außerkraftsetzung der Über-Ich-Kontrolle. Ödipale Fehlentwicklung. Magische Abwehr gegen Depression und innere Leere. Passagere Ichentlastung durch Regression. Traumhafte rauschhafte Befriedigung.
- *Persönlichkeit:* verminderte Frustrationstoleranz und innere Leere. Dispositionell: Stimmungslabilität, Unausgeglichenheit, Reizhunger (s. a. Borderline-Syndrom – S. 231 ff.).
  Insgesamt Zusammenwirken prädispositioneller, psychodynamischer, biographischer und sozioökonomischer Faktoren.

Symptomatologie

Intensives, hochaufmerksames Spielen, das die finanziellen Möglichkeiten schließlich übersteigt.

- Persönlichkeit dabei *gespannt, unruhig.* Denken und Wahrnehmung kreisen um *Spielgerät* bzw. *Spielmittel,* währenddessen Gefühl als „Held".
- *Vernachlässigung* und *Desinteresse* gegenüber anderen Notwendigkeiten des täglichen Lebens; außerhalb des Spielens *Apathie, Passivität* und *Depressivität,* gelegentlich bis zur *Suizidalität.*
  Zerfall persönlicher Bindungen; familiäre Auflösungserscheinungen. Isolation.
  Allmähliches Anhäufen von *Schulden.*

Diagnostik

- Abzuleiten aufgrund obiger Symptomatik. Zusätzlich *Fremd-* und *Eigenanamnese* (s. S. 2 ff., 14 ff.). *Verlaufsbeobachtung.*
- Außerhalb des Spielens: Symptome *reaktiver Depression* (s. S. 179 ff.).

Therapie

- Schwerpunkt auf *verhaltenstherapeutischen Maßnahmen* (Selbstkontrolle, Verhaltensverschreibung, Münzverstärkung, Aversionstherapie) (s. S. 332ff.).
- *Bilderleben, Gestalttherapie, Rollenspiel* (s. S. 314ff., 325ff.).
- Personenzentrierte *Gesprächstherapie* (s. S. 323ff.).
- Anschluß an *Selbsthilfegruppe* (s. S. 373).
- Notfalls *sozialtherapeutische Hilfe* bezüglich beruflicher und finanzieller Schwierigkeiten.

  Obgleich keine stoffgebundene Sucht vorliegt, sind *Abstinenzerscheinungen* möglich in Form von:

  Reizbarkeit, Dysphorie, Bedrücktheit, Unruhe und Umtriebigkeit.
- In diesem Fall *medikamentöse Hilfe* durch Verabreichung eines leichten Antidepressivums oder Neurothymoleptikums in Erwägung zu ziehen (s. S. 280ff.).

Verlauf/Prognose

Falls eine Nachreifung der Persönlichkeit und Umstellung von Interessenlage und Motivation auf andere Lebensziele gelingt, durchaus günstig.

Andererseits Belastung der Prognose durch anwachsende *Schulden* bzw. daraus resultierende *Beschaffungskriminalität*. Gegebenenfalls Einrichtung einer (Vermögens-)Pflegeschaft in Erwägung ziehen (s. S. 269).

Hinweis:

- Zur *Vermeidung von Rückfällen* sollten Spielkasinos, Gaststätten mit Spielautomaten oder sog. Spielotheken konsequent gemieden werden.

Arbeitssüchtigkeit
(ICD-Gruppe 312)

Beschreibung

Anhaltend *besessenes Arbeiten* unter Ausblendung aller Dinge, die damit nicht im Zusammenhang stehen.

Ätiologie/Pathogenese

- *Psychodynamisch:* Wunsch nach Anerkennung bzw. Überkompensation von Selbstunsicherheit, Flucht aus unbefriedigender Lebenssituation, Ablenkung vor innerer Leere, Ehrgeiz.
- *Dispositionell:* Geltungsbedürftigkeit.

Symptomatologie

Täglicher Arbeitsumfang um 10 bis 12 Stunden und mehr bei nur kurzen Pausen.
Auch nach Abschluß einer Aufgabe alsbald Beginn neuer Projekte und Unternehmungen.
Hieraus resultierend: *Vernachlässigung anderer Interessen, Kontaktstörungen, Isolation, familiäre Spannungen, fehlender Freizeitausgleich.*
Die Persönlichkeit ist gekennzeichnet durch Gespanntheit, innere Unruhe oder weitgehende *geistige Abwesenheit.*

Diagnostik/Differentialdiagnostik

- Die Diagnose ist ableitbar aus obiger Symptomatik.
  Wichtig: *fremdanamnestische* Angaben.
- Tiefenpsychologische Aufklärung der *psychodynamischen Hintergründe.* Eventuell *testpsychologische* Persönlichkeitsdiagnostik.
- Differentialdiagnostisch:
  Übergang zur *hyperthymen Persönlichkeit* (s. S. 226ff.) fließend.
  Ausschluß *maniformer Syndrome* (s. S. 101).

Therapie

Aussprache und Aufklärung; Psychohygiene, Milieuwechsel, Aufbau alternativer Tätigkeiten (Hobbies u. ä.), Verhaltenstherapie (Verhaltensverschreibungen), Gruppenpsychotherapie (s. S. 327ff., 342ff.), Familientherapie (s. S. 355ff.).

Verlauf/Prognose

Nicht bekannt.

Stehlsüchtigkeit
(ICD-Gruppe 312)

Beschreibung

Triebhaft anmutendes, von den Patienten oft als zwanghaft geschildertes fortlaufendes *Stehlen* (Synonym: Kleptomanie).

Ätiologie/Pathogenese

- Vorherrschend *konstitutionell* vermehrte Ansprechbarkeit gegenüber Reizen mit Aufforderungscharakter, deren Verlockungen der Betreffende immer wieder erliegt.
  Aber auch: Affektentladung aus emotionaler Frustration und Unbefriedigtheit. Erhöhte Risikobereitschaft; mangelhafte Selbstdisziplin.
  Psychodynamisch: latente Selbstbestrafung?
- *Persönlichkeit* eher weich, haltarm, labil und willensschwach. Frauen häufiger als Männer auffällig.

Symptomatologie

Fortlaufend *Entwendung* von Gegenständen ohne größeren Wert oder solchen, die für den Betreffenden überhaupt nicht brauchbar sind. Meist Diebstähle in Supermärkten bzw. Selbstbedienungsläden.

- Intermittierend *Depressivität und Dysphorie,* auch *Ratlosigkeit.*

Diagnostik/Differentialdiagnostik

Diagnose ableitbar aus obiger Beschreibung. Zusätzlich:

- Umfassende *tiefenpsychologische Abklärung* eventuell psychodynamisch wirksamer Faktoren (*biographische Anamnese* und *Erstinterview* – s. S. 2ff., 14ff.). *Testpsychologische Persönlichkeitsdiagnostik.*

Differentialdiagnostisch auszuschließen:

- *Oligophrenie* (s. S. 105ff.) bzw.
- beginnende *Demenz* mit Verhaltensstörungen (s. S. 87ff., 109ff.),
- *Alkoholrausch* (s. S. 233ff.),
- *Drogenabhängigkeit* mit Beschaffungskriminalität (s. S. 237ff.),
- *Fetischismus* (s. S. 262ff.).

Therapie

Rahmenbedingungen:

- *Abschluß* eventuell laufender *Ermittlungs- bzw Strafverfahren;* Vorliegen verminderter Schuldfähigkeit (s. S. 270ff.) eher Ausnahme, falls Delikte nicht unter Drogen- oder Alkoholeinfluß begangen wurden.

Spezielle Maßnahmen:

- *Aussprache* und *kathartische Affektentlastung* (s. S. 305ff.);
- *katathymes Bilderleben, gestalttherapeutische Übungen* (s. S. 314ff., 325ff.).
- *Verhaltenstherapeutische Maßnahmen* (Selbstkontrolle, Verhaltensverschreibungen – s. S. 327ff.).
- *Rollenspiel, Psychodrama* (s. S. 348ff.).
- Einbeziehung der Familie bzw. *Familientherapie* (s. S. 355ff.).

Hinweis:
Dringend empfehlenswert ist, Einkäufe nur *in Begleitung* von Angehörigen oder anderen vertrauten Personen zu tätigen.

Verlauf/Prognose

Prognose belastet durch häufige Bestrafungen mit zunehmendem Strafmaß durch *hohe Rückfallquote.*

- Bei Begutachtung zur Frage der Schuldfähigkeit Leidensdruck und Therapiemotivation möglichst umfassend eruieren!

Poriomanie
(ICD-Gruppe 312)

Beschreibung

Besonders im Kindes- und Jugendalter zielloses, dranghaftes *Weglaufen* oder *Wegfahren* von zu Hause.

Ätiologie/Pathogenese

- *Psychodynamische Hypothesen:*
  Ausweichversuch vor akutellen oder sich zuspitzenden Konflikten. Affektabfuhr, Reduzierung von Angst vor Sanktionen.
- Kennzeichnend für die *Persönlichkeit:*
  Stimmungslabilität, Reizbarkeit, Überempfindlichkeit, mangelhafte Selbstkontrolle, triebhafte Impulsivität.

Symptomatologie

- Plötzliches *Verlassen* von Wohnung, Schule oder Arbeitsplatz ohne längere Vorbereitung, zunächst auch ohne bestimmtes Ziel.
  Gelegentlich tagelanges ratloses *Umherirren* am Zielort, teils mit Tendenz zur Verwahrlosung.
  Die Patienten (meist Jugendliche) werden häufig durch die Polizei oder andere Ordnungskräfte aufgegriffen.
- *Dauer* des dranghaften Verhaltens meist mehrere Tage, anschließend wieder Rückkehr zu den gewohnten Lebensverhältnissen.

Diagnostik/Differentialdiagnostik

- Diagnose ableitbar aus obiger *Beschreibung.* Versuch *tiefenpsychologischer Abklärung (Erstinterview, umfassende Anamnese, Fremdanamnese)* (s. S. 2ff., 14ff.).
  Differentialdiagnostisch abzugrenzen von:
- *Verhaltensstörungen* anderer Ursache, insbesondere bei Oligophrenie bzw. Hirnschädigung (s. S. 86, 105ff.),
- *maniformen Syndromen* (s. S. 101),
- beginnender *Schizophrenie* (s. S. 153ff.),
- beginnender *Demenz* mit Orientierungsstörungen (s. S. 109ff.).

Therapie

- Nach Rückkehr und Kontaktaufnahme:
stützende *Psychotherapie* (s. S. 305 ff.), *Entspannungsübungen* (s. S. 309 ff.).
Versuch mit *Bilderleben, Rollenspiel* bzw *Psychodrama. Familientherapie* (s. S. 314 ff., 348 ff., 355 ff.).
- Milieuwechsel oft hilfreich.

Verlauf/Prognose

Jenseits des Jugendalters bzw. der Pubertät eher abnehmend; andererseits auch *Verschiebung* in andere dranghafte Handlungsweisen oder *Sublimierung* in Form geplanter oder gezielter Reisen möglich („Fernweh“).

Pyromanie
(ICD-Gruppe 312)

Beschreibung

Zwanghaftes *Brandstiften*. Handlung mit Lustgefühl verbunden.

Ätiologie/Pathogenese

- *Psychodynamisch:* triebhafter Impulsdurchbruch.
- Persönlichkeit gekennzeichnet durch *Stimmungslabilität* und *Schaulust,* aber auch *Willensschwäche, Selbstunsicherheit* und *Schüchternheit.*
  Männer weitaus häufiger auffällig.

Symptomatologie

Serienweise oft geschickt angelegte *Brandstiftungen*. Häufig *Alkoholeinfluß* nachweisbar.

Diagnostik/Differentialdiagnostik

Diagnose ableitbar aufgrund obiger Symptomatik. Ausführliche *amamnestische Abklärung, testpsychologische Persönlichkeitsdiagnostik.*
Differentialdiagnostisch zu überlegen:

- *Oligophrenie* bzw. *hirnorganische Wesensänderung* (s. S. 83, 105ff.),
- *stimmungslabile* Persönlichkeit (s. S. 221);
- aber auch: Racheakt! Gezielter Versicherungsbetrug!

Therapie

Schwerpunktmäßig *erzieherische, verhaltenstherapeutische* Maßnahmen (s. S. 327ff.).

Verlauf/Prognose

- Prognose belastet durch Tendenz zur Wiederholung.
  Im übrigen: *strafrechtliche Konsequenzen* bzw. entsprechende Sanktionen.
  In Verbindung hiermit wird oft Frage nach der verminderten *Schuldfähigkeit* aufgeworfen (s. S. 270).

Anmerkungen

Sexuelle Devianz stellt den Überbegriff dar über die verschiedenen *Varianten sexueller Erlebnis- und Verhaltensweisen,* soweit sie als pathologisch anzusehen sind. Synonym werden auch die Begriffe „Perversion“ oder „Parasexualität“ verwendet.
Die funktionellen sexuellen Störungen wie Impotenz und Frigidität dürfen hier nicht subsumiert werden; sie werden im Kap. „Psychosomatische Erkrankungen“ (s. S. 189ff.) beschrieben.
Ein Hauptmerkmal sexueller Triebentartung stellt die „abnorme“ Sexualpraktik dar bzw. die Abweichung in der Art und/oder Triebrichtung der sexuellen Betätigung mit meist zwanghaft-süchtigem Charakter; die strukturelle Verwandtschaft zu süchtigem Verhalten (s. S. 248) ist nicht zu übersehen. Die besondere Art der pathologischen sexuellen Triebbefriedigung wird zum beherrschenden Verhaltensmuster.
In Anbetracht der zahlreichen Spielarten sexuellen Verhaltens gibt es zwar keine scharfe Grenze zwischen Normalverhalten und Triebentartung, Sexualität ist individuell und wird von den jeweiligen gegenseitigen Übereinkünften der Sexualpartner bestimmt. Dessenungeachtet werden Pädophilie, Exhibitionismus, Fetischismus, Transvestismus und die seltene Nekrophilie als sexuell-deviantes Verhalten bezeichnet.
Nicht geklärt ist, inwieweit *konstitutionelle Faktoren* pathogenetisch Bedeutung haben. Unzweifelhaft erscheint jedoch, daß schwerwiegende frühe *Sozialisationsstörungen* eine verursachende Rolle spielen. Insbesondere sind dies: das Fehlen stabiler Bezugspersonen und eine negativ besetzte Vaterfigur bei überprotektiv einengender Mutter.
Psychodynamische Hypothesen heben ab auf die Befriedigung von Partialtriebwünschen im Dienst der Abwehr von Kastrations- und Selbstverlustängsten. Aus *lerntheoretischer* Sicht wird die Wirksamkeit der klassischen Konditionierung hervorgehoben, welche die bei den Betroffenen fast immer seit der Pubertät bestehenden devianten Phantasien verstärkt.
Therapeutische Hilfe erscheint nur lohnenswert, wenn ein erkennbarer Leidensdruck vorliegt und der Patient echt motiviert ist.
Überwiegend werden verhaltenstherapeutische Methoden eingesetzt, gelegentlich in Kombination mit triebdämpfenden Medikamenten.

Pädophilie
(ICD-Gruppe 302)

Beschreibung

Neigung zu *sexueller Betätigung* mit *Kindern* (Synonym: Päderastie).
Laut § 176 StGB liegt die Schutzaltersgrenze bei 14 Jahren.

Ätiologie/Pathogenese

Diese Störung der psychosexuellen Entwicklung wird zurückgeführt auf die nicht entwickelte Fähigkeit zu adäquaten sexuellen Beziehungen aufgrund *Selbstunsicherheit* und *Minderwertigkeitsgefühl,* aber auch als Handlungsweise *unreifer, narzißtischer Personen* erklärt.

- *Psychodynamisch* wird die situationsbedingte Ausweichhandlung bei besonderem Triebdruck („Gelegenheitshandlung") hervorgehoben.
- Hiervon unabhängig gibt es auch *alterspädophile Handlungen* mangels Gelegenheit zu anderer sexueller Betätigung (Einzelheiten siehe Lehrbücher der Sexualpathologie).

Symptomatologie

- Bei den betroffenen Personen handelt es sich in der Regel um *scheue* und *selbstunsichere, kontaktschwache Charaktere,* nicht selten mit leichter *geistiger Behinderung.* Die Annäherung an Kinder beiderlei Geschlechts erfolgt eher zaghaft, kaum je in aggressiver Art.
- Gelegentlich ist eine Tendenz zur *Promiskuität* zu beobachten.

Diagnostik/Differentialdiagnostik

Die Diagnose ergibt sich aufgrund ausführlicher *Anamneseerhebung* (s. S. 14ff.).
Differentialdiagnostisch ist in der Hauptsache das Vorliegen einer *Oligophrenie* auszuschließen (s. S. 86, 105ff.).

Therapie

Bei echter Motivation:

- *Verhaltenstherapeutische Maßnahmen* zur Selbstkontrolle (s. S. 327ff.).
- *Gruppentherapie* zur Stärkung von Selbstsicherheit und Kontaktverhalten (s. S. 332ff.).
- Im Einzelfall zusätzlich *medikamentöse* Triebhemmung durch Einsatz von Cyproteronacetat („Androcur") in Erwägung zu ziehen (s. S. 294).

Verlauf/Prognose

- Prognose *unsicher;* entsprechende Angaben zur Erfolgsquote unter kombinierter Behandlung schwanken zwischen 30 und 70%. Andererseits Entwicklung in Richtung einer manifesten Homosexualität möglich.
- Hiervon unabhängig *Komplikationen* durch Strafverfolgung; bei Vorliegen einer Oligophrenie oder Demenz kann sich die Frage nach dem Vorliegen verminderter *Schuldfähigkeit* ergeben (s. S. 270ff.).

Sexuelle Devianz:
Exhibitionismus
(ICD-Gruppe 302)

Beschreibung

Sexuelle Befriedigung durch Entblößung und *demonstratives Vorzeigen* der *(männlichen) Genitalien* vor Frauen oder Kindern, meist an sichtgeschützten Straßenecken, Einfahrten, Hausfluren u. ä.

Ätiologie/Pathogenese

Exhibitionisten sind überwiegend *scheue und selbstunsichere, kontaktschwache Personen.*
Die Entblößung ist Ausdruck eines dranghaften Sichzeigens.

- *Psychodynamisch* wird es als Verselbständigung eines sexuellen Partialtriebes erklärt.
- Ableitung auch aus tiefer Unsicherheit und/oder sexueller Demütigung mit nachfolgenden aggressiven Impulsen (Einzelheiten siehe Lehrbücher der Sexualpathologie).
  Sehr selten bei *Frauen* (z. B. als Entblößen der Brust) vorkommend.

Symptomatologie

- Überraschendes Entblößen des (erigierten) männlichen Genitales durch Öffnen oder Zurückschlagen der Kleidung.
  Zwar gelegentlich mit Masturbation verbunden, jedoch ohne Zudringlichkeit oder sexuelle Aggressivität;
- Körperkontakt mit anderen Personen wird dabei nicht angestrebt.

Diagnostik/Differentialdiagnostik

Diagnose aus obiger *Querschnittssymptomatik* ableitbar.
Im übrigen ausführliche *Eigen- und Fremdanamnese* (s. S. 14ff., 18ff.).
Differentialdiagnostisch auszuschließen:

- *Oligophrenie* (s. S. 86, 105ff.),
- Verhaltensstörungen bei *Demenz* (s. S. 88, 109ff.),
- Depravation bei *chronischem Alkoholismus* (s. S. 233ff.).

Therapie

- Versuch mit *Fokaltherapie* bzw. *analytischer Kurztherapie* (s. S. 316ff.);
- auch Kombination mit *verhaltenstherapeutischen Maßnahmen* (z. B. Selbstkontrollmethoden – s. S. 327ff.).
- In Erwägung zu ziehen auch *medikamentöse Behandlung* mit Cyproteronacetat („Androcur“ – s. S. 294).

Verlauf/Prognose

- Unter adäquater Behandlung laut Angaben in 80% der Fälle Ausbleiben von Rückfällen.
- Im übrigen Komplikationen im Verlauf durch *Strafverfolgung* (allerdings nur auf Antrag sich geschädigt fühlender Personen).
- Bei Oligophrenie bzw. hirnorganischen Störungen kann die Frage nach der *Schuldfähigkeit* bzw. *verminderten Schuldfähigkeit* aufgeworfen werden (s. S. 270ff.).

Fetischismus
(ICD-Gruppe 302)

Beschreibung

Sexuelle Befriedigung durch Anblick oder Berührung von Gegenständen, insbesondere *Kleidungsstücken* des *anderen Geschlechts.*

Ätiologie/Pathogenese

Überwiegend *selbstunsichere, scheue Personen,* die teilweise auch andersartig deviantes Verhalten zeigen.

- *Psychodynamisch:* Fixation früherer Sexualerlebnisse an Umstände, die jene begleiteten. Ersatz des Sexualpartners durch das fetischistische Symbol, d. h. Fetisch dient als Ersatz des ersehnten primären Liebesobjekts.
- *Vorkommen* nur bei Männern (siehe Lehrbücher der Sexualpathologie). *Beginn* meist während der Adoleszenz.

Symptomatologie

- Sammeln, insbesondere durch Stehlen von *Kleidungs- und Wäschestücken* andersgeschlechtlicher Personen zur *sexuellen Erregung* und *Masturbation.*
- Beim Sexualverkehr Erregung durch Präsenz des Fetisch.

Diagnostik/Differentialdiagnostik

- Diagnose ableitbar aus obiger *Symptomatik.* Zusätzlich ausführliche *Anamnese* und *Verlaufsbeobachtung* (s. S. 14 ff.).
- Differentialdiagnostisch *Oligophrenie* ausschließen (s. S. 86, 105 ff.).

Therapie

- Bei echtem Leidensdruck aufdeckende *Psychotherapie* (s. S. 316 ff.), gegebenenfalls in Kombination mit *verhaltenstherapeutischen Maßnahmen* (s. S. 327 ff.).
- Dämpfung der sexuellen Appetenz durch *medikamentöse* Antiandrogenbehandlung mit Cyproteronacetat („Androcur" – S. 294).

Verlauf/Prognose

Bei konsequenter Behandlung trotz Rezidiven nicht ungünstige Prognose.

Beschreibung

Sexuelle Erregung und Befriedigung durch Tragen von *Kleidungsstücken* des *anderen Geschlechts*.

Ätiologie/Pathogenese

- Aus *psychodynamischer* Sicht Verkleidung als Erleben der Illusion von Doppelsexualität. Verbliebene Trennungsangst aus Individuationsphase.
  Aber auch: Unzufriedenheit über die eigene Geschlechtszugehörigkeit.
  Verwandtschaft zur Transsexualität; hier noch deutlicher konstitutionelle Faktoren.
- *Vorkommen* überwiegend bei Männern (Einzelheiten siehe Lehrbücher der Sexualpathologie). *Beginn* in der Adoleszenz.

Symptomatologie

Lustgewinn aus *Anziehen weiblicher Kleidung* oder Benutzung *weiblicher Toilettenartikel.* Betrachten vor dem Spiegel, gelegentlich verbunden mit Masturbation.

Diagnostik/Differentialdiagnostik

- Ausführliche *sexualmedizinische Untersuchung* einschließlich Chromosomenanalyse.
- Ferner: Umfassende *Eigen-* und *Fremdanamnese. Verlaufsbeobachtung* (s. S. 14ff.),
- Differentialdiagnostisch:
  Oligophrenie (s. S. 105ff.) wie auch *psychotisches Defektsyndrom* (s. S. 161ff.) auszuschließen.

Therapie

- Versuch *aufdeckender Psychotherapie* (s. S. 316ff.), auch in Form einer *Partnertherapie*.
- Medikamentöse Antiandrogenbehandlung *erfolglos!*

Verlauf/Prognose

Neigung zur *Chronifizierung*.

Anmerkungen

Der psychiatrische Sachverständige nimmt in zivil- wie strafrechtlichen Verfahren eine zentrale Stelle ein. Seine Aufgabe besteht darin, dem Gericht die erforderliche Sachkunde zu vermitteln. Er hat der Benennung persönlich Folge zu leisten und kann sich nicht auf das Schweigerecht berufen, allerdings wegen Befangenheit abgelehnt werden.

Eine Reihe psychischer Erkrankungen, bei denen keine oder nur eine verminderte Krankheitseinsicht besteht, kann mit *Selbst-* oder *Fremdgefährdung für Leib und Leben* einhergehen. In diesen Fällen kann es notwendig werden, über Zwangsmaßnahmen den betreffenden Patienten einer Therapie zuzuführen, falls dieser sich nicht freiwillig in Behandlung gibt. Die rechtlichen Besonderheiten der iatrogenen „Freiheitsberaubung" sind in den *Unterbringungsgesetzen* der einzelnen Bundesländer und in den Gesetzen zur *Entmündigung* und *Pflegschaft* geregelt.

Ebenso gibt es psychische Störungen, in deren Gefolge der Patient strafrechtlich in Erscheinung treten kann. In diesen Fällen kann er nicht wie ein Gesunder beurteilt, verurteilt und bestraft werden. Es ist vielmehr zu klären, ob die betreffende Erkrankung zu gravierenden Beeinträchtigungen der *Schuldfähigkeit* geführt hat. Falls die strafrechtliche Verantwortlichkeit krankheitsbedingt nicht gegeben ist, wird möglicherweise zu überlegen sein, ob eine Weiterbehandlung in einer psychiatrischen Einrichtung erfolgen muß.

Im Zivilrecht können sich Fragen nach der *Geschäfts-* und *Testierfähigkeit* bei Vertragsabschlüssen u. ä. ergeben, wenn krankheitsbedingte psychische Ausfallserscheinungen wahrscheinlich zu machen sind.

Schließlich kann der Psychiater herangezogen werden zur Beurteilung der *Prozeß- und/oder Verhandlungsfähigkeit* eines Angeklagten, der psychisch krank erscheint. In ähnlicher Weise können sich Fragen zur *Fahrtauglichkeit* bei Vorliegen einer psychischen Erkrankung ergeben.

Die wichtigsten psychiatrisch-forensisch relevanten Gegenstände werden im folgenden stichwortartig dargestellt.

Beschreibung

Die *Unterbringung* psychisch Kranker in einem entsprechenden Krankenhaus gegen deren Willen ist gesetzlich geregelt, wobei die entsprechenden Verfügungen der einzelnen Bundesländer geringfügig voneinander abweichen.

- Wenn der Patient nicht von der Notwendigkeit der Behandlung zu überzeugen ist, aufgrund seiner psychischen Erkrankung andererseits nicht einzusehen vermag, daß er sich selbst oder andere gefährdet, kann eine stationäre Einweisung nach den Regeln der Landesunterbringungsgesetze herbeigeführt werden.

Anwendung

In der Regel wird über die zuständige *Ordnungsbehörde* die Zwangsunterbringung beim Amtsgericht beantragt, wobei meist bis zum Ablauf des folgenden Tages die *richterliche Entscheidung* erfolgen muß, wenn die Entlassung des Patienten nicht vertretbar erscheint.

- Zu unterscheiden: die *sofortige Unterbringung* kann bei entsprechendem ärztlichen Zeugnis auch ohne vorherige gerichtliche Entscheidung durch die Ordnungsbehörde herbeigeführt werden; diese ist aber unverzüglich nachträglich einzuholen.
- Die *einstweilige Unterbringung* wird vom Gericht bis zu einer Dauer von zwei Monaten angeordnet, wenn die Voraussetzungen vorliegen; nach Anhörung eines Sachverständigen kann die Unterbringungsdauer auf drei Monate ausgedehnt werden.
  Wird die Unterbringung nicht aufgehoben, muß ein entsprechendes *fachärztliches Gutachten* vorgelegt werden, an dem das Gericht sich orientieren kann. Der Richter sollte den Patienten persönlich anhören. In den meisten Bundesländern wird ein Rechtsanwalt beigeordnet. Dieser hat zugleich die Funktion eines Pflegers, wenn eine Verständigung mit dem Patienten nicht möglich ist.
- Unterbringungsbeschlüsse werden vorrangig bei *akuten endogenen, organischen* und *symptomatischen Psychosen* wie auch bei *schwereren Suchterkrankungen* notwendig, wenn Selbst- und Fremdgefährdung bzw. eine aktuelle Gefahr für die öffentliche Sicherheit und Ordnung erkennbar werden. Eine bloße Verwahrlosung eines psychisch Kranken stellt noch keine solche Gefahr dar; eine Alternative besteht dann in einer Entmündigung.
  (Hinweis: Steht der Erkrankte unter Vormundschaft oder Pflegschaft, sind seine gesetzlichen Vertreter einzubeziehen, sofern sie nicht selber die Unterbringung betrieben haben.)

Folgerungen

Der Patient wird gegen seinen Willen oder im Zustand der Willenlosigkeit auf einer *geschlossenen Station* untergebracht, unverzüglich untersucht und behandelt.
Allerdings sollte von Anfang an beharrlich versucht werden, ihn zu einem *freiwilligen Verbleiben* zu bewegen (durch schriftliche Freiwilligkeitserklärung zu bestätigen).

- Über die Fortdauer der Unterbringung entscheidet das zuständige Gericht, gestützt auf ein entsprechendes fachärztliches Gutachten. Die Verlängerung der Unterbringung ist jeweils limitiert; sie liegt in der Regel zwischen *einigen Wochen und Monaten.*
- Über eine Unterbringung nach § 63 StGB (stationäre psychiatrische Behandlung statt Bestrafung im Fall aufgehobener oder verminderter Schuldfähigkeit – s. S. 270ff.) befindet nach Anhörung eines *psychiatrischen Sachverständigen* ebenfalls das Gericht.

Anmerkungen:
Während der Unterbringung sind ärztliche Zwangsmaßnahmen gegen den Willen des Betroffenen zur Heilung und Gefahrenabwehr erlaubt, insbesondere die *körperliche Untersuchung,* Maßnahmen zur *Ernährung* und *gesundheitlichen Betreuung,* Verabreichen von *Sedativa* und die mechanische *Fixierung*.

Beschreibung

Laut § 6 (1) BGB kann entmündigt werden, wer infolge von *„Geisteskrankheit"* oder *„Geistesschwäche"* seine Angelegenheiten nicht zu besorgen vermag, wer durch *Verschwendung* sich oder seine Familie der Gefahr des Notstandes aussetzt und wer infolge von *Trunksucht* seine Angelegenheiten nicht zu besorgen vermag oder sich oder seine Familie der Gefahr des Notstandes aussetzt oder die Sicherheit anderer gefährdet.

Anwendung

Die Verfahrensvorschriften zur Entmündigung regelt die Zivilprozeßordnung (ZPO), der zufolge nach § 645 eine Vormundschaft auf *Antrag und durch Beschluß des zuständigen Amtsgerichts* errichtet wird, wobei die nächsten Verwandten antragsberechtigt sind (§ 646 ZPO).

Dem Beschluß des Amtsgerichts muß die Anhörung eines psychiatrischen Sachverständigen vorausgehen. Ist die Entmündigung verfügt, wird ein *Vormund* bestellt, der die Angelegenheiten des Patienten regelt.

- Eine *vorläufige Vormundschaft* nach § 1906 BGB kann eingerichtet werden, wenn im Interesse des zu entmündigenden Patienten eine rasche Regelung herbeigeführt werden muß. Ein psychiatrisches Gutachten ist nicht notwendig, lediglich ein ärztliches Attest. Die vorläufige Vormundschaft impliziert *beschränkte Geschäftsfähigkeit.*
- Eine Entmündigung wegen „Geisteskrankheit" ist gleichbedeutend mit *voller Geschäftsunfähigkeit* bzw. einer zivilrechtlichen Gleichstellung mit einem Kind unter sieben Jahren.
- Eine Entmündigung wegen „Geistesschwäche" bedeutet *beschränkte Geschäftsfähigkeit,* d. h. zivilrechtliche Gleichstellung mit einem Minderjährigen bis zum 18. Lebensjahr. Hierunter fallen die psychisch weniger ausgeprägten Störungen bzw. alle leichteren Geisteskrankheiten.
- Verfahren zur Entmündigung werden in der Regel eingeleitet bei schwereren *endogenen* und *exogenen Psychosen* sowie *chronischer Sucht,* wenn Verwahrlosung mit Selbstgefährdung droht und die Sicherheit anderer gefährdet ist.

Folgerungen

Der Vormund kann die persönlichen Angelegenheiten des Entmündigten regeln, wie auf S. 267 dargestellt. Hierunter fällt auch die Möglichkeit, den Patienten gegen seinen Willen in eine geschlossene psychiatrische Abteilung zum Zweck der Behandlung einweisen zu lassen.

- Die Entmündigung muß wieder *aufgehoben* werden, wenn der Grund hierzu wegfällt; sie erfolgt auf Antrag (§ 6 BGB).
- Wichtig: Immer ist zu prüfen, ob im Zweifelsfall nicht die Einrichtung einer *Pflegschaft* (s. S. 269) ausreicht, da die Entmündigung als schwerer und demütigender Eingriff in die natürlichen individuellen Rechte empfunden wird.

Anmerkung:
Die gerichtliche Entscheidung über die Entmündigung wird im *Bundeszentralregister* eingetragen (§ 9 Bundeszentralregistergesetz)!

Beschreibung

Nach § 1910 (2) BGB kann ein Volljähriger, der nicht unter Vormundschaft steht, aber infolge *geistiger oder körperlicher Gebrechen* einzelne oder nur einen bestimmten Umfang seiner Angelegenheiten nicht besorgen kann, für diese einen Pfleger erhalten („Gebrechlichkeitspflegschaft").

Anwendung

Die Pflegschaft darf nur *mit Einwilligung* des Pflegebefohlenen angeordnet werden (§ 1910 [3]). Wenn eine Verständigung mit dem Betreffenden nicht möglich ist, kann die Pflegschaft auch ohne dessen Zustimmung beantragt werden. Vorzulegen ist ein *Pflegschaftsattest,* in dem dieser Zustand bescheinigt werden muß.

- Die Errichtung einer Pflegschaft kommt in Frage bei leichter bis mittelschwerer *Demenz,* bei *Oligophrenie,* evtl. auch bei *chronischen Psychosen* mit gröberen Persönlichkeitsveränderungen.
Schwerere psychische Erkrankungen erfordern notfalls die Errichtung einer Vormundschaft (s. S. 267).

Folgerungen

- Die Pflegschaft umfaßt meist einzelne *Pflichtbereiche,* wie z. B. Vermögensangelegenheiten, Gerichtsverfahren, ärztliche Behandlungen (hier: „Behandlungspflegschaft").
Die Pflegschaft ist nach § 1919 BGB vom Vormundschaftsgericht aufzuheben, wenn der Grund für die Anordnung weggefallen ist bzw. wenn der Pflegebefohlene die Aufhebung beantragt (§ 1920 BGB).

Beschreibung

Von Schuldunfähigkeit nach § 20 StGB wird gesprochen, wenn der Täter wegen einer *krankhaften seelischen Störung,* einer *tiefgreifenden Bewußtseinsstörung* oder wegen *Schwachsinns* oder einer *anderen seelischen Abartigkeit* unfähig war, das Unrecht der Tat einzusehen und nach dieser Einsicht zu handeln.

Anwendung

Die psychopathologischen Parameter, die es zu erfassen und zu beurteilen gilt, sind die *Einsichtsfähigkeit* (intellektueller Faktor) und die *Steuerungsfähigkeit* zur *Tatzeit* (voluntativer Faktor).
Abzuklären sind insbesondere: Persönlichkeit und Erkrankung, körperlicher Status, äußere Einflüsse, Entwicklung zu und Verhalten unmittelbar vor, während und nach der Tat.

- Akute *endogene und exogene Psychosen* können mit Schuldunfähigkeit einhergehen („krankhafte seelische Störung“).
- Unter „tiefgreifender Bewußtseinsstörung“ werden – abweichend von der psychiatrischen Terminologie – *affektive Ausnahmezustände* subsumiert wie Explosiv- oder Impulshandlungen aufgrund massiver affektiver Belastung, aber auch Folgen von Erschöpfungs- und Übermüdungszuständen.
- Bei erheblicherem *Schwachsinn* kann der Täter exkulpiert werden, wenn ihm bei Begehung der Tat die Einsicht fehlte, Unrecht zu tun („Verbotsirrtum“ nach § 17 StGB).
- Unter „schweren seelischen Abartigkeiten“ werden erhebliche *Persönlichkeitsstörungen* bzw. Charakterneurosen verstanden, darüber hinaus auch *Triebabnormitäten* und schwere *Triebabweichungen.*

Folgerungen

- Wird aufgrund einer psychiatrischen Erkrankung Schuldunfähigkeit festgestellt, kann der Täter nicht bestraft werden.
  Es stellt sich allerdings die Frage nach Maßregeln der *Besserung und Sicherung* gem. § 63 oder § 64 StGB (s. S. 272ff.), wenn die psychische Störung längerdauernd besteht.

Beschreibung

Verminderte Schuldfähigkeit im Sinne des § 21 StGB liegt vor, wenn die Fähigkeit des Täters, das Unrecht der Tat einzusehen und nach dieser Einsicht zu handeln, wegen einer *krankhaften seelischen Störung,* einer *tiefgreifenden Bewußtseinsstörung,* wegen *Schwachsinns* oder einer *anderen seelischen Abartigkeit* erheblich vermindert war.
(Zu unterscheiden vom zivilrechtlichen Begriff „Deliktfähigkeit"! – §§ 827 und 828 [2] BGB.)

Anwendung

- Im Prinzip bei allen auf S. 270 genannten Erkrankungen, am ehesten bei den tiefgreifenden Bewußtseinsstörungen oder bei Schwachsinn. Zu berücksichtigen sind auch Einflüsse von *Alkohol* oder anderen *psychotropen Substanzen.*
Auch hier gelten als Beurteilungsparameter die Einsichts- und/oder *Steuerungsfähigkeit* zur *Tatzeit.*

Folgerungen

Möglicherweise eine Minderung des Stafmaßes (nach Ermessen des Gerichtes).

- Wichtig: Die Schuldfähigkeit muß *erheblich* gemindert sein! (Schuldunfähigkeit s. S. 270)
Hinweis: bei *Maßregel der Sicherung und Besserung* (z. B. Unterbringung in einem psychiatrischen Krankenhaus – s. S. 272ff.) müssen die Voraussetzungen des § 21 StGB *sicher* festgestellt sein; es genügt nicht die bloße Wahrscheinlichkeit!

Unterbringung in psychiatrischer Anstalt

Beschreibung

Nach § 63 StGB kann jemand in einem *psychiatrischen Krankenhaus* gegen seinen Willen untergebracht werden, wenn er eine rechtswidrige Tat im Zustand der Schuldunfähigkeit oder gesichert erheblich verminderten Schuldfähigkeit begangen hat und wenn weitere erhebliche rechtswidrige Taten zu erwarten sind (s. S. 270ff.).

Anwendung

- Die Anwendung des § 63 StGB kommt vor allem in Frage bei *chronischen Psychosen, Suchterkrankungen* und anderen *schweren seelischen Abartigkeiten* bei gleichzeitiger *Allgemeingefährlichkeit.*

Folgerungen

- Der Täter wird auf unbestimmte Zeit in einer geeigneten psychiatrischen Klinik untergebracht. Nch § 136 StVollzG richtet sich die *Behandlung* nach ärztlichen Gesichtspunkten.
  Auf Antrag des Untergebrachten, mindestens jedoch jährlich, ist eine Entscheidung über die *weiteren Unterbringungsvoraussetzungen* herbeizuführen. Die *Entlassung* erfolgt, sobald zu erwarten ist, daß außerhalb des Maßregelvollzugs weitere rechtswidrige Taten nicht mehr begangen werden.
- Aus psychiatrischer Sicht ist die Maßregel nach § 63 StGB *wenig erfolgversprechend,* wenn keine psychische Erkrankung im engeren Sinne (z. B. Psychose) vorliegt.

Beschreibung

Nach § 64 StGB kann jemand in eine *Entziehungsanstalt* verbracht werden, der aufgrund seines Hanges zu Trunk- oder Rauschmittelsucht rechtswidrige Taten begangen hat und wenn die Gefahr besteht, daß er infolge seiner Sucht weitere rechtswidrige Taten begehen wird.

Anwendung

- Im allgemeinen Anwendung des § 64 StGB bei delinquenten, chronisch *trunksüchtigen* oder *rauschmittelabhängigen Tätern*, insbesondere Abhängigen von harten Drogen (Drogenkriminalität) und Alkoholismus. Zwischen Sucht und den Straftaten muß allerdings ein unmittelbarer Zusammenhang bestehen.
- Die Unterbringung in einer Entziehungsanstalt darf *zwei Jahre* nicht überschreiten; sie unterbleibt, wenn eine Entziehungskur von vornherein aussichtslos erscheint.

Folgerungen

- Die Unterbringung kann maximal zwei Jahre bei gleichzeitiger Entziehungs- und Entwöhnungsbehandlung dauern. Vor Ablauf der Frist kann das Gericht die Unterbringung zur Bewährung aussetzen.
  Ist die Unterbringung zur Entziehung mindestens ein Jahr vollzogen worden, kann das Gericht nachträglich die Beendigung bestimmen, wenn der beabsichtigte Zweck nicht erreicht wurde (§ 67 [d] StGB).
- Hinweis: die Anwendung des § 64 StGB ist unabhängig vom eventuellen Vorliegen einer *Einschränkung der Schuldfähigkeit* (s. a. S. 270ff.).

Sexualdelinquenz

Beschreibung

Laut § 174 StGB wird *sexueller Mißbrauch von Schutzbefohlenen* (z. B. Auszubildenden, Patienten, Gefangenen u. ä.) mit Geld- oder Freiheitsstrafe bis zu 5 Jahren geahndet. Ebenfalls unter Strafe gestellt ist pädophiles Verhalten (§ 176 StGB); Geld- oder Haftstrafe bis zu 10 Jahren.

- Bei *Exhibitionismus* kommt es zur Strafverfolgung nur bei Belästigungen durch sexuelle Handlungen bzw. auf Antrag (§ 183 StGB); Geld- oder Haftstrafe bis zu einem Jahr.

Anwendung

- Vorkommen bei sexueller *Triebentartung,* vor allem in Kombination mit *Schwachsinn* (s. S. 86, 257 ff.).
  Hier stellt sich häufig die Frage nach der *Schuldfähigkeit* (s. S. 270 ff.).

Folgerungen

Geld- oder Freiheitsstrafe wie oben oder Einweisung in eine psychiatrische Klinik.

Beschreibung

Nach § 69 StGB kann die *Fahrerlaubnis* entzogen werden, wenn sich ergibt, daß jemand wegen einer rechtswidrigen Tat, die er bei oder in Zusammenhang mit dem Führen eines Kraftfahrzeuges begangen hat, verurteilt oder deswegen nicht verurteilt wird, weil er schuldunfähig ist.
Hierzu gehört auch Trunkenheit im Verkehr (§ 24a StVG).

Anwendung

- Bei *Alkoholismus* oder *anderen psychischen Erkrankungen* nach vorhergehender Begutachtung.

Folgerungen

Entziehung des Führerscheines mit richterlich festgelegter *Sperrfrist.* Danach kann die Neuerteilung beantragt werden.

- Wichtig: besondere Verantwortung des Arztes bei Vorliegen einer psychischen Erkrankung (Risikoeinschätzung, Aufklärung und Beratung des Patienten, Beaufsichtigung)!
- Bei *Begutachtung* Orientierung an der Gesamtpersönlichkeit und an deren psychophysischer und emotionaler Leistungsfähigkeit und Belastbarkeit.

Geschäftsunfähigkeit

Beschreibung

Gemäß § 104 BGB ist geschäftsunfähig, wer sich in einem die freie Willensbestimmung ausschließenden Zustand *krankhafter Störung der Geistestätigkeit* befindet, sofern nicht der Zustand seiner Natur nach ein vorübergehender ist (2), sowie wer wegen *Geisteskrankheit entmündigt* ist (3) – s. S. 267ff.

Anwendung

Die Geschäftsunfähigkeit muß positiv erwiesen sein; es sollten strenge Maßstäbe angelegt werden. Das Vorliegen einer freien Willensbestimmung muß zweifelsfrei ausgeschlossen sein (Beweispflicht!).

- Die Frage nach der Geschäftsunfähigkeit stellt sich im besonderen bei deutlicheren *hirnorganischen Psychosyndromen* bzw. *schwerer Demenz* oder Oligophrenie wie auch bei spürbaren *Persönlichkeitsveränderungen* nach durchgemachter Psychose.
  Zur Beurteilung entscheidend ist aber weniger die Art der Erkrankung als vielmehr deren *Schwere, Form* und *Verlauf*.

Folgerungen

Wird die (nicht vorübergehende) krankhafte Störung der Geistestätigkeit festgestellt, sind getätigte Geschäfte bzw. Willenserklärungen nichtig.

- Achtung: bei *Entmündigung wegen „Geisteskrankheit"* zivilrechtliche Gleichstellung mit einem Kind bis zum 7. Lj., bei *Entmündigung wegen „Geistesschwäche"* beschränkte Geschäftsfähigkeit und Gleichstellung mit einem Jugendlichen bis zum 18. Lj.!
  Beschränkte Geschäftsfähigkeit liegt auch vor bei vorläufiger Vormundschaft sowie bei Personen, die wegen Verschwendung, Trunksucht oder Rauschgiftsucht entmündigt sind (§ 114 BGB – s. a. S. 267).

Beschreibung

Laut § 2229 BGB (4) kann jemand ein Testament nicht errichten, wenn er wegen *krankhafter Störung der Geistestätigkeit,* wegen *Geistesschwäche* oder wegen *Bewußtseinsstörung* nicht in der Lage ist, die Bedeutung einer von ihm abgegebenen Willenserklärung einzusehen und nach dieser Einsicht zu handeln oder wer *entmündigt* ist (§ 2229 [3] – s. S. 267 ff.).

Anwendung

- Die Testierunfähigkeit ist zu überprüfen bei *schweren hirnorganischen Psychosyndromen* bzw. *Demenz,* auch bei passageren *Bewußtseinstrübungen* infolge schwerer Beeinträchtigungen der Hirnfunktion.
- Die Testierunfähigkeit muß positiv bewiesen sein; die Wahrscheinlichkeit ist nicht ausreichend.

Folgerungen

Abgegebene oder angeregte testamentarische Bestimmungen bei Vorliegen von Testierunfähigkeit sind nichtig.
Wichtig: Testierfähigkeit liegt vor bei vorläufiger Vormundschaft, d. h. Gleichstellung mit Personen, die das 16. Lebensjahr erreicht haben (s. S. 267 ff.)!

Prozeßunfähigkeit

Beschreibung

Die Prozeßfähigkeit ist geregelt in § 51 der ZPO; sie stellt einen *Spezialfall der Geschäftsfähigkeit* dar (s. S. 276).

Anwendung

- Prozeßunfähigkeit liegt vor bei gravierender Beeinträchtigung der Willens-, Einsichts- und Urteilskraft. Zugrundeliegende Erkrankungen: *akute Psychosyndrome, Rauschzustände, akute Psychosen.*
- Prozeßunfähigkeit ist auch gegeben bei Vorliegen einer *Entmündigung* wegen Geisteskrankheit (s. S. 276ff.) (Ausnahme: Anfechtungsklage des Patienten bei Entmündigungsverfahren).

Folgerungen

Bei Vorliegen von Prozeßunfähigkeit Vertretung durch einen *Pfleger* (§§ 53, 57, ZPO).

- Achtung: zu unterscheiden von *Verhandlungsunfähigkeit*, zu deren Beurteilung strengere Maßstäbe anzulegen sind!
Eine Prozeßunfähigkeit ist anzunehmen bei schweren körperlichen und/oder psychischen Mängeln und Krankheiten mit gravierendem psychopathologischem Befund; sie bezieht sich lediglich auf die *Hauptverhandlung*.

Verhandlungsunfähigkeit

Beschreibung

- Unfähigkeit, in Verbindung mit einem *gerichtlichen Verfahren* die eigenen Interessen vernünftig wahrzunehmen bzw. die Verteidigung in verständiger und verständlicher Weise zu führen.

Anwendung

- Verhandlungsunfähigkeit kann bestehen bei Vorliegen *schwererer körperlicher und/oder seelischer Krankheiten* (s. oben).
- Im Zweifelsfall kann das Gericht eine Begutachtung des Beschuldigten veranlassen.

Folgerungen

Das Verfahren wird vorläufig (§ 205 StPO) oder endgültig (§ 206a StPO) *eingestellt.*

Anmerkungen

Unter Somatotherapie werden alle in der Psychiatrie gängigen Therapieformen zusammengefaßt, die mittelbar oder unmittelbar auf das *Zentralnervensystem* einwirken. Die Annahme, daß eine Störung zentralnervöser Funktionen als Ursache oder zumindest Bedingung für bestimmte manifeste psychische Erkrankungen in Frage kommt, wurde durch die Wirksamkeit der biologisch begründeten Therapieverfahren eindrucksvoll bestätigt. Vorrangig gehören hierzu die erst seit einigen Jahrzehnten verfügbaren modernen *Psychopharmaka,* von denen als Hauptgruppen die neuroleptisch und thymoleptisch wirksamen Medikamente wie auch die tranquilizierenden Mittel zu nennen sind. Durch den Einsatz dieser Substanzen sind die „Schocktherapien", insbesondere die *Elektrokrampfbehandlung* – von wenigen Ausnahmen abgesehen – weitgehend entbehrlich geworden. *Psychochirurgische Eingriffe* spielen derzeit keine wesentliche Rolle; sie finden dennoch der Vollständigkeit halber Erwähnung. Der *Schlafentzug* sollte bei depressiven Syndromen stets in Erwägung gezogen werden.

Die folgende Beschreibung der gängigen somatischen Therapieformen sollte so verstanden werden, daß eine Behandlung immer eine Integration biologischer, psychotherapeutischer und sozialpsychiatrischer Therapien darstellt, wobei die einzelnen Anteile je nach Krankheitsart und Krankheitsform zu akzentuieren sind. Der therapeutische *Gesamtbehandlungsplan* wird ergänzt durch ein zusätzliches Angebot an Werk- und Bewegungstherapien sowie pflegerische Maßnahmen.

Die medikamentöse Behandlung setzt hinreichende Kenntnisse über Effizienz und Begleitwirkungen der betreffenden Pharmaka voraus, wobei grundsätzlich, wenn auch nicht immer erreichbar, einer Monotherapie vor psychopharmakologischen Kombinationen der Vorrang gegeben werden sollte. Die souveräne Handhabung weniger vertrauter Mittel erscheint sinnvoller als ein ständiges Herumexperimentieren mit wechselnden Präparaten. Zu bedenken ist grundsätzlich, daß jeder Therapie genügend Zeit gegeben werden muß, ihre Wirkung zu entfalten, d. h., daß Geduld und Beharrlichkeit wichtige Therapeuteneigenschaften darstellen. Dies schließt nicht aus, daß bei psychiatrischen Akutsituationen unverzüglich Hilfe zu leisten ist.

Therapie mit Neuroleptika

Allgemeines

Neuroleptika sind *zentral dämpfende* und *antipsychotisch* wirksame Substanzen vornehmlich zur Behandlung akuter und chronischer produktiver endogener und/oder exogener Psychosen.
Als *Hauptgruppen* werden unterschieden:

- Phenothiazine,
- Butyrophenone.

(Reserpinderivate werden kaum noch verwendet.)
Als *neuroleptische Potenz* wird der Gradmesser der Wirksamkeit des Medikaments (Referenzsubstanz Chlorpromazin) bezeichnet.

Wirkhypothese

- Reduktion der psychosebedingenden (?) *Dopaminverfügbarkeit* infolge einer Blockade der Dopaminrezeptoren in mesolimbischen, nigrostriären und retikulären Hirnabschnitten.
Hierdurch wird das Auftreten extrapyramidaler Begleiterscheinungen erklärlich.

Vorgehen

Bestimmend ist die vorherrschende *Zielsymptomatik* – bei floriden psychotischen Symptomen mit paranoider, halluzinatorischer, katatoner und/oder Angstsymptomatik:

- eher *hochpotente Neuroleptika* wie Benperidol, Triperidol, Haloperidol, Flupenthixol u. ä., bei psychomotorischer Erregtheit:
- eher *mehr dämpfende* Mittel wie Levomepromazin, Promazin, Promethazin u. ä. (s. Übersicht S. 282).
Beginn mit parenteraler Behandlung bei akuter Symptomatik empfehlenswert,
sodann medikamentöse Nachregulierung in Abhängigkeit von Effizienz einerseits und Verträglichkeit andererseits.
Abschluß der Behandlung mit *allmählicher Dosisreduktion.*
- Zur Langzeitbehandlung bzw. Rezidivprophylaxe bei schizophrenen Psychosen (s. S. 153ff.) zeitige Umstellung auf *Depot-Neuroleptika* anstreben (s. Übersicht S. 283).
- Wichtig: regelmäßige blutchemische, EKG- und EEG-Kontrollen sowie Kreislaufüberwachung wegen möglicher Begleitwirkungen (s. unten) unerläßlich!

Begleitwirkungen/Komplikationen

Abhängig von neuroleptischer Potenz extrapyramidale Symptome:

- *Frühdyskinesien* in Form von Muskelverkrampfungen im Gesicht- und Halsbereich. Nach ein bis zwei Wochen:
- *Parkinsonoid* (Kontrolle der Feinmotorik!); in diesem Fall: zusätzliche Gabe von Anticholinergika.
- Weitere Symptome: *Unruhe in den Beinen* (Akathisie) und/oder *allgemeiner Bewegungsdrang* (Tasikinesie);
  bei stärkerer Ausprägung Dosisreduktion oder Wechsel des Medikaments.

Nach Langzeitbehandlung vor allem bei älteren Patienten:

- *Spätdyskinesien* in Form oraler Hyperkinesen oder torsionsdystoner Bewegungsstörungen;
  notwendig hier Abbruch der Medikation. Versuchsweise Gabe von Betarezeptorenblockern und/oder Tiaprid („Tiapridex").
- Häufig *vegetative Begleiterscheinungen* (Tachykardie, Hypotonie, Mundtrockenheit, Schwindel) oder *endokrine Nebenwirkungen* (Amenorrhö, Galaktorrhö, Abnahme an Libido und Potenz, Gewichtszunahme).
- Auftreten *pharmakogener Depression*; in diesem Fall Versuch einer „Zweizügeltherapie": Kombination eines Neuroleptikums mit einem Antidepressivum.
  (Gleiches Vorgehen bei postremissivem Erschöpfungssyndrom (s. S. 156ff.) bzw. Defektsymptomatik (s. S. 161ff.) oder auch bei Schizophrenia simplex (s. S. 153ff.).
- Selten: Auftreten *generalisierter Krampfanfälle* infolge Senkung der Krampfschwelle. *Granulozytopenien, Allergien, Delirien.*
- Achtung: sehr selten, aber bedrohlich sog. *malignes neuroleptisches Syndrom* (wahrscheinlich als Folge hypothalamischer Dysregulation bzw. einer Blockade der Dopaminrezeptoren?).
  Symptomatik nicht von *Katatonie* zu unterscheiden:
  Schwitzen, hochfebrile Temperatur, Hautblässe, Hyperhidrosis, Tachykardie, Erhöhung des Muskeltonus, Akinese und/oder *Dyskinesien, CK-Anstieg*. Männer häufiger als Frauen betroffen.
  Therapeutisch.
  Versuch mit *Dantamacrin* („Dantrolen"); als intravenöse Initialdosis 2,5 mg/kg KG bis zur Gesamtdosis von 10 mg/kg in 24 Std. unter Absetzen aller Neuroleptika.
  (Alternativ: *Amandatin* bis 400 mg/d oder *Bromocriptin* bis 10 mg/d).
  Oberflächenkühlung.
  Immer Intensivüberwachung!

Therapie mit Neuroleptika

Tabelle 1 Derzeit im Handel befindliche Neuroleptika

Handelsname	Freiname	Mittl. Tagesdosis (mg)
Aolept	Periciazin	15–30
Atosil	Promethazin	50–150
Ciatyl	Chlopenthixol	20–75
Dapotum	Fluphenazin	5–10
Decenthan	Perphenazin	8–16
Dipiperon	Pipamperon	120–360
Dogmatil	Sulpirid	100–200
Dominal forte	Prothipendyl	120–240
Esucos	Dixyrazin	30–75
Eunerpan	Methylperon	75–300
Fluanxol	Flupenthixol	2–4
Glianimon	Benperidol	0,5–1,5
Haldol-Janssen	Haloperidol	5–10
Haloperidol-ratiopharm	Haloperidol	5–10
Haloperidol-Stada	Haloperidol	5–10
Inofal	Sulforidazin	100–150
Impromen	Bromperidol	10–40
Jatroneural	Trifluoperazin	2–8
Lyogen	Fluphenazin	3–9
Megaphen	Chlorpromazin	75–150
Melleril	Thioridazin	75–150
Meresa	Sulpirid	100–200
Neogama	Sulpirid	100–200
Neurocil	Levomepromazin	75–150
Omca	Fluphenazin	3–9
Orap	Pimozide	1–4
Orbinamon	Thiothixen	20–30
Protactyl	Promazin	100–200
Psyquil	Triflupromazin	50–150
Sedalande	Fluanison	2–7
Sigaperidol	Haloperidol	5–10
Taractan	Chlorprothixen	15–45
Taxilan	Perazin	100–250
Tesoprel	Bromperidol	10–40
Theralene	Alimenazin	15–30
Triperidol	Triperidol	75–150
Truxal (Truxaletten)	Chlorprothixen	45–90

Indikationen

- Akute und chronische produktive *Psychosen* verschiedener Ursache.
- *Manische Syndrome* bei Zyklothymie. *Erlebnisreaktionen* mit massiver Erregtheit und/oder Angstsymptomatik.
- *Entzugserscheinugnen* bei Suchterkrankungen bzw. Alkoholismus.
- *Schlafstörungen* bei älteren Menschen: Versuch mit schwachpotenten Substanzen wie Promethazin, Pipamperon, Methylperon, Chlorprothixen u. ä.
- Grundsätzlich auch als Ersatz für Tranquilizer bei längerer Behandlung *reaktiver* und *Persönlichkeitsstörungen* (z. B. Thioridazin, Sulpirid, Chlorprothixen u. ä.).

Kontraindikationen

- Morbus Parkinson. Intoxikation mit psychotropen Substanzen. Schwerere Hirnschäden, schwerere Herz-Kreislauf-Störungen. Leukopenie, Glaukom, Prostatahypertrophie, Pylorusstenose. Achtung: unter Psychopharmakotherapie Vermeiden von Alkoholgenuß! Fahrtüchtigkeit überprüfen!

Tabelle 2 Derzeit im Handel befindliche Depot-Neuroleptika

Handelsname	Freiname	mg (i. m.)
Ciatyl Depot	Clopenthixoldecanoat	alle 2–3 Wochen 200–400
Dapotum D	Fluphenazindecanoat	alle 2–3 Wochen 25–50
Decentan-Depot	Perphenazinenantat	alle 2 Wochen 100
Fluanxol Depot	Flupenthixoldecanoat	alle 2–3 Wochen 20–50
Haldol-Janssen Decanoat	Haloperidoldecanoat	alle 3–4 Wochen 100–150
Imap	Fluspirilen	jede Woche 4–8
Lyogen Depot	Fluphenazindecanoat	alle 2–3 Wochen 25–50

Therapie mit Thymoleptika (Antidepressiva)

Allgemeines

Psychotrope Substanzen mit *stimmungsaufhellender* und *antriebssteigernder* (sog. „Desimipramintyp“ und „Imipramintyp“) oder *anxiolytisch-dämpfender* Wirkung (sog. „Amitriptylintyp“). Überwiegend trizyklische Derivate, in den letzten Jahren vermehrt auch tetrazyklische und andersartig definierte Mittel.
Monoaminoxidasehemmer (MAOH) eher in den Hintergrund getreten.

Wirkhypothesen

Antidepressive Wirkung vermutlich über Verringerung eines *Defizits* von *Serotonin und/oder Noradrenalin* in hypothalamischen Strukturen durch:

- Erhöhung des präsynaptischen Angebots des Präkursors L-Tryptophan,
- vermehrte präsynaptische Anreicherung infolge Abbauverzögerung,
- Blockierung präsynaptischer adrenerger α_2-Rezeptoren,
- Blockierung des Rücktransportes von Noradrenalin („Re-uptake-Hemmung“),
- Stimulierung der Sensibilität postsynaptischer Rezeptoren,
- Down-Regulation im beta-adrenergen System.

Vorgehen

Abhängig von der jeweils vorliegenden *Symptomatik* Wahl eines mehr aufhellend-aktivierenden, aufhellend-stabilisierenden oder aufhellend-dämpfenden Antidepressivums (s. Übersicht S. 285).

- *Beginn* der Behandlung auch parenteral über 8–10 Tage. Abwarten über mindestens drei Wochen, ehe Beurteilung der Wirksamkeit.
- Bei *Schlafstörungen* als Nachtmedikation Verwendung von Antidepressiva des Amitriptylintyps, ggf. in Kombination mit schwachpotentem Neuroleptikum oder L-Tryptophan.
- Wenn ausgeprägtere *Tagesschwankungen* vorliegen, Verabreichung der Erstmedikation unmittelbar nach dem Aufwachen.
  Achtung: bei *Suizidalität* nur dämpfend wirksame Medikamente (Amitriptylintyp) einsetzen!
- Wichtig: regelmäßige Kontrolle von Blutbild, Transaminasen, Kreislauf, EKG und EEG wegen möglicher Begleitwirkungen.

Tabelle 3 Derzeit im Handel befindliche Thymoleptika

Handelsname	Freiname	Mittl. Tagesdosis (mg)
Anafranil	Clomipramin	75–100
Aponal	Doxepin	50–75
Benpon	Nortriptylin (mit Flupentixol)	30–75 Nor.
Equilibrin	Amitriptylinoxid	120
Fevarin	Fluvoxamin	100–200
Gamonil	Lofepramin	70–140
Idom	Dosulepin	75–150
Insidon	Opipramol	100–150
Istonil	Dimetracin	100–200
Jatrosom	Tranylcypromin (mit Trifluoperazin)	10–20 Tran.
Laroxyl	Amitriptylin	75–150
Limbatril	Amitriptylin (mit Chlordiazepoxid)	75–150 Ami.
Longopax	Amitriptylin (mit Perphenazin)	75–150 Ami.
Ludiomil	Maprotilin	75–125
Maximed	Protriptylin	15–40
Nortrilen	Nortriptylin	30–75
Noveril	Dibenzepin	80–240
Pantrop-ret.	Amitriptylin (mit Chlordiazepoxid)	75–150 Ami.
Parnate	Tranylcypromin	10–20
Pertrofan	Desimipramin	50–125
Saroten	Amitriptylin	75–150
Sinquan	Doxepin	50–75
Stangyl	Trimeprimin	30–150
Thrombran	Trazodon	100–200
Tofranil	Imipramin	50–100
Tolvin	Mianserin	30–90
Trausabun	Melitracen	50–125
Tryptizol	Amitriptylin	75–150
Vivalan	Viloxazin	200–300

Therapie mit Thymoleptika

Indikationen

- Mittel der ersten Wahl bei allen *endogenen Depressionen.*
- Einsatz ferner zur Behandlung depressiver Begleitsymptome bei *Schizophrenie,* vor allem bei *postremissivem Erschöpfungssyndrom* (s. S. 156), zweckmäßigerweise in Kombination mit einem Langzeitneuroleptikum im Sinne einer „Zweizügeltherapie".
- Anwendung in geringerer Dosierung auch möglich bei *symptomatischer Depression* und *schwererer neurotischer Depression* (s. S. 132, 179ff.).
- Bei phobischen *Ängsten* und *Anankasmen* Versuch mit Imipramin („Tofranil").
- In Verbindung mit Neuroleptikum Behandlung *chronischer Schmerzzustände.*

Begleitwirkungen/Komplikationen

Vorherrschend anticholinergisch bedingte *Nebenwirkungen:*

- Mundtrockenheit (dagegen: *Lutschbonbons, Kaugummi*),
- Tremor, Tachykardie, Schwitzen (dagegen: Versuch mit *Betarezeptorenblockern*),
- Orthostase, Akkomodationsstörungen, Obstipation.
- Miktionsstörungen (dagegen: *Carbachol [„Doryl"]*).
- Gelegentliches Auftreten von Unruhe und Schlafstörungen, deliranten Syndromen sowie sehr selten auch zerebralen Krampfanfällen.
- Blutbildveränderungen (insbesondere Agranulozytose, Thrombozytopenie).
- Trizyklische Antidepressiva können kardiotoxisch wirken (Rhythmusstörungen, Verlängerung der Überleitungszeit).

Grundsätzlich bei allen Arten allergische Reaktionen möglich.

Kontraindikationen

- Produktive oder latente Schizophrenie ohne neuroleptische Basisbehandlung,
- hypomanische Nachschwankung bei Zyklothymie.
- Schwangerschaft, vor allem im I. Trimenon.
- Glaukom, Prostatahypertrophie, Herzrhythmusstörungen, Pylorusstenose.

Achtung: bei gleichzeitiger Einnahme anderer psychotroper Mittel wie auch Alkohol *Wirkungspotenzierung!*

Auch Unverträglichkeit der MAO-Hemmer mit tyraminhaltigen Nahrungsmitteln beachten (z. B. Weichkäse, Joghurt, Fischkonserven, Hefeextrakte, Geflügelleber).

Medikamentöse Prophylaxe bei Zyklothymie

Allgemeines

Rezidivprophylaxe mit Lithiumsalzen oder Carbamazepin bei allen Formen der Zyklothymie (s. S. 142ff.).

Wirkhypothesen

Noch ungeklärte Einwirkung auf Synthese oder Freisetzung von *Neurotransmittern.*
(Infolge einer Hemmung der Adenylzyklase Reduktion von zyklischem Adenosinmonophosphat?
Stabilisierung der Dopaminrezeptoren?)

Vorgehen

Nach abgeschlossener psychiatrischer Diagnostik:

- Nochmalige gründliche *körperliche Untersuchung* einschließlich Messung von Gewicht und Halsumfang.
- *EKG- und EEG-Ableitung.*
- Bestimmung des *Kreatinins* und der *Elektrolyte* im Serum.
- *Schilddrüsendiagnostik.*

Sodann: Verabreichung eines Lithiumpräparates unter allmählicher Dosissteigerung und Kontrolle des Serumspiegels anfangs in wöchentlichen, später in größeren Abständen (s. S. 58).

- An Lithiumsalzen stehen derzeit zur Verfügung:
  Hypnorex-retard (Lithiumcarbonat),
  Lithium-Aspartat (Lithium-DL-Hydrogenaspartat),
  Lithiumcarbonat,
  Lithium-duriles (Lithiumsulfat),
  Lithiumorotat,
  Quilonum (Lithiumacetat),
  Quilonom-retard (Lithiumcarbonat).
- Erstrebenswerter *Lithiumspiegel:* 0,5–0,8 mmol/l im Serum.
- *Behandlungsdauer* mindestens 4 Jahre;
  versuchsweise Beendigung, wenn über 2 Jahre keine deutlicheren Stimmungsschwankungen aufgetreten sind.
  Wichtig: bei *Schwangerschaft* sofortiges Absetzen wegen möglicher teratogener Wirkung!
  Begleitend: regelmäßige Kontrolle von Halsumfang und Gewicht, EKG und Nierenfunktion.
- Bei Lithiumunverträglichkeit oder anderweitigen Komplikationen Versuch einer Langzeitbehandlung mit *Carbamazepin* („Sirtal“, „Tegretal“ oder „Timonil“) mit einem Serumspiegel, wie zur Epilepsiebehandlung notwendig.

Medikamentöse Prophylaxe bei Zyklothymie

Indikation

Zyklothymie mit mindestens zwei Phasen, die innerhalb von ein bis zwei Jahren aufgetreten sind.
Versagerquote um 20–30%.

Begleitwirkungen/Komplikationen

- Unter *Lithiumsalzen:*
  vornehmlich Gastrointestinale Störungen (Übelkeit, Brechreiz, Bauchschmerzen).
  Tremor (dagegen: *Betarezeptorenblocker*).
  Müdigkeit, Schwindelgefühl. Durst, Ödeme und Gewichtszunahme.
  Reversible euthyreote Struma.
- *Überdosierung* bedrohlich (toxische Grenze ab 1,6–1,8 mmol/l): Beginn mit Diarrhöen, Erbrechen und Muskelzuckungen bzw. Myoklonien.
  Später Somnolenz, delirante Symptome und Krampfanfälle.
  Stationäre Aufnahme und Intensivbehandlung wie bei Intoxikationen (z. B. forcierte Diurese u. ä.).
  (Hinweis: Diuretika und nichtsteroide Antirheumatika können die renale Lithiumausscheidung negativ beeinflussen mit der Folge einer allmählichen Lithiumintoxikation!).
- Unter *Carbamazepinpräparaten:*
  gastrointestinale Beschwerden, Leberfunktionsstörungen, Kopfschmerzen, Schwindel, Sehstörungen, Blutbildveränderungen.

Kontraindikationen

- Für *Lithiumpräparate:*
  Nierenfunktionsstörungen, Herzinsuffizienz, hyperthyreote Struma, Morbus Addison,
  Schwangerschaft.
- Für *Carbamazepinpräparate:*
  schwere Leberfunktionsstörungen, AV-Block.

Allgemeines

Tranquilizer sind *Psychopharmaka* mit spannungs- und angstlösender, muskelrelaxierender und leicht dämpfender bis schlafinduzierender Wirkung.
In höherer Dosierung sind sie auch antikonvulsiv wirksam.
Vorherrschend Gruppe der Benzodiazepine; Meprobamat und andere Präparate in den Hintergrund getreten.
Wirkungsprofil teilweise überschneidend mit dem der Betarezeptorenblocker (s. S. 292 ff.).

Wirkhypothesen

Infolge Verstärkung GABA-ergischer Systeme reizabschirmend auf Kortex und limbisches System wirksam, dämpfend einwirkend auf Formatio reticularis, Striatum, Kleinhirn und Rückenmark.

Vorgehen

Aufgrund der vorhandenen *Zielsymptomatik* Auswahl eines mehr
- anxiolytischen oder
- psychomotorisch dämpfenden Präparates (Übersicht s. S. 290).
Behandlung zeitlich limitieren auf maximal 4–6 Wochen, ansonsten notfalls eher ausweichen auf andersartige Substanzen wie z. B. Betarezeptorenblocker, schwachpotente Neuroleptika.
- Ausschleichende Behandlung zur Vermeidung von Entzugssymptomen.

Indikationen

- Überbrückung von *Erlebnisreaktionen und situationsgebundenem Streß* (z. B. bei Prüfungsvorbereitungen).
Wichtig: keine Lösung von Alltagsproblemen!
- Passager bei *Schlafstörungen*, zur *Muskelrelaxierung*, auch zur *Narkoseeinleitung*.
- Diazepam kann bei *Krampfanfällen* i. v. als Antikonvulsivum eingesetzt werden.
Desgleichen gute Wirksamkeit bei *Horrortrip* unter Drogenmißbrauch (s. S. 125, 237 ff.).

Tabelle 4 Derzeit im Handel befindliche Tranquilizer

Handelsname	Freiname	Mittl. Tagesdosis (mg)
Adumbran	Oxazepam	10–20
Albego	Camazepam	20–40
Atarax	Hydroxyzin	10–30
Azutranquil	Oxazepam	10–20
Bellergal	Belladonna-Alk. (mit Phenobarbital und Ergotamintartrat)	0,2–0,3 Alk.
Bespar	Buspiron	10
Bromazepam OPT	Bromazepam	3–6
Contamex	Ketazolam	15–30
Cyrpon	Meprobamat	400–800
Demetrin	Prazepam	10–30
Diazepam-ratiopharm	Diazepam	10
Diazepam-Stada	Diazepam	10
Diazepam-Woelm	Diazepam	10
duradiazepam	Diazepam	10
durazanil	Bromazepam	3–6
durazepam	Oxazepam	10–20
Lamra	Diazepam	10
Laubeel	Lorazepam	2–5
Lexotanil	Bromazepam	3–6
Librium	Chlordiazepoxid	25–50
Mandro-Zep	Diazepam	10
Masmoran	Hydroxyzin	10–30
Meprobamat-Saar	Meprobamat	400–800
Multum	Chlordiazepoxid	25–50
Neurolytril	Diazepam	10
Nobrium	Medazepam	5–20
Noctazepam	Oxazepam	10–20
Normoc	Bromazepam	3–6
Oxa-Puren	Oxazepam	10–20
Oxazepam Stada	Oxazepam	10–20
Oxazepam K	Oxazepam	10–20
Oxazepam-ratiopharm	Oxazepam	10–20
Praxiten	Oxazepam	10–20
Sigacalm	Oxazepam	10–20
Tafil	Alprazolam	1
Tavor	Lorazepam	2–5
Tranquase	Diazepam	10
Tranquit	Oxazolam	20
Tranquo-Tablinen	Diazepam	10
Tranxilium	Dikaliumchlorazepat	20–30
Trecalmo	Clotiazepam	10–15
Urbilat	Meprobamat	400–800
Uskan	Oxazepam	10–20
Valium	Diazepam	10
Valaxona	Diazepam	10
Valiquid	Diazepam	10

Begleitwirkungen/Komplikationen

Allgemeine Verlangsamung, Müdigkeit bis zur Schläfrigkeit. Koordinationsstörungen, Ataxie, Doppelbilder. Schwindel.

- Bei *chronischem Mißbrauch:*
zunehmende Gleichgültigkeit, Apathie. Libidoabnahme. Appetitstörungen. Kopfschmerz. Muskelschwäche.
- Nach längerer Einnahme treten als *Entzugserscheinungen* auf: Unruhe, Tremor. Übelkeit. Erbrechen. Angstzustände, Schlafstörungen. Gelegentlich delirante Symptome und epileptische Anfälle.

Kontraindikationen

- Myasthenia gravis.
- Neurologische Erkrankungen mit Ataxie, Koordinationsstörungen und/oder Muskelschwäche.
- Schmerz- und Schlafmittelintoxikation.

Achtung: *Suchtgefährdung* (s. S. 245 ff.)!
Im übrigen weitgehend problemlose Handhabung und gute Verträglichkeit.
Hinweis: In Kombination mit Alkohol bedingt erheblich verstärkte Wirkung! Einschränkung der Fahrtüchtigkeit!

Therapie mit Betarezeptorenblockern

Allgemeines

Pharmaka, welche die Reaktion der Betarezeptoren hemmen und daher gegen *sympathikotone Überreaktionen* wirksam sind.

Wirkhypothese

- Selektive Besetzung der β_1- und/oder β_2-Rezeptoren im adrenergen System mit *kardialer Sympathikolyse* (bei β_1-Blockade).
  Wirkung negativ inotrop und negativ chronotrop sowie zentral dämpfend.

Vorgehen

- Nach körperlicher, insbesondere *internistischer Abklärung* und Beratung Einstellung auf geeignetes Medikament (Übersicht s. S. 293); am ehesten lipophile Substanz.
- Blutdruck- und EKG-Kontrollen bei regelmäßiger Einnahme notwendig. Zur *Beendigung* ausschleichende Medikation (Einzelheiten siehe Lehrbücher der inneren Medizin).

Indikationen

- Vor allem *körperliche Begleiterscheinungen* von *Angstsymptomen* (Tachykardie, Blutdruckerhöhung, Herzklopfen, körperliche Mißempfindungen. Sympathikotone Übererregbarkeit;
- *Streßreaktionen* (z. B. Prüfungsangst, Lampenfieber).
- *Tremor,* insbesondere unter Therapie mit Psychopharmaka (s. S. 280ff., 284ff.).

Begleitwirkungen/Komplikationen

Müdigkeit infolge *Blutdruckabfall.* Bradykardie. Schwindel.
Im übrigen Abhängigkeit bzw. Entzugserscheinungen nicht bekannt.

Kontraindikationen

Bradykardie, Reizleitungsstörungen, Hypotonie. Herzinsuffizienz. Asthma bronchiale bzw. obstruktive Bronchialerkrankungen.

Tabelle 5 Derzeit im Handel befindliche Betarezeptorenblocker

Handelsname	Freiname	Mittl. Tagesdosis (mg)
Aptin	Alprenolol	200
Beloc	Metropolol	100–200
betaadrenol	Buprenalol	100–200
Betapressin	Penbutolol	40
Beta-Tablinen	Propanolol	80–120
Conducton	Carazolol	10–25
Corindolan	Mepindolol	5
Disorat	Metipranolol	10–30
Dociton	Propanolol	80–120
durapindol	Pindolol	15
Efektolol	Propanolol	80–120
Elbrol	Propanolol	80–120
Endak	Carteolol	10
Indobloc	Propanolol	80–120
Kerlone	Betaxolol	20
Lopresor	Metoprolol	100–200
Panimit	Bupranolol	50
Pectobloc	Pindolol	15
Pinbetol	Pindolol	15
Prano-Puren	Propanolol	80–120
Prelis	Metoprolol	100–200
Prent	Acebutolol	400–600
Propabloc	Propanolol	80–120
Propanolol Stada	Propanolol	80–120
Propanolol-Gry	Propanolol	80–120
Propranur	Propanolol	80–120
Propra-ratiopharm	Propanolol	80–120
sagittol	Propanolol	80–120
Sandonorm	Bopindolol	1
Solgol	Nadolol	60–120
Sotalex	Sotalol	80–100
Stresson	Bunitrolol	20–30
Temserin	Timolol	20–40
Tenormin	Atenolol	50–100
Trasicor	Oxprenolol	60–80
Visken	Pindolol	15

Antiandrogenbehandlung

Allgemeines

In der Psychiatrie Einsatz synthetischer Antiandrogene zur Dämpfung *sexueller Übererregbarkeit* („reversible chemische Kastration").

Wirkhypothese

- Cyproteronacetat verdrängt die Keimdrüsenhormone von dienzephalen Erregungszentren, dadurch
- *Reduktion* der androgenen, gonadotropen und antigestionalen Wirksamkeit der betreffenden Hormone und somit zu sexueller Triebdämpfung bzw. zu einer Verringerung der sexuellen Stimulierbarkeit und zu einem Nachlassen der Potenz.

Vorgehen

Als *Ergänzung* zu psychotherapeutischen und verhaltenstherapeutischen Maßnahmen:

- Täglich 100 mg Cyproteronacetat („Androcur") per os oder in Depotform (14täglich 3–5 ml).

Indikationen

Sexuelle Devianz, insbesondere bei *Exhibitionismus, Pädophilie* und *Fetischismus* (s. S. 257 ff.).

Nebenwirkungen/Komplikationen

Azoospermie mit reversibler Zeugungsunfähigkeit, Appetit- und Gewichtszunahme. Gynäkomastie.
Veränderungen der Glucosetoleranz.

- Achtung: Wirkung von Alkohol kann verstärkt werden!

Kontraindikationen

Schwangerschaft, Lebererkrankungen, Neigung zu Thrombosen, Sichelzellenanämie.

Allgemeines

Iatrogen erzeugter *Schlafmangel* zur Behandlung endogener Depressionen.

Variante: REM-Entzug, d. h. jeweils Aufwecken des Patienten, wenn sich eine Traumschlafphase ankündigt.

Wirkhypothese

Chronobiologische Grundannahme:
Desynchronisation der zirkadianen Rhythmik bei bestimmten Formen der endogenen Depression. Durch *Schlafentzug* Resynchronisation.

Vorgehen

- Der Patient wird angehalten, unter Aufsicht nachts wachzubleiben, insbesondere ab Mitternacht.
- Maßnahme ein- bis zweimal pro Woche durchführen mit beliebig häufigen Wiederholungen.
  Erforderlich *Motivation* und *Mitarbeit des Patienten.*

Indikation

Als Begleittherapie zur medikamentösen Behandlung bei allen Formen der *endogenen Depression,* insbesondere solchen gehemmter Form. Versuch auch bei *schwerer neurotischer Depression* empfehlenswert (s. S. 142 ff., 179 ff.).

- Erfolgsquote laut Angaben um 70–80%; allerdings meist keine dauerhafte Besserung.

Begleitwirkungen/Komplikationen

Nicht bekannt, soweit im Rahmen stationärer Behandlung durchgeführt.

Kontraindikationen

Keine.

Elektrokrampfbehandlung (EKT)

Allgemeines

Iatrogene Auslösung eines generalisierten *zerebralen Krampfanfalls* durch elektrischen Strom. Form der „Schocktherapie".

Wirkhypothesen

Offensichtlich Einflußnahme auf *hypothalamische Aktivität* bzw. Aktivierung des monoaminergen Transmittersystems im Hypothalamus. Einwirkungen auch auf zentralen *Dopamin- und Prolaktinmetabolismus.* Veränderung der Durchlässigkeit der *Blut-Hirn-Schranke* und der *Hirndurchblutung.*
Hinweise auf Anstieg der *Beta-Endorphine* im Blut.

Vorgehen

- Zunächst gründliche *klinisch-internistische Untersuchung* einschließlich *apparativer Diagnostik* (Thoraxröntgen, EKG, EEG). Keine Prämedikation.
- Ca. 30 Min. *vor Beginn der Behandlung* 0,5–1,0 mg Atropin i. m.
- Sodann: über Venenkanüle 150–300 mg Thiopentalnatrium („Trapanal") oder 50–120 mg Methohexital („Brevimytal"). Anschließend 3–5 ml 1%iges Suxamethoniumchlorid („Lysthenon" oder „Succinyl-Asta"). Einführung eines Mundtubus und Beatmung über Gesichtsmaske.
- Applikation von pulsierendem, monophasischem *Impulsstrom* oder zerhacktem, diskontinuierlichem *Wechselstrom* über 4–8 Sek. Die angefeuchteten Elektroden werden beide temporobasal über der nichtdominanten Hemisphäre angelegt. Stromabgabe durch „Konvulsator" (Siemens).
  Nach Abklingen des tonisch-klonischen Anfalls und folgender Apnoe *vorübergehende Beatmung* und *Überwachung,* bis Patient wieder ansprechbar und orientiert.
  Verabreichung von 2–3 Elektrokrämpfen pro Woche („Blockmethode"), im ganzen jedoch nicht mehr als 8 bis 10 Anwendungen mit Intervallen von mindestens 48 Std.
- Achtung: Durchführung immer unter anästhesiologischer Aufsicht!
- Wichtig exakte *Dokumentation!*
- Zuvor eingehende *Aufklärung* und schriftliche *Einwilligung* des Patienten notwendig.

Indikationen

- Als „Ultima ratio" bei ansonsten therapieresistenter, schwerer *endogener Depression* mit anhaltender Suizidalität (s. S. 144ff.), und bei
- *Katatonem Stupor* bzw. sog. *perniziöser Katatonie* (s. S. 157ff.). Infolge der Behandlung oft schlagartiges Abbrechen der Psychose; Langzeitprognose jedoch offenbar nicht beeinflußbar.

  Kombination mit Neuro- oder Thymoleptika möglich.
- Hinweis: Wegen hoher Rezidivwahrscheinlichkeit Fortsetzung der medikamentösen Behandlung notwendig!

Begleitwirkungen/Komplikationen

- Passager Tachykardie, Schwindel und Kopfschmerz. Leichteres amnestisches Durchgangssyndrom mit Reaktionsverlangsamung, Ratlosigkeit und mnestischen Störungen.
- Im EEG vorübergehend Allgemeinveränderungen. (Tierexperimentell wurden Zellnekrosen und Gliazellaktivierung in den Rindenschichten gefunden; beim Menschen konnten diese morphologischen Veränderungen bisher nicht wahrscheinlich gemacht werden.)
- *Letalität:* ca. 4 Todesfälle pro 100 000 Einzelbehandlungen.

Kontraindikationen

- Schlechter Allgemeinzustand, insbesondere schwerere Herz-Kreislauf-Störungen.
- Hirnschädigungen, Hirnleistungsschwäche, gesteigerter Hirndruck, Aneurysma, Infarktanamnese.
- Neurologische demyelinisierende Systemerkrankung.

  Relative Kontraindikationen:
- Koronare Herzerkrankung, schwere Hypertonie,
- pulmonale Erkrankungen.

Psychochirurgie

Allgemeines

Operativer Eingriff in das Gehirn mit dem Ziel, auf gestörtes Erleben und Verhalten positiv Einfluß zu nehmen.
Umstrittene Therapiemethode, auch infolge Ideologisierung.
(Obsolet: früher praktizierte Durchtrennung von Faserverbindungen zum Stirnhirn – „Leukotomie“ uind „Lobotomie“).

Wirkhypothese

Versuch einer Beeinflussung von *Emotionalität, Antriebsverhalten* und *Erlebensform* über eine
mikrochirurgische Ausschaltung der entsprechenden morphologischen Hirnsubstrate (Thalamuskerne bzw. thalamofrontale Faserbündel).

Vorgehen

Nach Anlegen kleiner Trepanationslöcher in der Kalotte stereotaktisches Vorgehen:

- Einbringen mikrochirurgischer Sonden unter Bildwandlerkontrolle und
- Koagulation definierter *thalamischer Kerngebiete* (Lamella medialis bzw. Dorsomedialkern) mittels hochfrequenter Stromstöße.

(Auch Implantation von Mikroelektroden und -chemitroden in Erwägung gezogen.)

Indikationen

Nach Ausschöpfung aller anderen therapeutischen Möglichkeiten Anwendung diskutiert bei

- *schwerer Oligophrenie* bei unbeeinflußbarer Auto- und Fremdaggressivität (s. S. 86, 105 ff.),
- *massiver Zwangssymptomatik,* die den Patienten lebensunfähig macht (s. S. 183 ff.),
- schweren *chronischen Schmerzzuständen,*
- *sexueller Devianz* mit erheblichen sozialen Folgeerscheinungen (s. S. 257 ff.).

In allen Fällen *Kombination* mit verhaltens-, psycho- und soziotherapeutischen Maßnahmen erforderlich.

Bisherige Ergebnisse noch nicht überzeugend, oft nicht von Dauer.

Begleitwirkungen/Komplikationen

Passager:

- hirnorganisches Psychosyndrom als Durchgangssyndrom (s. S. 87, 89),

bleibend gelegentlich:

- Antriebsstörungen, Appetitsteigerung.
- Affektive Nivellierung, Wesensveränderung.

Kontraindikationen

Im einzelnen *nicht zu übersehen*.
Global: zerebrale Erkrankungen, höheres Lebensalter, schwerere Allgemeinerkrankung.

Biofeedback

Allgemeines

Methode der *operanten Konditionierung* zur Beeinflussung gestörter vegetativer Körperfunktionen. Ähnlichkeit mit Suggestivverfahren anderer Art (s. S. 309ff.), jedoch mit dem Unterschied, daß beim Biofeedback eine wahrnehmbare Rückmeldung der biologischen Signale erfolgt.

Wirkhypothese

Einflußnahme auf die autonomen Körperfunktionen (Vegetativum) durch *Registrierung* der entsprechenden Biosignale und *Rückmeldung* mittels akustischer und/oder optischer Anzeige auf den betreffenden Patienten.
Infolge dieser Rückkoppelung:
mehr oder weniger willkürliche Kontrolle der beobachteten Funktionskreise, wobei die Rückmeldung das sonst offenbar erforderliche langjährige vegetative Training (z. B. Yoga) verkürzt.

Vorgehen

Dem weitgehend entspannten Patienten wird die zu beeinflussende Körperfunktion optisch (digital) oder akustisch (analog) wahrnehmbar demonstriert

- mit Hilfe des Elektrokardiogramms,
- des Elektromyogramms,
- der Blutdruckmessung,
- der Messung des Hautwiderstandes.

Innerhalb von 10–20 Sitzungen über mehrere Wochen kommt es in der Regel zu einer *allmählichen Veränderung* in die gewünschte Richtung.
(Anmerkung: zu beachten ist die unterschiedliche *Beeinflußbarkeit* der verschiedenen Funktionskreise.
Während die Hirnströme sich bislang nur in geringem Umfang als regulierbar erwiesen, lassen sich demgegenüber Blutdruck und Muskelspannung leicht steuern.)

Indikationen

Biofeedbackeinsatz am ehesten in *Kombination mit psychotherapeutischen Methoden* (s. S. 304ff.), z. B. bei

- Angst- und Spannungszuständen, auch muskulären Verspannungen;
- Spannungskopfschmerz,
- Schlafstörungen,
- Schmerz,
- sympathikotonem Hochdruck,
- paroxysmaler Tachykardie,
- Hyperventilationstetanie,
- Asthmaanfällen,
- essentiellem Tremor.

Effizienz bezüglich der Behandlung epileptischer Anfälle bislang noch nicht überzeugend.

Begleitwirkungen/Komplikationen

Übersteuerung in Richtung gegenläufiger Reaktionen (z. B. Hypotonie, Bradykardie, Muskelerschlaffung u. ä.) vermeiden.
Im übrigen keine Nebenwirkungen zu erwarten.

Kontraindikationen

Nicht bekannt;
Verfahren allerdings nicht geeignet bei akuten endogenen und exogenen Psychosen wie auch bei Oligophrenie.

Allgemeines

Erste Phase der Entziehungs- und Entwöhnungsbehandlung bei chronischem Mißbrauch von Alkohol, Drogen und Medikamenten mit dem Ziel einer *allmählichen Ausscheidung der psychotropen Substanzen* bzw. ihrer Metaboliten unter gleichzeitiger Verhinderung der Zufuhr neuer Mittel.

Wirkhypothesen

Ziel jeder Suchtbehandlung ist es, den Patienten ohne Verwendung suchterzeugender Mittel lebenstüchtig zu machen.
Hauptvoraussetzung hierfür ist, daß Erleben und Verhalten des Patienten frei von künstlicher stoffabhängiger Einwirkung werden.
Erst auf dieser Basis wird das Erlernen einer adäquaten und realistischen Lebensbewältigung möglich.

Vorgehen

- Entgiftung immer innerhalb einer *geschlossenen Station.*
  Dauer – in Abhängigkeit von Menge und Art der konsumierten Substanzen: Tage bis Wochen.
- Entziehungserscheinungen am schnellsten bei Alkoholismus: Mehr oder weniger erhebliche *vegetative Störungen, Erregtheit, Angstgefühl, Schlafstörungen, Durchfall.* Alkoholisches *Delir.* Gelegentlich auch *epileptische Anfälle.*
  Zur Dämpfung der Entzugserscheinungen: bis zu einer Woche Clomethiazol („Distraneurin"); alternativ: Neuroleptika (s. S. 280ff.).
- Wie Alkohol *Stimulantien* und *Morphinderivate* sofort absetzen.
- Demgegenüber: nur schrittweise Reduktion von *Barbituraten* oder anderen Schlafmitteln (gestreckt etwa über eine Woche) wegen möglicher massiver Entzugssymptome.

  Achtung: Entziehungsbehandlung ist gleichbedeutend mit einer Intensivüberwachung der vitalen Körperfunktionen!
  Bei *Alkoholismus:* zusätzlich Verabreichung von Vitamin B_1 (Thiamin) zur Vorbeugung einer Wernicke-Enzephalopathie. Empfehlenswert auch Magnesiumpräparate.
- Wichtig: sobald wie möglich *psychotherapeutische Begleitung,* die dann im Rahmen der weiteren Entzugsbehandlung immer mehr an Gewicht gewinnen muß!
  Nach Möglichkeit *Behandlungsplan* vorher festlegen: Entziehung, längerfristige Entwöhnungsbehandlung und Nachsorge.

Indikationen

Alle *Suchterkrankungen,* bei denen mit einer ausreichenden Motivation des Patienten gerechnet werden kann.
Darüber hinaus auch gegen den Willen des Patienten, wenn die gesetzlichen Voraussetzungen vorliegen (s. S. 264 ff.).

Begleitwirkungen/Komplikationen

Metabolische Entgleisungen, Unruhe, Erregtheit. Ausgeprägte vegetative Störungen, Entzugsdelir, Krampfanfälle.

Kontraindikationen

Keine.
(Relative Kontraindikation aus prognostischen Gründen bei deutlich therapieunwilligen, nicht ausreichend zu motivierenden Suchtkranken.)

Anmerkungen

Psychotherapie bedeutet die Behandlung Kranker mit speziellen, wissenschaftlich begründeten und erprobten *psychologischen Mitteln,* im weiteren Sinne auch alle unsystematischen Bemühungen der positiven Einflußnahme auf den Patienten. Innerhalb der beiden Hauptgruppen der gängigen Psychotherapieformen, der zudeckenden und aufdeckenden Methoden gibt es inzwischen fließende Übergänge in Form der sog. Erlebnistherapien (z. B. Gestalttherapie, Bilderleben oder Psychodrama). Die Verhaltenstherapie wird gesondert abgehandelt.

Je nach Art, Ausmaß und Dauer der seelischen Störung wird mehr *analysierend-aufdeckend,* mehr *stützend-gegenwartsorientiert* oder auch eher *verhaltenstherapeutisch-übend* gearbeitet mit dem Ziel, über eine Befreiung oder Linderung von Symptomen dem therapeutischen Ideal entgegenzustreben, nämlich der Autonomie, freien Persönlichkeitsentfaltung und dem körperlichen und geistigen Wohlbefinden des Patienten.

Eine rein somatische Behandlung psychisch Kranker sollte eine seltene Ausnahme bleiben, z. B. als Notfallmaßnahme bei schwer bewußtseinsgestörten Patienten. Abgesehen hiervon sind stets die Indikationen für eine individuelle und/oder kollektive Psychotherapie herauszuarbeiten und in den Behandlungsplan zu integrieren.

Bei *endogenen und exogenen Psychosen* sind psychotherapeutische Maßnahmen als unentbehrliche Begleittherapie der somatotherapeutischen Basisbehandlung anzusehen. Umgekehrt sind sie das therapeutische Mittel der ersten Wahl bei *erlebnisreaktiven und Persönlichkeitsstörungen,* obwohl hier im Einzelfall auch eine psychopharmakologische Stütze sinnvoll sein kann. Wenngleich häufig eine vollständige Heilung nicht erreichbar ist, läßt sich doch meist eine Reduzierung der Beschwerden erreichen, wenn die sich anbietenden therapeutischen Möglichkeiten konsequent und zeitlich ausreichend eingesetzt werden. Im Bewußtsein der Begrenztheit aller Therapiearten muß gegenüber der wachsenden Zahl der verschiedensten Psychotherapieformen, von denen die meisten weder hinreichend wissenschaftlich begründet noch praktisch erprobt erscheinen, eine *kritische Auswahl* getroffen werden, um so mehr, als die verschiedenen Wirkungshypothesen oft dürftig oder auch überzogen erscheinen.

Ungeachtet aller Schulrichtungen stellen die Qualität der Therapeuten-Patient-Beziehung und die daraus resultierende *therapeutische Atmosphäre* die allgemein anerkannten Grundbedingungen für den Behandlungserfolg dar.

Therapeutisches Gespräch („ärztliches Gespräch“)

Allgemeines

Die *sprachliche Verständigung* ist als entscheidendes Element der Kommunikation zwischen Patienten und Arzt bzw. Therapeuten als Grundbedingung jeglicher Psychotherapieform anzusehen.
Die am häufigsten praktizierte, unspezifische und unsystematische Art der Psychotherapie stellt eine mehr oder weniger streng aneinandergereihte Kette von Gesprächen dar; sie erfordert Ausbildung in bestimmten Techniken der Gesprächsführung und des Kommunikationsverhaltens.
Da die *Persönlichkeit* des Therapeuten eine wichtige Rolle im *Interaktionsprozeß* spielt, sind als Charaktereigenschaften notwendig:

- Kompetenz zu Diagnostik und Therapie,
- Vermögen zu Konzentration und Aufmerksamkeit,
- geduldiges Zuhören und Einfühlungsvermögen innerhalb einer vertrauensbildenden Atmosphäre,
- Annahme des Patienten und emotionale Wärme,
- Offenheit und Authentizität.

Wirkhypothesen

- Vorbehaltlos gehört werden bedeutet für den Patienten *„Angenommenwerden“,*
- Sichaussprechenkönnen Befreiung von *Leidensdruck.*
- Die *Abreaktion* zurückgedrängter und aufgestauter Emotionen bringt Erleichterung und Entlastung mit sich.
- Der Therapeut ist durch *Anteilnahme und Echtheit* Vorbild und Stütze für den Patienten, der in Angst oder Depressivität lebt und sich vielleicht abgelehnt und unverstanden fühlt.

Vorgehen

Zunächst *diagnostische Abklärung.*

- Sodann: gemeinsame Beratung des weiteren therapeutischen Weges; Einsatz der oben beschriebenen *entlastenden, stützenden* oder *zukunftsweisenden* Funktion des therapeutischen Gesprächs.
  Wichtig:
  Atmosphäre *emotionaler Anteilnahme, Geduld und* volle Zuwendung.
  Benutzung einer für den Patienten verständlichen Sprache!
- Wichtig: Anschauungen und Verhaltensweisen des Patienten nicht unkritisch, aber mit Toleranz akzeptieren!

Therapeutisches Gespräch („ärztliches Gespräch")

Indikationen

- Das Gespräch bietet bereits im Rahmen der hausärztlichen Betreuung unmittelbare Hilfe bei *aktuellen Lebenskrisen* (Krisenintervention).
- Darüber hinaus dient es der Einleitung einer systematischen, längerdauernden *Psychotherapie* (s. S. 316ff.).
- Einsatz ferner als *„stützende Begleitung"* bei festgefahrenen, therapieresistenten erlebnisreaktiven Entwicklungen, Persönlichkeitsstörungen wie auch chronifizierten Psychosen (s. S. 141ff., 178ff.).

Begleitwirkungen/Komplikationen

Vorkommen können ängstliche oder depressive Reaktionen auf seiten des Patienten, wenn unbedacht kompliziertere differentialdiagnostische Erörterungen vorgenommen werden oder unnötige, belastende prognostische Hinweise gegeben werden, die den Patienten keine konstruktive Perspektive bieten.

Kontraindikationen

Nicht bekannt.

Stützende Psychotherapie (supportive Psychotherapie)

Allgemeines

Methode *zudeckender Psychotherapie* in Form einer Reihe therapeutischer Gesprächsinterventionen mit dem Ziel einer langfristigen Stabilisierung des Patienten.
Keine spezielle Methodik.
Wichtig jedoch: ausreichende Kommunikationsfähigkeit des Patienten und Eigenschaften des Therapeuten wie vorstehend genannt.

Wirkhypothesen

Die regelmäßige, stützende Begleitung des Patienten soll jenem zur *Bewältigung seiner Erkrankung verhelfen.*

- Des weiteren: Vermittlung einer *realistischeren Einstellung* zur Sicherung seiner Umwelt. Infolge der Adaptation des Patienten an die Realität Erlangung eines „Gleichgewichts" zwischen Patienten und Erkrankung.
- Darüber hinaus Hilfe bei der *weiteren Lebensplanung,* Hilfe zur Selbsthilfe. Herstellung der notwendigen Grundbedingungen einer Weiterbehandlung mit *spezieller Psychotherapie.*

Vorgehen

- Anzustreben sind *regelmäßige Konsultationen* mit themenzentrierten Gesprächen; jedes Einzelgespräch sollte jedoch eine Thematik abschließen.
- Als Form zu wählen ist die *freie Aussprache* mit dem Gewicht auf der Schilderung realer aktueller Probleme.
  Unter Vermeiden jeder mißbilligenden oder kritischen Äußerung *Ermutigung* des Patienten, in vorsichtigen Schritten die erforderliche Lebensperspektive aufzubauen und ihr nachzugehen; Lob als Rückkoppelung.
  Termine von vornherein nach Möglichkeit fixieren (Stabilisationsfaktor).
- *Kombination* mit medikamentöser Langzeitbehandlung möglich.

Stützende Psychotherapie (supportive Psychotherapie)

Indikationen

Stützende oder supportive Psychotherapie wird überwiegend eingesetzt als
Langzeittherapie bei chronisch Kranken mit ausreichender Auffassungs- und Ausdrucksfähigkeit, z. B. bei

- chronischen Psychotikern, auch mit Residualsymptomatik,
- hirnorganisch Geschädigten,
- Suchtkranken,
- Patienten mit anhaltenden seelischen Belastungen,
- Patienten mit chronischen körperlichen Erkrankungen.

Insgesamt *Anwendung* global dort, wo *aufdeckende* Therapieformen und *verhaltenstherapeutische* Maßnahmen *kontraindiziert* und wirkungslos sind.

Begleitwirkungen/Komplikationen

- Bei Fehleinschätzung der psychischen Stabilität des Patienten Reaktionen von Depressivität, Angespanntheit und Angstgefühl möglich.
- Auf der anderen Seite kann eine *intellektuelle Unterforderung* des Patienten zu Unzufriedenheit, Langeweile und/oder Ungeduld führen.

Kontraindikationen

Relative Kontraindikation:
Anwendung bei erlebnisreaktiven bzw. neurotischen Störungen erst dann, wenn andere, eingreifendere Therapieformen (z. B. analytisch orientierte Psychotherapie, klientenzentrierte wie auch Gestalttherapie, Formen der Verhaltenstherapie und der aufdekkenden Gruppentherapie) *erfolglos ausgeschöpft wurden.*

Allgemeines

Autohypnotische *Entspannungsmethode* bzw. autosuggestive Methode zur Körperselbstbeeinflussung („konzentrative Selbstentspannung“);
am weitesten verbreitete Form systematisierter Entspannungsübungen.
(Äußere Ähnlichkeit besteht mit der „progessiven Relaxation“ – s. S. 313).

Wirkhypothesen

Mit Hilfe abgestufter *Konzentrationsübungen* wird ein Zustand von Ruhe und Entspanntheit hergestellt.
Darauf aufbauend:
Training einer autosuggestiven Beeinflussung der unwillkürlichen Körperfunktionen mit einer Tendenz zur Generalisierung mit dem Effekt einer positiv stabilisierenden Einflußnahme auf das Vegetativum.

Vorgehen

- *Unterstufe:*
  Im Liegen oder in „Droschkenkutscherhaltung“ Einüben von Schwereübung, Wärmeerlebnis, Herzregulation, Atemeinstellung, Regulierung der Bauchorgane („Sonnengeflecht“) und Einstellung des Kopfgebietes („Stirnkühle“).
  Dauer etwa 10–12 Sitzungen, die fakultativ zur Oberstufe weitergeführt werden können.
- *Oberstufe:*
  Zusätzlicher Übergang auf meditative Vorstellungen (Ähnlichkeit mit *Bilderleben* – s. S. 315 ff.).
  Übergang zur jeweils nächsten Übung etwa alle zwei Wochen.
- Nach Erlernen Fortsetzung über längere Zeit, etwa 2- bis 3mal täglich fünf Minuten lang zu Hause.

Autogenes Training (AT)

Indikationen

Vor allem:

- Körperlich-vegetative Funktionsstörungen, insbesondere sympathikotone Überreaktionen (z. B. Tachykardie, Hypertonie); grundsätzlich alle psychosomatischen Erkrankungen (s. S. 189ff.),
- Unruhezustände, Ängste, Verstimmtheit,
- Erschöpfungsgefühl und Abgeschlagenheit,
- muskuläre Verspannungen,
- chronische Schmerzzustände.

Begleitwirkungen/Komplikationen

Abgleiten in Benommenheit und Tiefschlaf vermeiden!

- Bei *mangelhafter Desuggestion:*

Auftreten von Körpermißempfindungen, Schweregefühl und Mattigkeit möglich.

Kontraindikationen

Endogene und exogene Psychosen.
Oligophrenie; Hirnerkrankungen bzw. -schädigungen (s. S. 104ff.).
Stärkere Angstzustände mit Neigung zu hypochondrischer Selbstbeobachtung.
Tendenz zu hysterischen Reaktionen; hysterische Persönlichkeitsstörung (s. S. 185 bzw. 227).
Schwerere Depressionszustände.

Allgemeines

Durch *Fremdsuggestion* herbeigeführter schlafähnlicher Zustand mit Bewußtseinseinengung sowie Schwere- und Wärmegefühl. Über die erhöhte Suggestibilität verbleibt der Rapport zum Hypnotiseur.

Wirkhypothesen

Infolge sich einstellender trophotroper psychovegetativer Reaktionslage:
Einflußnahme auf *vegetative Grundfunktionen*.
Hieraus resultieren:

- vegetative Stabilisierung,
- Abnahme von Schmerzempfindlichkeit,
- Zunahme an Gelassenheit und Selbstvertrauen,
- positive Veränderung der psychischen Gesamtverfassung.

Vorgehen

Vorausgehend *gründliche Diagnostik,* insbesondere umfassende *Anamneseerhebung* (s. S. 2ff., 14ff.),

- Überprüfung der Suggestibilität des Patienten,
- Besprechung der Methode bzw. zu erwartender Reaktionen.

Fixationsmethode:
Patient wird angehalten, einen kleineren Gegenstand unentwegt anzuschauen.
Folgen: Ermüdung, Pupillenerweiterung. Augenbrennen, Augenschließen.
Allmählicher Zustand der Somnolenz.

- Sodann: knappe, einfache, sich wiederholende *verbale Suggestionen,* die sich auf die angestrebten therapeutischen Ziele richten (z. B. Angstreduktion, Schmerzdämpfung, Verhaltensregulierung). *Dauer:* ca. 20–30 Min. bei 1–3 Sitzungen pro Woche.
- Beendigung durch *Desuggestion* (klare deutliche verbale Rücknahme der Suggestionen).

Auch als *Gruppenbehandlung* möglich.

Indikationen

Ähnlich wie bei autogenem Training (s. S. 309 ff.):

- Psychovegetative Beschwerden; Streßreaktionen,
- psychosomatische Erkrankungen (s. S. 189 ff.),
- Unruhe- und Spannungszustände, Angstreaktionen,
- chronische Schmerzzustände einschließlich Migräne,
- Suchterkrankungen (s. S. 233 ff.),
- sexuelle Devianz (s. S. 257 ff.).
- Auch als Hypnokatharsis zur Reaktivierung verdrängter, emotional belastender Erlebnisse.

Begleitwirkungen/Komplikationen

- Bei mangelhafter *Desuggestion:*
  Müdigkeit, Übelkeit, Benommenheit und Kopfschmerz sowie Körpermißempfindungen.
  Hinweis: durch sog. posthypnotischen Auftrag in gewissem Umfang Einflußnahme auf folgendes Verhalten des Patienten möglich, jedoch nur so weit, wie dessen *eigenes Wertsystem* nicht tangiert wird.

Kontraindikationen

Exogene und endogene Psychosen,
Oligophrenie und schwerere Hirnerkrankungen bzw. -schädigungen, starke Angstgefühle (s. S. 104 ff.),
Neigung zu Hysterie oder intensiverer Selbstbeobachtung,
innerer Widerstand des Patienten.

Allgemeines

Systematische Methode der *Muskelentspannung* mit psychotherapeutischer Auswirkung bzw. zur Einleitung verhaltenstherapeutischer Übungen.
Äußere Ähnlichkeit mit autogenem Training (s. S. 309ff.).

Wirkhypothese

Infolge der schrittweisen muskulären Entspannung werden über Konditionierung und Autosuggestion *psychische Entspannung* und *Angstreduktion* erreicht, die u. a. als Voraussetzung für verhaltenstherapeutische Techniken (z. B. systematische Desensibilisierung – s. S. 328) notwendig sind.

Vorgehen

Jeweils einige Sekunden lang *maximale Anspannung* und *folgende Entspannung* der Gliedmaßen und Rumpfmuskulatur in folgenden Schritten:
Arme, Beine, Atem- und Bauchmuskulatur, Gesichtsmuskulatur.
Anschließend *aktive Zurücknahme* durch erneutes, kurzes Anspannen und Ausstrecken.
Auch als *Gruppenbehandlung* geeignet.

Indikationen

- Erschöpfungsgefühl, Unruhe, Angst.
- Leichtere funktionelle Körperstörungen,
- Vorbereitung zur Verhaltenstherapie.

Begleitwirkungen/Komplikationen

Nicht bekannt.

Kontraindikationen

Endogene und exogene Psychosen. Schwerere Oligophrenie oder andersartige Defektsyndrome.

Bilderleben („katathymes Bilderleben")

Allgemeines

Vom „Bildstreifendenken" abgeleitete Form der *imaginativen Psychotherapie.*
Anleitung zum emotionsträchtigen Erleben einer Tagtraumwelt in Form szenischer Bilder.

Wirkhypothese

Infolge von Deutung und Besprechung der erlebten Imaginationen kommt es zur *Aufdeckung und Bewältigung* unbewußter Konfliktsituationen.

Vorgehen

Zunächst Entspannungsübung, dann *suggestive Anregung:* der Patient wird aufgefordert, sich bestimmte Situationen vorzustellen und zu beschreiben, anfangs sog. „Standardmotive", später auch konfliktbesetztere Themen.

- Standardmotive der *Grundstufe:* Wiese, Bach, Berg, Haus, Waldrand.
- Standardmotive der *Mittelstufe:* Bezugspersonen, Sexualität, Aggressivität, Ich-Ideal.
- Standardmotive der *Oberstufe:* Höhle, Sumpf, Vulkan, Schriftrolle.

Unter sparsamer Interpretation durch den Therapeuten kommt es in einer Serie von Sitzungen zu einer fruchtbaren Auseinandersetzung mit den Symbolgestalten, welche den Patienten zu Selbsterkennung, Einsicht, Versöhnung und Annahme befähigen sollen.
Maximal 50 Sitzungen. Auch in Gruppenform möglich.

Indikationen

- Angst- und Zwangszustände, depressive Entwicklungen.
- Charakterneurosen, psychosomatische Störungen (s. S. 189ff.).
- Chronifizierte Schmerzzustände.
- Ferner: infolge meditativer „Innenschau" Entspannung und Sammlung.

Begleitwirkungen/Komplikationen

- Bei zu forciertem Vorgehen können Unruhezustände und Angstgefühl bis zur Panik auftreten.
- Wie bei anderen aufdeckenden Psychotherapieformen kann eine *latente Psychose aktiviert* werden.

Kontraindikationen

Endogene und exogene Psychosen.
Hirnerkrankungen bzw. -schädigungen. Oligophrenie (s. S. 104ff.).
Borderline- und narzißtische Persönlichkeitsstörungen (s. S. 229ff.).
Patienten mit Neigung zu Hysterie und verstärkter Selbstbeobachtung.

Analytische Psychotherapie
(Psychoanalyse)

Allgemeines

Ursprünglich von Freud entwickelte *Untersuchungsmethode* zur Aufdeckung unbewußter Inhalte, darauf aufbauend *Behandlungsmethode* mit *speziellem Persönlichkeitsmodell* („Es" – „Ich" – „Über-Ich") und *Entwicklungsmodell* („orale Phase" – „anale Phase" – „phallisches Stadium" – „Latenzperiode").
Neben der orthodoxen Richtung Entwicklungen, die sich zwar am ursprünglichen Persönlichkeitskonzept orientieren und das Grundprinzip der Analyse bejahen, jedoch hinsichtlich der Neurosenentstehung von *dynamischeren Auffassungen* ausgehen (z. B. Neopsychoanalyse, dynamische Psychotherapie, analytische Kurztherapie, Fokaltherapie, analytische Psychologie und individualpsychologische Therapie).

Wirkhypothesen

- Grundannahme: *Wiederbewußtmachung* vergessener, ehemals ins Unbewußte abgedrängter Triebkonflikte und affektgeladener Vorstellungen mit Hilfe spezieller Techniken (s. unten).
- Therapeutischer Rahmen: Übertragungsprozeß zwischen Arzt und Patient („Übertragungsneurose").
- Therapeutisches Ziel: Heilung nach Aufdeckung der *Widerstandsmechanismen* und Bearbeitung der *Übertragungsdynamik*.

Vorgehen

- Umfassendes *Erstinterview* (s. S. 4) zur Abklärung der Indikation.
- Behandlung des entspannt sitzenden oder liegenden Patienten: Gedanken, Vorstellungen, Empfindungen, Wünsche oder Befürchtungen, die gerade einfallen, sollen *spontan mitgeteilt* werden – ohne Kontrolle oder Selbstkritik („psychoanalytische Grundregel").
- Von seiten des Therapeuten nur sparsame Interpretationen, ansonsten *weitgehende Zurückhaltung* („Abstinenzregel").
- Kennzeichnung der „Widerstände" aus der Abwehrhaltung des Patienten, die als wichtige Therapiemediatoren verwendet werden.

Meist *mehrjährige Behandlung* mit 2–4 Sitzungen pro Woche unter möglichst genauer Einhaltung der Zeit.

Analytische Psychotherapie (Psychoanalyse)

Bei analytischer *Fokal- bzw. Kurztherapie* („Kurzanalyse") Beschränkung des therapeutischen Zieles auf abgrenzbaren Konflikt (psychodynamischer „Fokus"). Aktiveres Vorgehen des Therapeuten.
Behandlungsdauer hier ca. 1 Jahr bei 20–40 Sitzungen.

Indikationen

- Erlebnisreaktive Entwicklungen; Kern- oder Charakterneurosen, Persönlichkeitsstörungen (s. S. 178ff., 189ff.).
- *Fokaltherapie:* leichtere neurotische Störungen. Erlebnisreaktionen (s. S. 163ff.).

Begleitwirkungen/Komplikationen

- Bei zu langer Analyse zunehmende Unselbständigkeit des Patienten und Abhängigkeit vom Therapeuten.
- Infolge mangelhafter Kontrolle der Gegenübertragung Identifikation, Aktivismus von seiten des Therapeuten.
- Im Verlauf der Behandlung oft wechselnde Zustände von Depressivität, Unruhe oder Angstgefühl.

Kontraindikationen

Endogene und exogene Psychosen, mangelhaft reflexionsfähige und auffassungseingeschränkte Patienten, Oligophrenie.
Bei *Fokaltherapie* zusätzlich:
Suchtleiden, chronische Zwangskrankheit und Phobien, Suizidalität.

Analytische Psychologie

Allgemeines

Von dem Freud-Schüler JUNG entwickelte, *analytisch orientierte Form der Psychotherapie.* Zentraler Begriff: „Selbstwerdung" („Individuation").
Umfassender Begriff des *Unbewußten* als in der Psychoanalyse (s. S. 316ff.) als schöpferische Quelle alles Bewußten.
Neurosenentstehung infolge Verdrängung und Vernachlässigung angeborener „religiöser" Funktionen der Psyche.

Wirkhypothese

Infolge der Entwicklung eines Nachreifungs- und Entfaltungsprozesses Wandlung und Heilung des Patienten durch *Individuation.*

Vorgehen

- Nach sorgfältiger *Anamnese* (s. S. 2ff., 14ff.) *Bestandsaufnahme und Interpretation* ehemals unbewußter Inhalte aus *Träumen, freier Assoziation* und *aktivem Vorstellen.* Erklärung und Bewußtmachung der symbolverkleideten Inhalte aus dem individuellen und kollektiven Unbewußten als Quelle neurotischen Verhaltens.
- Hiermit einhergehend: Phasen der *Katharsis, Übertragung und* schließlich *Veränderung und Gesundung.*

Indikationen

Charakterneurosen und Persönlichkeitsstörungen. Lebensschwierigkeiten (s. S. 178ff., 216ff.).

Begleitwirkungen/Komplikationen

Im großen und ganzen wie bei psychoanalytischer Therapie.

Kontraindikationen

Wie bei psychoanalytischer Therapie (s. S. 316ff.).

Allgemeines

Von dem Freud-Schüler ADLER entwickelte, ganzheitsorientierte Therapieform, die auf dem Konzept der *Individualpsychologie* beruht.
Abweichend von klassischer Psychoanalyse zentrale Rolle von Minderwertigkeits- und Mangelerlebnissen sowie daraus resultierender *Überkompensationen*.
Insgesamt ausgeprägt pädagogischer Akzent.

Wirkhypothesen

- Durch *Bewußtmachung* von Motivationen und Zielsetzungen, die das Selbstwerterleben des Patienten bestimmen, werden neue *Lebensperspektiven* ermittelt. Im Kontrast zur Psychoanalyse wird die (s. S. 316ff.) Bedeutung *sozialer Bezüge* hervorgehoben.
- Freilegen der Überkompensationsbemühungen, die als neurotische Absicherungsmaßnahmen identifiziert werden.

Vorgehen

Nach Abklären der *Anamnese:*

- *Analyse des Lebensstiles* der frühen Kindheit („Lebensplan") und daraus resultierend: Neubewertung der künftigen Lebensplanung. Schrittweise Bearbeitung von Minderwertigkeitsgefühlen und Überkompensation.
- Therapeutische *Haltung* betont verstehend und stützend, vor allem ermutigend.
- Therapeutische *Beziehung* auf der Ebene von Partnerschaftlichkeit, Gleichberechtigung und gegenseitiger Wertschätzung.

Einzel- und Gruppenbehandlung möglich.

Indikationen

- Allgemeine Lebensschwierigkeiten, Persönlichkeitsstörungen;
- Charakterneurosen, psychosomatische Erkrankungen, Süchte (s. S. 189ff., 216ff.).
- Sexuelle Devianz (s. S. 257ff.).

Auch als Familien- und Partnertherapie (s. S. 355ff.) geeignet.

Begleitwirkungen/Komplikationen

Ähnlich wie unter analytisch orientierter Psychotherapie (s. S. 316ff.) können sich einstellen:

- Unselbständigkeit und Abhängigkeit vom Therapeuten bei mangelhafter Gegenübertragungskontrolle,
- Überforderung des Patienten bei zu hastigem Vorgehen,
- Überinterpretation und Überbewertung von echten oder vermeintlichen Mangelerlebnissen.

Kontraindikationen

Endogene und exogene Psychosen; psychotische Residual- und Defektsyndrome (s. S. 130ff., 141ff.).
Oligophrenie bzw. hirnorganische Schädigungen mit begleitender mangelhafter kognitiver Leistungsfähigkeit (s. S. 104ff.).
Im übrigen keine Kontraindikationen bekannt.

Allgemeines

Form „ärztlicher Seelsorge", basierend auf der aus der Individualpsycholgie entwickelten „Existenzanalyse".
Diese beinhaltet die Durchforschung der den Lebenslauf bestimmenden Ereignisse und Motivationszusammenhänge des Patienten.
Angestrebt wird eine analytische *Erhellung des Sinnes der personalen Existenz* unter Einbeziehung gegenwärtiger Geschehnisse.
Weitere therapeutische Faktoren: „Begegnung" und „Engagement".
(Achtung: keine „Logik"-Therapie als Behandlung mit „Vernunftargumenten"!)

Wirkhypothesen

- Grundannahme: infolge der Auseinandersetzung mit der Lebensgeschichte, vor allem auch der eigenen Krankheit Ermittlung des *individuellen Lebenssinnes.*
  Kann dieser akzeptiert werden, vermag der Patient der vermeintlichen Sinnlosigkeit des Lebens entgegenzutreten; er wird entscheidungsfähig, reift zum „personalen Werden" und überwindet neurotische Zweifel.

Vorgehen

Leitlinie: umfassende *Analyse der Biographie* mit allen wichtigen Ereignissen, Zielsetzungen und Sinnbezogenheiten, teils unter Einsatz analytischer Methoden. Schrittweise Ergründung des dem Patienten verborgenen Sinnes von Schicksal und Krankheit, wobei der Therapeut quasi „seelsorgerische" Aufgaben übernimmt.
Als *praktische Handlungen:*

- „Paradoxe Intention": Der Patient wird aufgefordert, sich das vorzustellen und herbeizuwünschen, was er besonders fürchtet (ähnlich der Konfrontation im Rahmen der Verhaltenstherapie – s. S. 330ff.).
- „Dereflexion": Versuch, krankhafte Symptome durch Ablenkung zu ignorieren bzw. damit zu „vergessen".

Logotherapie

Indikationen

Die Logotherapie eignet sich alternativ oder ergänzend zu anderen Psychotherapieformen zum Einsatz bei

- anhaltenden Depressionen und chronischen Angstzuständen, vor allem dann, wenn sie Ausdruck tiefergreifender Lebenskrisen sind,
- unlösbaren Konfliktsituationen und anhaltenden Belastungen (vgl. auch S. 307ff.),
- chronischen körperlichen Leiden oder Behinderungen.

Paradoxe Intention und *Dereflexion* werden gezielt angewendet bei umschriebenen Angst- und Zwangssymptomen.

Begleitwirkungen/Komplikationen

Nicht bekannt.

Kontraindikationen

Akute endogene und exogene Psychosen; psychotische Residual- und Defektsyndrome (s. S. 130ff., 141ff.);
Oligophrenie bzw. hirnorganische Schädigungen, Demenz (s. S. 104ff.);
schwerere Verhaltensstörungen.

Personenzentrierte Gesprächstherapie
(klientenzentrierte Gesprächspsychotherapie)

Allgemeines

Aus der *psychologischen Beratung* entwickelte Psychotherapieform, zugehörig zur „humanistischen Psychologie“. Angestrebt wird eine schrittweise Entfaltung und Autonomisierung der Persönlichkeit bis zum eigentlichen „Selbst“.
Auf eine vorausgehende, vertiefte neurosenpsychologische Diagnostik wird verzichtet.

- Von besonderer Wichtigkeit als Charaktereigenschaften des Therapeuten: positive Wertschätzung und emotionale Wärme, einfühlendes Verständnis und Kongruenz/Echtheit.

Wirkhypothese

- Grundannahme: Jeder Mensch verfügt über genügend Kräfte, sich selbst zu bestimmen und zu aktualisieren.
  Dieses unentdeckte Potential des Patienten wird ermittelt und ihm auf dem Weg der *Selbstexploration* bewußt gemacht.
- Hieraus resultieren: Selbstannahme und Selbstkongruenz des Patienten, Selbstverantwortung und Autonomie.
  Einfühlendes Verständnis („Empathie“) des Therapeuten als wichtige, therapeutisch wirksame Variable von besonderer Bedeutung.

Vorgehen

- Aufforderung an den Patienten („Klienten“) zu *freier Schilderung und Mitteilung* der ihn beeinträchtigenden Beschwerden und damit zusammenhängender Gedanken und Vorstellungen.
- Der Therapeut faßt das Verstandene zusammen unter Verzicht auf weiterführende Deutungen und analysierendes Hinterfragen, aber unter *Kennzeichnung der pathogenen Lebensbedingungen.*
- Der *emotionale Gehalt* der Äußerungen des Patienten wird widergespiegelt, auch werden Widersprüchlichkeiten aufgedeckt. Ratschläge werden nicht gegeben.
- *Dauer:* 10–50 Sitzungen.
  Begleitend können (z. B. zur Verlaufskontrolle bzw. zur Therapieevaluation) mit Einverständnis des Patienten Ton- oder Videoaufzeichnungen angefertigt und/oder psychologische Tests durchgeführt werden.

Personenkonzentrierte Gesprächstherapie
(klientenzentrierte Gesprächspsychotherapie)

Indikationen

- Erlebnisreaktive depressive Entwicklungen (s. S. 179ff.),
- Angstneurosen (s. S. 181ff.),
- psychovegetative und psychosomatische Störungen (s. S. 189ff.),
- anhaltendes Versagensgefühl, Selbstunsicherheit,
- chronische Konfliktsituationen; Partnerschaftsprobleme.

Begleitwirkungen/Komplikationen

Nicht bekannt.

Kontraindikationen

Endogene und exogene Psychosen, psychotische Defektsyndrome,
Hirnschädigungen bzw. Oligophrenie,
schwerere Neurosen und ausgeprägtere Persönlichkeitsstörungen.

Allgemeines

Form *ganzheitlicher Psychotherapie,* orientiert am Selbstverständnis der „humanistischen Psychologie". Entwickelt aus Gestaltpsychologie, Psychoanalyse, Existentialismus und Lernpsychologie. Besonderes Merkmal ist die Einbeziehung der *Körpersprache.*
Erklärung der Entstehung neurotischer Störungen aus Desintegration, Abspaltung und unbewußter Vermeidung von Wünschen oder Vorstellungen, die Unbehagen oder Angst erzeugen könnten.

Wirkhypothese

- Grundannahme: Aufgrund obiger Neurosentheorie wird eine „Reorganisierung" der desintegrierten Persönlichkeit angestrebt, indem vermiedene, nicht abgeschlossene, unerledigte Impulse und Handlungsansätze aufgedeckt, wahrgenommen und „abgeschlossen" werden.
- Voraussetzung ist die Bereitschaft zur *vollen Selbstwahrnehmung,* insbesondere des eigenen Körpers und der mit Hilfe des Therapeuten intensiv und bewußt durchlebten aufsteigenden *Phantasien, Gefühle* und *Vorstellungen.*

Vorgehen

- In einer Serie von Sitzungen wird zunächst der *Einstieg* in die Problematik gesucht („Initialphase"), gefolgt von einer vertieften und akzentuierten *Wiederholung* („Aktionsphase").
- Während der „Integrationsphase" erfolgt die *Durcharbeitung* der sich einstellenden Vorstellungen und Gefühle in aktiver und direktiver Form. Im „Hier und Jetzt" und in voller Aufmerksamkeit („Awareness") von seiten des Patienten wie des Therapeuten werden die spontan auftauchenden Gefühle geäußert, geklärt oder auch im Rollenspiel (s. S. 350ff.) dargestellt.
- Hieran anschließend wird *verhaltensmodifiziertes Erproben* („Neu-Orientierung") erarbeitet.

Der Therapeut versteht sich als „Katalysator" und begleitet aufmerksam und aktiv die Sitzungen.
Möglich sind *Einzel-* und *Gruppenbehandlungen.*

Gestalttherapie

Indikationen

- Depressionen und Ängste im Rahmen *erlebnisreaktiver Entwicklungen* (s. S. 179ff.),
- Persönlichkeitsstörungen (s. S. 216ff.),
- Suchterkrankungen (s. S. 233ff.),
- psychovegetative und psychosomatische Störungen (s. S. 189ff.).

Grundsätzliche Anwendung als
Hilfe zur Selbsterkennung und Selbstentfaltung.

Begleitwirkungen/Komplikationen

Es handelt sich um ein *emotional belastendes Verfahren,* daher können bei mangelnder Ich-Stärke oder unzureichend trainiertem Therapeuten
Unruhe- und Angstzustände, Erregtheit, Aggressivität, Niedergeschlagenheit, Erschöpfungsgefühl und Schlafstörungen auftreten.
Im Einzelfall ist die Aktivierung einer latenten Psychose zu beobachten.

Kontraindikationen

Endogene und exogene Psychosen, psychotische Defektsyndrome, Oligophrenie, hirnorganisches Psychosyndrom bzw. Demenz, konversionsneurotische Störungen,
asthenische, hypochondrische und hysterische Persönlichkeitsstörungen.

Anmerkungen

Aus verhaltenstherapeutischer Sicht sind psychische Störungen als festgefahrene „Falschgedanken“ oder „Fehlgewohnheiten“ aufzufassen, die konsequenterweise mittels systematischen Trainings abgebaut und durch normale Verhaltensweisen ersetzt werden können. Theoretische Grundlagen bilden die *experimentelle Lernpsychologie* und der *Behaviorismus*.
Das krankhafte, störende Verhalten entwickelt sich aus der Einwirkung von Stressoren, den damit einhergehenden operanten Verstärkungsmechanismen und der daraus resultierenden klassischen Konditionierung. Dem entspricht die pathogenetische Funktionskette: Auslösung – Verhalten – Konsequenzen des Verhaltens.
Mittels der vorausgehenden *Verhaltensanalyse* ist herauszufinden, welche Bedingungen für Streßeinwirkung, Verstärkung und Konditionierung verantwortlich sind. Aufgrund dieser Ergebnisse können dann verhaltenstherapeutische Methoden eingesetzt werden, die je nach Schwerpunkt auf eine Änderung der Stressoren abzielen, ein *Training* alternativer Verhaltensweisen erstreben oder eine *Löschung* der auslösenden Reize herbeiführen. Hiermit einhergehend werden alle positiven Reaktionen, die normales Verhalten bedeuten, verstärkt.
Im Gegensatz zu tiefenpsychologisch orientierten Therapiemethoden steht das offen beobachtbare, gestörte Verhalten bzw. das neurotische Symptom im Vordergrund; der individuellen Lebensgeschichte wird weniger Bedeutung beigemessen.
Die Entwicklung der Verhaltenstherapie tendiert aber insgesamt dahin, auch erlebnis- und motivationspsychologische Faktoren in die Behandlung einzubeziehen; unerläßlich ist die Kenntnis der funktionellen Krankheitsdynamik, insbesondere der indirekt mitwirkenden Verstärkermechanismen, die das aktuelle Krankheitsverhalten aufrechterhalten.
Häufig müssen verschiedene Therapiemethoden *miteinander kombiniert* werden, wobei insgesamt eine zunehmende Ausweitung der Indikation zu beobachten ist. In der Tat wurden auch dort noch Behandlungserfolge erreicht, wo andere Therapiemethoden letztlich unwirksam blieben.
Erwähnenswert erscheint in diesem Zusammenhang neben der Ökonomie die klare wissenschaftliche Begründbarkeit der verhaltenstherapeutischen Konzepte.

Desensibilisierung

Gängige *verhaltenstherapeutische Methode* mit dem Ziel eines systematischen, schrittweisen Abbaus störender Verhaltens- und Erlebnisweisen, insbesondere von Angstsymptomen.

Wirkhypothesen

Aufgrund *reziproker Hemmung* schließen sich Angst und angsthemmende Reaktionen gegenseitig aus.
Daraus folgt:
Wenn der Patient im entspannten, angstfreien Zustand allmählich an angstauslösende Gegenstände oder Situationen herangeführt wird, kann hierdurch der eingefahrene, reflexhafte Automatismus „Vorstellung – Symptom" gelockert und schließlich aufgelöst werden.
Dies bedeutet:
Die Verhaltenskette „Angst – Fluchtreaktion – Vermeidung" wird durch *Re-Konditionierung* unterbrochen und entschärft.

Vorgehen

- Zunächst Erörterung der *Vorgeschichte* (s. S. 14ff.) und Bestandsaufnahme der *aktuellen Symptomatik* mittels Verhaltensanalyse.
- Erklärung des *therapeutischen Prinzips* und der einzelnen Behandlungsschritte.
- Aufstellung einer *Hierarchie* angstauslösender Reize,
- Einübung von *Entspannung* (z. B. als progressive Relaxation – s. S. 313ff.).
- Sodann:
  Konfrontation des tief entspannten Patienten mit zunächst sehr schwachen Angstreizen.
  Sobald diese angstfrei erlebt werden, Übergang zu jeweils intensiveren Stufen der Angsthierarchie, bis die zuvor anxiogenen Stressoren ohne begleitende Angst erlebt werden.
  Die Übungen sind sowohl in sensu wie auch in vivo möglich.
- Hinweis: Immer ist zu überprüfen, in welcher Form durch *Selbstkontrollmethoden* Unabhängigkeit des Patienten vom Therapeuten erreicht werden kann.
  Dauer: in der Regel um 20–30 Sitzungen über 10–20 Wochen erforderlich.
  Auch nach Abschluß der eigentlichen Behandlung in mehr oder weniger größeren zeitlichen Abständen *Auffrischungsübungen* empfehlenswert.

Indikationen

Systematische Desensibilisierung vorrangig einsetzbar bei

- isolierten Phobien bzw. situativ gebundenen Ängsten (s. S. 96, 181 ff.);
- Zwangsimpulsen und Zwangshandlungen (s. S. 94, 183 ff.).

Begleitwirkungen/Komplikationen

Ein zu forciertes Vorgehen ist zu vermeiden, da der betreffende ursprünglich angstauslösende Reiz nicht als unangenehm belastend oder unlustbetont empfunden werden darf.

Kontraindikationen

Akute und subakute endogene und exogene Psychosen,
psychotische Residual- und Defektsymptomatik,
erlebnisreaktive depressive Entwicklungen bzw. chronische Neurosen,
allgemeine Lebensschwierigkeiten bzw. Krisensituationen.
Oligophrenie bzw. hirnorganische Schädigungen einschließlich Demenz.
Relative Kontraindikationen
bei diffusen Angst- und Zwangszuständen beachten.

Reizüberflutung, Reizkonfrontation
(Implosion, Flooding)

Allgemeines

Methode der *Verhaltenstherapie* zur Behandlung von Ängsten. Im Gegensatz zur systematischen Desensibilisierung. „Übersättigungstherapie"; Konfrontation des Patienten mit den angstauslösenden Reizen.

Wirkhypothese

- Infolge physiologisch bedingter *Habituation* kommt es zu einer Erschöpfung des inneren Angstpotentials und zu einer Abschwächung des Angsterlebens des Patienten, wenn dieser über mindestens 10–20 Minuten der spezifischen angstauslösenden Situation in *voller Intensität* ausgesetzt wird.
- Zusätzlich wirkt das ermutigende Vorbild des Therapeuten angstmindernd.

Vorgehen

- Erhebung der *Vorgeschichte* und *Bestandsaufnahme* der *aktuellen Symptomatik*. Genaue *Verhaltensanalyse*.
- Erklärung des *therapeutischen Prinzips* und Besprechung der *Vorgehensweise*.
  Sodann:
  Der Patient wird in Begleitung des Therapeuten den definierten angstmachenden Reizen ausgesetzt und angehalten, das aufkommende Angstgefühl so lange wie möglich auszuhalten. Flucht, Vermeidung oder Ablenkung sollen ausgeschlossen bleiben.
  (Beispiel: der klaustrophobische Patient begibt sich in einen abgeschlossenen Raum.)
  Nach wellenartigem Anstieg des Angsterlebens kommt es schließlich zu einer Überschreitung des Höhepunktes und zu einer allmählichen Abnahme der Angstgefühle.
  Positiv wirkt, daß die vom Patienten befürchteten Konsequenzen (z. B. Kreislaufreaktionen, Ohnmacht) nicht eintreten.
  In der Regel bereits nach wenigen Übungen deutliche Besserung, jedoch in mehr oder weniger großen zeitlichen Abständen weitere *Auffrischungsübungen* notwendig.
- Notwendige *Voraussetzungen:* Stabilität, Erfahrung und Vertrauenswürdigkeit des *Therapeuten*,
  sowie körperliche Gesundheit und hohe Motivation von seiten des *Patienten*.

Reizüberflutung, Reizkonfrontation (Implosion, Flooding)

Indikationen

Diffuse wie auch situationsgebundene, nichtpsychotische Angstzustände (s. S. 95 ff., 181 ff.).

Begleitwirkungen/Komplikationen

Es kann zu heftigen körperlichen bzw. vegetativen Reaktionen (Tachykardie, Schwitzen, Tremor u. ä.) kommen aufgrund der intensiven emotionalen Belastung des Patienten (Zuversichtlichkeit und Haltung des Therapeuten!),
ferner zu Entmutigung und Demotivation bei vermeintlichem „Versagen".

Kontraindikationen

Akute und latente endogene und exogene Psychosen,
psychotische Residual- und Defektsyndrome.
Oligophrenie und hirnorganische Schädigungen bzw. Demenz.
Funktionelle Körperstörungen bzw. psychosomatische Erkrankungen.
Relative Kontraindikation:
Persönlichkeitsstörungen.

Selbstbehauptungstraining
(Assertiveness training)

Allgemeines

Methode der *Verhaltenstherapie* mit dem Ziel, soziale Ängste und Kontaktstörungen abzubauen sowie Selbstsicherheit und Vermögen zur Selbstbehauptung zu entwickeln.

Wirkhypothesen

- Über schrittweises Einüben von sicherem Handeln und zuversichtlichem Auftreten unter kontrollierten Bedingungen Aufbau und Ausweitung von *Ichstärke und Durchsetzungsvermögen.*
- Infolge Wiederholung Stabilisierung und Verfestigung der erlernten Vehaltensweisen sowie Entfaltung sozialer Kompetenz.

Vorgehen

- Erhebung der *Vorgeschichte* und Bestandsaufnahme der *aktuellen Symptomatik.*
- *Verhaltensanalyse* und Besprechung der *therapeutischen Schritte.*
- Entwicklung eines patientenorientierten *Trainingsprogramms* mit ansteigendem Schwierigkeitsgrad bezüglich der problematischen sozialen Situationen, die eingeübt werden sollen.
  Sodann:
  Im *Rollenspiel* Training festgelegter interaktioneller Verhaltensweisen; anschließend Besprechung der Situation.
  Stets *Ermutigung* von seiten des Therapeuten, der vor allem den Patienten zu folgender Einstellung anhält:
- sich spontan verhalten,
- widersprechen und angreifen,
- eigene Wünsche vortragen, Wünsche anderer abschlagen,
- Forderungen stellen,
- Fehler und Kritik ertragen.
  Dauer: längere Serie von Therapiestunden;
  Behandlung im Rahmen der Gruppentherapie (s. S. 342ff.).

Indikationen

- Soziale Ängste; fehlendes Durchsetzungsvermögen.
- Kontaktstörungen infolge mangelhaften Selbstvertrauens und fehlender Selbstsicherheit.
  Ganz allgemein: *Sozialphobien.*

Begleitwirkungen/Komplikationen

Nicht bekannt.

Kontraindikationen

Akute und subakute endogene und exogene Psychosen;
deutlichere psychotische Defektsyndrome
ausgeprägte Minderbegabung bzw. Demenz.
Relative Kontraindikation:
Persönlichkeitsstörungen mit Neigung zu narzißtischen, hysteriformen oder dissozialen Verhaltensweisen; akute Erlebnisreaktionen.

Aversionstherapie

Allgemeines

Form der *Verhaltenstherapie,* bei der krankhafte Handlungen oder Vorstellungen durch Sanktionen („Bestrafung") gelöscht und gleichzeitig erwünschte Verhaltensweisen durch positive Verstärkung („Belohnung") gefördert werden.

Wirkhypothese

- Nach dem Prinzip der *negativen Verstärkung* kommt es zu einer Löschung unerwünschten, störenden Verhaltens, wenn das Auftreten solcher Verhaltensweisen obligat mit für den Patienten unangenehmen Reizen verknüpft wird.
- Wichtig: der Patient muß Handlung und Reaktion als *kontingent* erleben, d. h. beides als zusammengehörig empfinden.
  Bei der „einfachen Löschung" wird unerwünschtes Verhalten lediglich ignoriert.

Vorgehen

- Bestandsaufnahme der *aktuellen Symptomatik* und *Verhaltensanalyse.*
  Sodann:
  Anwendung von *Aversivreizen* unmittelbar nach Auftreten des unerwünschten Verhaltens.
  (Beispiel: Verabreichung von 0,5–1,5 g Disulfiram („Antabus") pro Tag bei Alkoholismus. Dies bedingt, daß nach Genuß von Alkohol Übelkeit, Brechreiz und andere vegetative Symptome auftreten.
  Andere Aversivreize sind z. B. schmerzerzeugende elektrische Schläge.)

Indikation

- Nur noch selten verwendete Methode zur Behandlung von Alkoholismus oder anderen Süchten (s. S. 236ff.).
- Ferner: bei *sexuellen Deviationen,* vor allem bei Fetischismus und Exhibitionismus (s. S. 257ff.).

Begleitwirkungen/Komplikationen

Angstreaktionen, Niedergeschlagenheit. Zunehmende Empfindlichkeit.
Achtung:
(Unter Behandlung mit *Disulfiram* („Antabus") können Schwindel, Kopfschmerz, Koordinationsstörungen, Durchfälle und delirante Symptome auftreten!)

Kontraindikationen

Akute und subakute endogene und exogene Psychosen; psychotische Defektsyndrome.
Oligophrenie bzw. hirnorganische Schädigungen und Demenz.
Chronifizierte neurotische Störungen; schwerere Persönlichkeitsstörungen. Neigung zu Hypochondrie und Selbstbeobachtung.
Bei Verwendung von *Disulfiram:*
Herz-Kreislaufinsuffizienz, Leber- und Nierenfunktionsstörungen, Diabetes. Schwangerschaft.

Münzverstärkungssystem
(Token economy)

Allgemeines

Methode der *Verhaltenstherapie,* der zufolge erwünschte Verhaltensweisen systematisch und kontingent mit Münzen oder Wertmarken („Token") oder anderen Vergünstigungen belohnt werden. (Umgekehrt können auch störende, unerwünschte Verhaltensweisen durch Entzug der Belohnungen „bestraft" und dadurch abgeschwächt werden [s. auch S. 334ff.]).

Wirkhypothese

Durch *positive Verstärkung* Aufbau und Stabilisierung erwünschten Verhaltens unter der Voraussetzung, daß die angestrebten Ziele bekannt und definiert sind und daß Verhalten und Belohnung kontingent aufeinander folgen.

Vorgehen

- Abklärung der *Vorgeschichte* und *Symptomatik*.
- *Verhaltensanalyse* und *Erklärung* des therapeutischen Prinzips.
- Aufstellung eines *Therapieprogramms* mit Festlegung und Definition des Behandlungsziels.
  Sodann:
  Regelmäßige, kontinuierliche und kontingente Verstärkung durch *Belohnung* mit Münzen, Chips o. ä.

Indikationen

- Eingeschränkt auf *Verhaltensstörungen* bei chronischen Psychosen und Oligophrenie (s. S. 105ff., 153ff.).
- Versuch auch bei chronifizierten *neurotischen Störungen* und *Suchterkrankungen* (s. S. 178ff., 233ff., 248ff.).

Begleitwirkungen/Komplikationen

Nicht bekannt.

Kontraindikationen

Weniger geeignet bei differenzierteren Patienten.

Kognitive Therapie
(kognitive Psychotherapie)

Allgemeines

Auf den *Grundlagen der Verhaltenstherapie* entwickeltes Verfahren mit dem Ziel, verzerrte Sichtweisen und verfälschte Schlußfolgerungen des Patienten als krankhaft zu erkennen und abzubauen.

Wirkhypothesen

Grundannahme:
Affekt und Verhalten eines Menschen werden davon geprägt, wie er die Welt wahrnimmt und strukturiert; seine *Vorstellungswelt* („Kognition") wird bestimmt durch langjährige Erfahrungen und habituelle Denkmuster, infolgedessen auch *Verzerrung* des „Weltbildes" durch Denkstereotypien, Übergeneralisierung und selektives Abstrahieren möglich.
Daraus resultieren erstarrte Vorstellungsschablonen und pathologische Handlungsweisen.
Letztere werden mit Hilfe spezifischer Kontrolltrainings identifiziert und durch Neuerfahrungen ersetzt.

Vorgehen

- Erhebung der *Vorgeschichte* und Bestandsaufnahme der *aktuellen Symptomatik*.
- Besprechung der *therapeutischen Prinzipien*.
- *Analyse* der „Kognitionen" und Prüfung auf Übereinstimmung mit der Realität;
  bei Falschbewertung von seiten des Patienten:
- Hinweis auf logische Fehlschlüsse und Hilfe zu alternativen Einschätzungen.

Therapeutische Hilfsmittel sind außer verbalen Techniken (vgl. S. 304 ff.) *verhaltensbezogene Aktivitäten* wie Tagesplanungen, Tagebuchführung und andere Formen der Selbstkontrolle und Selbstinstruktion.
Dauer: ca. 15–25 Sitzungen überwiegend als Einzeltherapie.
Wichtig: Unter der Vorstellung der partnerschaftlichen Kooperation mit dem Patienten kommt den Charaktereigenschaften des *Therapeuten* besondere Bedeutung zu (z. B. Einfühlungsvermögen, Warmherzigkeit, Aufrichtigkeit, Geduld).

Kognitive Therapie
(kognitive Psychotherapie)

Indikationen

Einsatz kognitiver Psychotherapie in erster Linie bei
- reaktiven Depressionen bzw. Depressivität nichtpsychotischer Art; depressiver Neurose (s. S. 179 ff.),
- Angst- und Schmerzzuständen (s. S. 181 ff.),
- chronischen Konfliktsituationen und anderen sozialen Belastungen.

Begleitwirkungen/Komplikationen

Nicht bekannt.

Kontraindikationen

Akute und latente endogene und exogene Psychosen; psychotische Residual- und Defektsyndrome.
Oligophrenie bzw. hirnorganische Schädigungen mit Demenz.
Funktionelle Körperstörungen bzw. psychosomatische Erkrankungen.

Allgemeines

Form der gesprächsbezogenen *Verhaltenstherapie;* Variante der kognitiven Therapie (s. S. 337ff.), entwickelt aus der „humanistischen Psychologie".

Wirkhypothesen

Grundannahme: Emotionen werden als Resultate von Denkvorgängen angesehen. Demzufolge basieren emotionale Störungen auf irrationalen und fehlgeleiteten *Überzeugungen* und *Vorstellungen* („Kognitionen"). Diese krankheitsverursachenden Verzerrungen der Wahrnehmung und Denkmuster werden aufgedeckt und dem Patienten verdeutlicht mit den Zielen der Selbsterkenntnis, Umorientierung und Einstellungsänderung.

Vorgehen

Innerhalb der direktiven und aktiv-didaktisch akzentuierten Therapieform werden folgende *Behandlungsstrategien* eingesetzt:

- zunächst systematische *Analyse* („rationale Selbstanalyse") des *Verhaltens* und der begleitenden *Denkstereotypien* und Emotionen.
- Der Patient wird mit deren irrationalen Anteilen konfrontiert und angehalten, hierzu eine *rationale Alternative* zu erarbeiten. Er soll sich dabei im Zustand der Entspannung problematische Situationen vorstellen und versuchen, so zu denken und zu fühlen, wie er dies eigentlich gern möchte.
- Als *zusätzliche Hilfen* kann der Therapeut Übungsaufgaben geben und durch den systematischen Einsatz therapiebegleitender Lektüre den Heilungsprozeß intensivieren („Bibliotherapie"); der Patient erhält konkrete Strategien zur Selbstkontrolle und Selbsthilfe.

Dauer: üblicherweise 20–40 Sitzungen über 2–4 Monate.

Indikationen

- Erlebnisreaktive depressive Entwicklungen (s. S. 179ff.),
- angstneurotische Störungen (s. S. 181ff.),
- Persönlichkeitsstörungen (s. S. 216ff.),
- Suchterkrankungen und Dissozialität (s. S. 233ff.).
- Einsatz auch im Rahmen der Familien- und Partnertherapie (s. S. 355ff.) sowie als
Präventivmaßnahme zur allgemeinen Psychohygiene.

Begleitwirkungen/Komplikationen

Nicht bekannt.

Kontraindikationen

Akute und latente endogene und exogene Psychosen,
psychotische Defektsyndrome,
akute Erlebnisreaktionen,
Oligophrenie und Demenz.
Relative Kontraindikationen:
psychogene Körperstörungen und psychosomatische Erkrankungen.

Aktivitätsplanung
(Pleasant activities)

Allgemeines

Verhaltenstherapeutische Methode in Form gestaffelter Aktivitäten zum allmählichen Erreichen eines bestimmten Stimmungs- und Leistungsniveaus.

Wirkhypothese

Die Verbesserung der psychischen Allgemeinverfassung (vor allem von Antrieb, Stimmungslage und Leistungsfähigkeit) wird erreicht durch positive Verstärkung über das *regelmäßige Einüben festgelegter Aktivitäten.*

Vorgehen

Nach *Verhaltensanalyse* und *Besprechung* mit dem Patienten:

- Erstellen eines *Aktivitätsprogramms* mit ansteigendem Schwierigkeitsgrad.

Der Patient wird angehalten, diese festgelegten Handlungs- und Verhaltensweisen zu *trainieren,* durch Wiederholungen zu *stabilisieren* sowie die Ergebnisse schriftlich *zu fixieren.* Die jeweiligen Fortschritte werden festgehalten und besprochen; die einzelnen Schwierigkeitsgrade werden zusammen mit dem Patienten ermittelt.

Indikation

- Vorrangig bei chronifizierter erlebnisreaktiver Depression als Hilfsmittel innerhalb anderer verhaltenstherapeutischer Methoden (s. S. 327 ff.).

Begleitwirkungen/Komplikationen

Überforderung des Patienten vermeiden.

Kontraindikationen

Akute endogene und exogene Psychosen,
Oligophrenie,
akute Erlebnisreaktionen.

Anmerkungen

Unter dem Begriff „Gruppentherapie" werden zunächst alle Methoden der Psychotherapie zusammengefaßt, die in und mit der *Gruppe als therapeutischem Medium* arbeiten.

Insofern stellt sie mehr dar als eine Summe von Einzelbehandlungen; vielmehr werden durch Einbeziehung *kommunikations- und gruppendynamischer Gesetzmäßigkeiten* zusätzliche Wirkungsqualitäten erreicht, die der Einzeltherapie verschlossen bleiben.

Es gibt je nach Schulrichtung mehr zudeckend-direktive wie auch andererseits mehr aufdeckend-analytisch geführte Gruppen; das gesamte Spektrum reicht von der eher stützend arbeitenden Stationsgruppe bis zur analytischen Gruppenpsychotherapie.

Allen gemeinsam ist die therapeutische Anwendung von *Interaktionsprozessen* und das Element der „gegenseitigen Therapie" der Gruppenmitglieder. Die vorlaufende Auswahl der Teilnehmer durch den Leiter und die Zusammenstellung der Gruppe gehört zur besonderen therapeutischen Sorgfaltspflicht.

Als Hilfsmittel werden genutzt freie Diskussion, Selbsterfahrung, Übertragungsphänomene und kathartische Prozesse. Immer übt darüber hinaus die Gruppe auch eine erzieherische Wirkung auf jedes Mitglied aus und fördert somit dessen Realitätserfahrung.

Nicht therapeutisch im engeren Sinne arbeiten die sog. *Erlebnisgruppen* aus der Encounter-Bewegung und den Sensitivity-Trainings.

Die den meisten Therapiemethoden eigenen Spezialbegriffe können innerhalb des Rahmens der Checkliste nicht detailliert erläutert werden; ihre Bedeutung ist den psychiatrischen und psychotherapeutischen Wörterbüchern und Glossaren zu entnehmen.

Allgemeines

Gruppenarbeit mit psychiatrischen Patienten, aufbauend auf Erkenntnissen der Gruppendynamik, Kommunikationstheorie und Sozialwissenschaft.
Konkret:
Gemeinsame Besprechung und Bearbeitung von Problemen innerhalb der therapeutischen Gemeinschaft eines Stationsbetriebes oder einer psychiatrischen Abteilung.

Wirkhypothesen

Zudeckend-direktive bzw. supportiv-pädagogische therapeutische Nutzung gruppendynamischer Einwirkungen wie:

- soziale Wahrnehmung,
- Solidaritätsgefühl,
- Gemeinschaftserleben,
- Übernahme vorbildhafter interaktioneller Verhaltensmuster.

Vorgehen

- Organisation *regelmäßiger Zusammenkünfte* von Patienten und Therapeuten des Stationsbetriebes,
- Definition der Aufgaben des *Gruppenleiters,*
- Besprechung und Bearbeitung individueller und kollektiver *aktueller Probleme,*
- Übungen im *Rollenspiel* oder Einsatz anderer verhaltenstherapeutischer *Gruppentrainings* (s. S. 327 ff.).

Von vornherein sind festzulegen:
therapeutische Leitlinien,
äußere Rahmen, Gruppengröße,
Dauer und Zeitpunkt der Zusammenkünfte.
Wichtig:
Kein Teilnahmezwang um jeden Preis;
bei beharrlichem Fernbleiben einzelner Patienten jedoch Abklärung der Beweggründe notwendig.

Indikationen

Allgemeine stationäre Gruppenarbeit bei Patienten mit nach Art und Dauer unterschiedlichen Erkrankungen.

Begleitwirkungen/Komplikationen

Vermeidung von *Überforderung* einzelner Patienten infolge Gruppendrucks („Sündenbock"),
notfalls Eingreifen des Gruppenleiters
(attackiert werden häufig ängstliche, ichschwache oder gehemmte Patienten wie auch unbequeme, unkonventionelle und individualistische Personen).

Kontraindikationen

Perakute endogene und exogene Psychosen,
ausgeprägtere hirnorganische Psychosyndrome,
schwerere Verhaltensstörungen verschiedener Ursache.

Analytische Gruppenpsychotherapie (Gruppenanalyse)

Allgemeines

Aufdeckende Psychotherapieform auf der Grundlage der psychoanalytischen Lehre (s. S. 316ff.).

- Zusätzlich Anwendung *gruppendynamischer Kenntnisse* zur Identifikation und Interpretation gruppenspezifischer Übertragungen, Widerstände und Abwehrmechanismen.

Wirkhypothesen

Einsatz psychoanalytischer Erkenntnisse und gruppendynamischer Gesetzmäßigkeiten zu

- kollektiver Affektabfuhr,
- Aufdeckung und Bearbeitung von Abwehrmechanismen,
- Training sozialer Wahrnehmung und
- Training von sozialem Verständnis und sozialem Lernen.

Vorgehen

- Festlegung der Indikation aufgrund von *Anamneseerhebung und Erstinterview* (s. S. 4, 14ff.).
- Zusammenstellung einer *geschlossenen Gruppe* in üblicher Größe von 8–12 Patienten.

Vergleichbar der Einzelanalyse hält sich der Gruppenleiter mehr beobachtend im Hintergrund („Abstinenzregel“);
bei zu starkem Gruppendruck auf einzelne Mitglieder greift er ein.
Dauer: 1–2 Sitzungen pro Woche bei einem durchschnittlichen Aufwand von 100–120 Therapiestunden.

Indikationen

- Erlebnisreaktive Entwicklungen und
- psychosomatische Störungen

bei Patienten mit den notwendigen Ressourcen zur Langzeitbehandlung (s. S. 178ff., 189ff.).

Begleitwirkungen/Komplikationen

- Belastung einzelner Gruppenmitglieder durch Modifikationsdruck der Gruppe („Sündenbock“),
- Fixierung des Patienten auf die Gruppe mit Unselbständigkeit und Abhängigkeit.

Bei *fehlerhafter Indikationsstellung:*
Auslösung bzw. Dekompensation latenter endogener Psychose.

Kontraindikationen

Akute und chronische endogene und exogene Psychosen,
psychotische Defektsyndrome,
schwerere Depressionen,
Oligophrenie bzw. Demenz
Süchte und Abhängigkeitserkrankungen,
sexuelle Deviationen,
hysterische Persönlichkeitsstörungen.

Allgemeines

Bei der Balint-Gruppe geht es um eine tiefenpsychologisch orientierte *Bearbeitung des Arzt-Patient-Verhältnisses* im Rahmen der Selbsterfahrung („Sprechstundenpsychotherapie“).
Die Arbeit ist zentriert auf die therapeutische Aufgabe am Patienten unter Supervision eines erfahrenen und geschulten Psychotherapeuten.

Wirkhypothesen

Mit Hilfe regelmäßiger und kontinuierlicher Besprechungen lernen die Teilnehmer der Balint-Gruppe, den *interaktionellen Kontext* der vom Patienten gezeigten Beschwerden und Symptome zu erfassen („Beziehungsdiagnostik“).

- Hiermit einhergehend sollen ggf. eigene Fehlhaltungen und -erwartungen gegenüber dem Patienten korrigiert werden.

Vorgehen

- In üblicher Gruppengröße von 8–12 Personen, die ärztlich bzw. therapeutisch tätig sind, werden unter Anleitung Besonderheiten im Umgang mit Problempatienten besprochen, wobei sich der *Gruppenleiter* interpretierend und verdeutlichend beteiligt.
Wöchentlich oder 14täglich Sitzungen von 1–2stündiger Dauer; zeitlicher Umfang insgesamt rund ½–1 Jahr.

Indikationen

- *Schulung* von psychosozialer Kompetenz und *Training* in Besonderheiten der Situationsdiagnostik von Allgemeinärzten oder Psychologen.
Geeignet als patientenzentrierte Selbsterfahrung.

Begleitwirkungen/Komplikationen

Fehlinterpretationen möglich, wenn gruppendynamische Prozesse fehlgedeutet oder nicht erkannt werden.

Kontraindikationen

Nicht bekannt.

Psychodrama

Allgemeines

Methode der *Gruppenpsychotherapie* aus psychoanalytischen, soziologischen und gruppendynamischen Erkenntnissen: Nachspielen bestimmter vorgegebener oder frei gewählter konfliktbesetzter Rollen innerhalb der therapeutischen Gruppe.

Wirkhypothese

Sichtbarmachung *verborgener Gefühle und Konflikte* mit dem Ziel der therapeutischen Entlastung durch Selbsterkennung, Katharsis und Wandlung.
Die umgebende Gruppengemeinschaft fungiert als Ersatz für die reale, konflikterzeugende oder -unterhaltende Umwelt.

Vorgehen

Im Halbkreis der Patienten („Bühne") werden *Situationen des Alltags* unter der Leitung des Gruppentherapeuten dargestellt, vor allem Themen der *eigenen Lebensgeschichte.* Vorrangige Bedeutung haben jeweils die gegenwärtigen innerseelischen Abläufe im „Hier und Jetzt".
Der jeweilige Akteur („Protagonist") soll Phantasien und Gefühle möglichst echt im Verhalten sichtbar werden lassen.
Im abschließenden Gespräch werden die Darstellungen in der Gruppe gemeinsam besprochen und analysiert.
Durchlaufen werden die *„Erwärmungsphase"* (Einstimmung), die *„Spielphase"* (Darstellung) und die *„Abschlußphase"* (Bearbeitung von Übertragungswiderständen).
Im einzelnen können folgende Techniken eingesetzt werden:

- *„Rollenwechsel": Zwei Personen vertauschen gegenseitig ihre Rollen.*
- *„Spiegeltechnik":* Ein anderer („Hilfs-Ich") übernimmt die aktive Rolle und imitiert den Protagonisten, der passiv-zuschauend in der Gruppe verbleibt.
- *„Doppelgängertechnik"*: Dem Protagonisten wird ein „Hilfs-Ich" an die Seite gestellt, das sich in jenen so gut wie möglich hineinversetzen soll.

Gruppengröße: 8–10 Teilnehmer mit regelmäßigen Sitzungen 1–2mal pro Woche.
(Anmerkung: im *Soziodrama* Großgruppen von 20–100 Personen mit verschiedenen Haupt- und Nebenakteuren möglich.)

Indikationen

- Depressive Entwicklungen (s. S. 179ff.),
- angstneurotische Störungen (s. S. 181ff.),
- Suchterkrankungen (s. S. 233ff.),
- Persönlichkeitsstörungen (s. S. 216ff.).

Ferner:

- Interaktionstraining, soziales Lernen.
- Selbsterfahrung und Selbstwahrnehmung.

Begleitwirkungen/Komplikationen

Allenfalls *Überforderung* schwer gestörter Patienten mit folgenden depressiven Reaktionen;
behutsames und geduldiges Vorgehen bei überängstlichen und ichschwachen Personen notwendig.

Kontraindikationen

Akute und latente endogene und exogene Psychosen,
psychotische Defektsyndrome,
Oligophrenie, Folgen von Hirnschädigungen, Demenz,
sexuelle Deviationen,
hysterische Persönlichkeitsstörungen.

Rollenspiel

Allgemeines

Vor allem in der Verhaltenstherapie (s. S. 327ff.) oft verwendetes übendes *Gruppenverfahren,* das im Unterschied zum Psychodrama (s. S. 348ff.) keine aufdeckende Funktion hat.

- In der Kinderpsychiatrie als Spieltherapie möglich.

Wirkhypothese

Durch geleitete Übung Erlernen und Trainieren von erwünschten Verhaltensweisen, insbesondere zur *Selbstbehauptung.* Auch kathartische *Affektabfuhr.*

Vorgehen

- In einer Gruppe von 8–12 Personen werden unter Anleitung des Gruppenleiters und des Kotherapeuten *Rollen aus dem Alltagsleben* gespielt (z. B. Einkäufe, Stellensuche, Behördengespräch, Prüfungen). Die Darstellungen werden anschließend in der Gruppe besprochen, wobei der Hauptdarsteller vorrangig seine Gefühle aus den gespielten Szenen mitteilen soll. Die übrigen Patienten korrigieren oder ergänzen den Ablauf.
- Zur Selbstkontrolle Videoaufnahmen empfohlen.

Indikationen

- Sozialtherapeutisches Training nach psychotischen Schüben,
- bei milieugeschädigten Kindern und Jugendlichen mit leichteren intellektuellen Einbußen,
- Allgemeine Stärkung von Selbstsicherheit und Selbstbehauptung.

Begleitwirkungen/Komplikationen

Bei überängstlichen und scheuen Patienten allmähliches Heranführen an das Spiel bzw. zunächst Zuweisung unverfänglicherer, einfacherer Rollen.

Kontraindikationen

Akute endogene und exogene Psychosen.

Allgemeines

Aus Tiefenpsychologie, Kommunikationspsychologie und verhaltenstherapeutischen Elementen abgeleitetes *Therapieverfahren* mit dem Ziel der Selbstverantwortlichkeit und der Autonomie der eigenen Person. *Transaktionen* bedeuten hier allgemein Regeln sozialer Beziehungen; diese werden zum Gegenstand entsprechender Analysen.

- Strukturanalyse: Erhellung der Ich-Zustände.
- Transaktionsanalyse: Erhellung der Kommunikationsprozesse.
- Spielanalyse: Erhellung des spezifischen Umgehens mit Gefühlen.
- Skriptanalyse: Erhellung des individuellen Lebensplanes.

Wirkhypothesen

- Ziel ist die *Aufdeckung* krankmachender, unbewußter „Lebenspläne" („Skript") und der daraus resultierenden krankmachenden Transaktionen („Spiel"). Die Ursachen der destruktiven „Skripts" werden auf *Prägungen in der frühen Kindheit* zurückgeführt, z. B. fehlende Zuwendung, Mißachtung, Vermeidung oder Enttäuschung.
- Aus *Erhellung und Wahrnehmung* dieser Vorgänge soll das „Erwachsenen-Ich" resultieren. d. h., der Patient soll zu angemessenen und realistischen Wahrnehmungen und Verhaltensweisen gelangen.

Vorgehen

Die Behandlung beginnt mit einem erklärenden Vortrag.

- Sodann werden mittels Struktur- und Spielanalyse innerhalb der Gruppe die Transaktionen verifiziert, insbesondere Reaktionen wie *Hilfslosigkeit, Ärger, Schuldgefühl* und *Abwehr* („Gefühlsmaschen"); in Verbindung hiermit wird eine Bestandsaufnahme des gesamten Lebensplanes angestrebt.
- Der Therapeut greift aktiv ein und leistet durch Bekräftigung, Verdeutlichung und Ermutigung *Hilfestellung*

(Auch als Einzeltherapie möglich.)

Indikationen

- Einsatz vorzugsweise innerhalb familientherapeutischer Aktivitäten (s. S. 355 ff.),

  darüber hinaus:
- soziales Lernen und soziales Interaktionstraining in Seelsorge, Erziehung und Heilpädagogik

Begleitwirkungen/Komplikationen

Wie bei jeglicher Gruppenarbeit unter zu großem *Modifikationsdruck* auf einzelne Mitglieder:

- Gereiztheit, Depressivität oder Angstgefühl einzelner Mitglieder,
- Abhängigkeit von der Gruppe.

Kontraindikationen

Akute und latente endogene und exogene Psychosen,
psychotische Defektsyndrome,
schwerere Angst-, depressive und Zwangsneurosen,
Oligophrenie bzw. Demenz.
Im übrigen bislang zu wenig gesicherte Verlaufsbeobachtungen.

Allgemeines

Gruppenverfahren, entwickelt aus der sog. humanistischen Psychologie.
Grundlagen: Psychoanalyse, Ich-Psychologie, Gruppendynamik und Feldtheorie.

- Therapeutische Ziele:
Verbesserung von Selbstwahrnehmung, sozialer Kompetenz, Verantwortlichkeit und Kommunikationsfähigkeit.

Wirkhypothesen

Zuwachs an sozialer Wahrnehmungsfähigkeit, Autonomie, Selbstverantwortlichkeit und Partnerschaftlichkeit

- durch die sozialtrainierende Funktion der Gruppe unter den Bedingungen des *interaktionellen Gruppenprozesses.*

Zentraler Wirkmechanismus:
dynamische Balance zwischen dem „Ich" der Person, dem „Wir" der Gruppe und dem „Es", dem Gruppenthema.
Leitsatz: „lebendiges Lernen".

Vorgehen

- In üblicher Gruppengröße von 8–12 Personen Konfrontation der einzelnen Mitglieder mit einem *aktuellen, realitätsbezogenen Thema,* zu dem sich jeder individuell, authentisch und spontan äußern soll,
- jedes Gruppenmitglied als sein eigener „Chairman".
- Überwachung und Rückspiegelung der Gruppenprozesse vom aktiv-partizipierenden *Gruppenleiter.*
- „Störungen" (z. B. Ärger, Langeweile, Angst) müssen vorrangig mitgeteilt und bearbeitet werden.

Indikationen

- Grundsätzlich geeignet als *Gruppenarbeit* in therapeutischen Teams, Familien, Wohngemeinschaften u. a. Organisationen.
- *Therapeutischer Einsatz* zentriert auf Kontakt- und Kommunikationsstörungen, Spannungen in therapeutischen Teams.

Begleitwirkungen/Komplikationen

Passager zunehmende Spannungen innerhalb des betroffenen Teams möglich.

Kontraindikationen

Sämtliche schwerer gestörten Personen, die empfindlich auf Gruppendruck reagiern,
insbesondere asthenische, ichschwache und selbstunsichere Pesönlichkeitsstrukturen.

Allgemeines

Die Familientherapie wurde aus der psychoanalytischen Entwicklungslehre, den Sozialwissenschafen sowie aus der Lern- und Kommunikationstheorie entwickelt. Ihr Behandlungsgegenstand ist das *familiäre Beziehungssystem des Patienten.*
Als Modelle wurden herausgearbeitet:

- Strukturmodell – kennzeichnend sind teils provozierende Eingriffe der Therapeuten in die familiären Beziehungsmuster mit zeitweiliger Parteinahme („Heilung durch aktive Umstrukturierung"),
- Systemmodell – kennzeichnend ist die Intensität des therapeutischen Teams mit spezifischen Interventionen wie auch paradoxen Verschreibungen („Heilung durch Systemänderung"),
- Begegnungsmodell – kennzeichnend ist der rasche Einstieg in einen befreienden Dialog über alle bisher tabuisierten Themen in der Familie („Heilung durch Begegnung").

Wirkhypothesen

Zugrunde liegt die Vorstellung, daß die Familie als *therapeutische Einheit* angesehen wird, in der die Erkrankung eines Mitgliedes das Beziehungsmuster nachhaltig verändert. Umgekehrt kann eine therapeutische Veränderung des Patienten mit einer Verschiebung der gesamten Familienstruktur verbunden sein und zu erheblichen Störungen führen.
Nur eine *Bestandsaufnahme* und *Behandlung* der daraus resultierenden globalen Konfliktsituationen können zu einer zufriedenstellenden Stabilisierung der Familie führen.

Vorgehen

- Zunächst Abklärung der pathologischen Ausgangssituation durch *Erstinterview* und *anamnestische Erhebungen*.
- Auch Überprüfung der notwendigen allseitigen *Motivation* der einzelnen Familienmitglieder zur Behandlung.
- Zusammen mit Kotherapeuten Aufarbeitung der zugrundeliegenden *Konfliktkonstellationen* unter Einbeziehung von Psychodrama, Rollenspiel, Transaktionsanalyse, Kommunikationstrainings und anderen gruppentherapeutischen Übungen (s. S. 327 ff., 341 ff.).

Familientherapie, Familienberatung

- Merkmal der *Familienkonferenz:*
  regelmäßiges gemeinsames Beisammensein der Familie zum konfliktzentrierten Gespräch mit aktivem Zuhören der einzelnen Mitglieder.
  Hierdurch Auflösung von Widersprüchlichkeiten und Abbau von intrafamiliären Machtkämpfen, Klärung pathologischer Verklammerungen.
  1–4 Sitzungen pro Monat zu festen Zeiten mit nicht festgelegter Dauer.
- *Familienberatung:*
  mehr beratend und zudeckend-supportiv orientierte Gesprächstherapie von Familienmitgliedern bei schwererer Erkrankung eines Angehörigen.

Indikationen

- Bei Erkrankung eines Mitglieds sollte die Familie immer mit einbezogen werden, insbesondere wenn *pathologische Interaktionsmuster* erkennbar sind.
- Eine notwendige Einzelbehandlung des Patienten sollte gleichzeitig weitergeführt werden.
- Weitere Indikationen:
- Problemfamilien,
- Partnerschafts- und Generationskonflikte.
- Bei aktuellen endogenen und exogenen Psychosen eher *Familienberatung* (s. oben).

Begleitwirkungen/Komplikationen

Vorübergehend Verschärfung familiärer Spannungen bis zur (passageren) Trennung einzelner Mitglieder möglich.

Kontraindikationen

Relative Kontraindikation bei nur partieller Motivation einzelner Familienmitglieder sowie
bei erstarrter, irreversibel pathologisch-deformierter Familienstruktur.

Anmerkungen

Überwiegend soziotherapeutischer Methoden bedient sich die *Sozialpsychiatrie* gemäß ihren Zielsetzungen der Rehabilitation, Vermeidung von Hospitalisierung, nachgehenden Fürsorge und Zweitprävention. Besonderes Merkmal ist die *Einbeziehung der sozialen Umwelt* des Patienten sowohl hinsichtlich der Entstehungsbedingungen seiner Erkrankung wie der therapeutischen Strategien.

Die theoretischen und praktischen Grundlagen wurden aus Entwicklungspsychologie, Gruppendynamik, Kommunikationsforschung und Feldtheorie entwickelt.

Die Anwendung soziotherapeutischer Maßnahmen liegt schwerpunktmäßig auf der *teilstationären* und *ambulanten Beratung und Behandlung;* sie umfaßt vielfältige Formen extramuraler Therapie in beschützten Lebensräumen des Patienten, reicht aber darüber hinaus auch bis in die stationäre Einrichtung in Form familien- und milieutherapeutischer Aktivitäten, spezieller Werktherapien und gezielter Hilfen der Sozialdienste.

Während bei akuten psychischen Erkrankungen in der Regel pharmako- und psychotherapeutische Erfordernisse Vorrang haben, gewinnt bei *chronischen Störungen*, vor allem solchen im Gefolge endogener und exogener Psychosen wie auch Suchterkrankungen das soziotherapeutische Angebot an Bedeutung, eingeschlossen die stets zu bedenkende Förderung zur *Selbsthilfe* und *Selbständigkeit des Patienten.*

Die nachstehend aufgeführten Einrichtungen repräsentieren die üblichen Schwerpunkte sozialtherapeutischer Arbeit, die in Kombination mit anderen Therapieverfahren Ausdruck des individuellen Behandlungsprogramms ist.

Therapeutische Gemeinschaft

Allgemeines

Unter therapeutischer Gemeinschaft wird der *Verbund* von Patienten, Pflegepersonal und therapeutischem Team innerhalb eines psychiatrischen Krankenhauses verstanden, der als „sozialer Organismus" zu betrachten ist. Handlungsbezogen umfaßt sie eine Anzahl *integrativer therapeutischer Aktivitäten,* die in offener Kommunikation mit den Patienten praktiziert werden.

Therapeutischer Ansatz

Ausgehend von der Vorstellung, daß der Patient durch Partnerschaftlichkeit und Mitbestimmung zur notwendigen Selbständigkeit und Mitverantwortung geführt werden kann, wird dieser zu *aktiver Teilnahme* am Stationsbetrieb aufgefordert. Gleichzeitig dient dies der *trainierenden Belastung* und *Vorbereitung* bezüglich des Lebens außerhalb des beschützenden Krankenhauses.

Durchführung

- Die Patienten einer psychiatrischen Station oder Abteilung (in der Regel 15–30 Personen) treffen sich zu *täglichen Gemeinschaftssitzungen,* in denen allgemeine Probleme des Stationsbetriebes besprochen werden einschließlich der Entscheidungen bezüglich therapeutischer Maßnahmen.
- Zu den regelmäßigen, fest terminierten Zusammenkünften erscheint auch das *therapeutische Personal.*
- Bei großen Abteilungen werden *Patientenvertreter* („Patientenrat") gewählt.
- Nach Möglichkeit wird eine *Tagesordnung* vorgelegt. Über den Allgemeinbetrieb betreffender Entscheidungen wird abgestimmt. Das übliche Therapieprogramm bleibt hiervon unberührt.

Indikationen

Die therapeutische Gemeinschaft bietet den Rahmen für Interaktions- und Kommunikationstrainings bei sämtlichen Patienten *innerhalb einer Behandlungseinheit* (z. B. Krankenhausstation, Tagesklinik), dies relativ unabhängig von Dauer und Schwere der Erkrankung.
Vorrangige Zielgruppen sind:

- Patienten mit chronischen Psychosen bzw. Residual- und Defektsymptomen,
- Suchtkranke,
- Patienten mit chronifizierten schweren *Neurosen*.

Begleiterscheinungen/Komplikationen

- Spannungen und Unruhe auf der Station.
- Vermischen von Kompetenz und Verantwortung mit der Folge therapeutischer Ziellosigkeit bzw. Vernachlässigung individueller Therapie.

Kontraindikationen

Relative Kontraindiaktion bei
floriden endogenen und exogenen Psychosen, insbesondere solchen mit paranoider, maniformer und agitierter Symptomatik sowie bei schweren hysterischen und narzißtischen Persönlichkeitsstörungen.

Tagesklinik

Allgemeines

Form der *teilstationären Übergangsbehandlung* für Patienten, die für die ambulante Therapie noch nicht ausreichend stabilisiert erscheinen.
Therapeutisches Team wie bei stationärer Behandlung:
ärztliche Leitung, Psychologen, Sozialarbeiter, Werktherapeuten und Pflegepersonal.
(Unterschied zur Tagesstätte:
hier lediglich Beaufsichtigung und Betreuung von Patienten ohne gezielteres Therapieangebot.)

Therapeutischer Ansatz

Therapeutische *Zielsetzungen:*

- weitere Besserung und Rehabilitation infolge der Kombination aus ambulanten und stationären Therapieformen.
- Vermeidung sozialer Isolation des Patienten, da dessen soziales Netz bestehenbleibt.
- Andererseits Vorbeugung einer stationären Aufnahme mit den damit verbundenen Belastungen für den Patienten.
- Vermeiden der Gefahr einer Hospitalisierung.

Durchführung

- Aufgrund eines ausführlicheren *Gesprächs* (s. S. 2ff.) mit dem Patienten wird die Indikation für die tagesklinische Aufnahme gestellt.
  Dem Patienten muß verdeutlicht werden, daß das Behandlungsangebot *verpflichtend* ist.
  Das therapeutische Team wird am *Entscheidungsprozeß zur Aufnahme* beteiligt.
- Die Patienten *verbleiben* vom Morgen bis zum Nachmittag in der Tagesklinik; die restliche Zeit einschließlich der Wochenenden wird im gewohnten häuslichen Milieu verbracht.
  Aufenthaltsdauer: in der Regel rund 3 Monate.
  (Differenzierung der Patienten nach Art der Erkrankung meist nicht erforderlich.)

Indikationen

- Patienten mit entaktualisierten Psychosen bzw. leichteren psychotischen Residualsyndromen,
- weniger ausgeprägte erlebnisreaktive Entwicklungen, anhaltend pathogene Milieufaktoren.

Auch als *Intervallbehandlung* bei chronifizierten Erkrankungen verschiedenster anderer Art.

Begleiterscheinungen/Komplikationen

Belastung des Patienten bei erheblichen atmosphärischen Unterschieden zwischen Tagesklinik und häuslichem Milieu; in diesem Fall Einbeziehung der übrigen Familienmitglieder, beispielsweise in Form einer *Familientherapie* oder *Familienberatung* in Erwägung ziehen (s. S. 255ff.).

Kontraindikationen

Akute endogene und exogene Psychosen (s. S. 130ff., 141ff.),
ausgeprägtere psychotische Defektsyndrome (s. S. 161),
Oligophrenie bzw. Demenz (s. S. 104ff.),
Suchterkrankungen, sexuelle Devianz (s. S. 233ff., 257ff.).

Nachtklinik

Allgemeines

Form der *teilstationären Behandlung,* bei der die Patienten sich nachts in der Klinik aufhalten und über Tag ihrer normalen Tätigkeit nachgehen.

- *Zielgruppe* sind Patienten, die infolge ungünstiger Familien- oder Wohnverhältnisse vorübergehend und partiell beschützt leben müssen. Geeignet auch im Rahmen einer Tätigkeit an einem beschützten Arbeitsplatz oder einer Behindertenwerkstatt.
(Im Gegensatz zu tagesklinischen Einrichtungen stellen Nachtkliniken eher eine Ausnahme dar; sie sind durch Übergangswohnheime und beschützte Wohnungen [s. S. 369ff.] weitgehend ersetzt worden.)

Therapeutischer Ansatz

Die Nachtklinik dient als überbrückende Maßnahme im Rahmen der *Rehabilitation;* der therapeutische Akzent liegt auf dem beschützten Wohnen. Die übrigen Behandlungsmöglichkeiten bleiben beschränkt auf den Abend.

Durchführung

- Unter o. g. Bedingungen Aufnahme nach Festlegung des *therapeutischen Programms.*
- Parallel hierzu gezielte Bemühungen um die weitere *Wiedereingliederung* und *Verselbständigung* des Patienten.

Indikationen

Siehe oben

Begleiterscheinungen/Komplikationen

Nicht als *Dauereinrichtung* geeignet.

Kontraindikationen

Akute schwere und mittelschwere psychiatrische Erkrankungen aller Art; der Patient sollte einer geregelten Tätigkeit nachgehen.

Allgemeines

Unterbringung von Patienten in *fremden Familien* gegen Entgelt, die vertraglich geregelt wird.
Sinnvolle Alternative zur stationären Behandlung oder Heimunterbringung, falls Eignungskriterien positiv (s. unten). Die Pflegefamilien sollten handwerkliche, gärtnerische, landwirtschaftliche oder andere Arbeitsmöglichkeiten bieten können, in denen der Patient ohne größere Belastungen regelmäßig mitarbeiten kann.

Therapeutischer Ansatz

Durch die Aufnahme und Annahme wie ein Familienmitglied erlebt der Patient eine Umgebung, die vergleichsweise zufriedenstellend Möglichkeiten an *Freiraum, Selbständigkeit* und *gleichzeitiger Verantwortlichkeit* bieten kann.

Durchführung

- Ärztliche und sozialdienstliche wie auch administrative *Überprüfung der Eignung* einer Familie.
  Erforderlich sind dort Verständnis, Einfühlungsvermögen und Warmherzigkeit wie auch andererseits Festigkeit gegenüber dem Patienten.
  Die Unterbringungsmöglichkeiten müssen denen eines anderen Familienmitglieds gleichwertig sein.
  Wünschenswert ist eine sinnvolle *Beschäftigung* des Patienten in Abhängigkeit von dessen verbliebener Leistungsfähigkeit.
  Taschengeld erforderlich!
- Nach Auswahl der Familie bzw. Abklärung der Formalien: *Besprechung der Situation* mit dem Patienten und *Vorbereitung zur Aufnahme,*
- vorausgehend zweckmäßigerweise mehrtägiges oder -wöchiges *Probewohnen.*
  Die weitere fachliche Betreuung des Patienten erfolgt entweder innerhalb der ambulanten Sprechstunde oder im Rahmen der Außenfürsorge (s. S. 372), anfangs engmaschig, später in größeren Abständen.
  Die Möglichkeit zur *Krisenintervention* muß jederzeit gegeben sein.

Familienpflege

Indikationen

- Patienten mit leichten bis mittelschweren Intelligenzmängeln oder chronischen Psychosen (s. S. 105ff., 153ff.),
- im allgemeinen:
  sozial entwurzelte Patienten, die nicht imstande sind, sich selbst zu versorgen,
  jedoch nicht pflegebedürftig im engeren Sinne sind.

Begleiterscheinungen/Komplikationen

Spannungen innerhalb der Familie.
Andererseits gelegentlich Gefahr der Ausnutzung des Patienten.

Kontraindikationen

Akute und subakute psychische Erkrankungen,
schwerere geistige oder seelische Behinderungen, Demenz,
Suchtkrankheiten, sexuelle Deviation.

Allgemeines

Form der *Werktherapie* als Teil des Behandlungsplanes, im Gegensatz zur Beschäftigungstherapie (s. S. 367 ff.), die mehr ergebnis- und produktorientiert ist.
Therapeutisches Kernelement ist die
Arbeitsleistung; Arbeit dient als Mittel der Therapie, wobei entweder leichtere Industriearbeit oder auch handwerkliche und landwirtschaftliche Tätigkeit verrichtet wird.

Therapeutischer Ansatz

Als Maßnahme der *Rehabilitation* dient die Arbeit
- dem Wecken und Befriedigen von Motivation und Bedürfnissen,
- der persönlichen Entfaltung,
- dem Training von Anpassung und Ausdauer,
- der Förderung von Gruppenaktivität.

Durchführung

Nach Indikationsstellung von seiten des Arztes Festlegen von Umfang und Art des *Aktivitätsprogramms* mit den Arbeitstherapeuten.
- Einsatz grundsätzlich *stufenweise sich steigernd* von einfacheren Betätigungen ohne besondere Anforderungen an Selbständigkeit und Aufmerksamkeit bis zur
„Entlassungsstufe“, während der die durchschnittliche Leistungsfähigkeit eines Gesunden (nahezu) erreicht sein soll.
Arbeitseinsatz und -verteilung wie auch finanzielles Entgelt müssen mit dem Patienten geregelt werden;
außer Entlohnung auch *Anerkennung* für den Patienten wichtig.
- *Dokumentation* des gesamten Arbeitstrainings empfehlenswert.

Indikationen

- Sämtliche *entaktualisierten psychiatrischen Erkrankungen,* insbesondere solche mit Mängeln an Ausdauer, Selbständigkeit, Sorgfalt, Durchhaltevermögen und Pünktlichkeit (z. B. chronische Psychosen und Defektsyndrome, hirnorganische Psychosyndrome bzw. Oligophrenie, Suchterkrankungen).
- Bei *sozialer Desintegration* gleichzeitig Aufenthalt in halbstationärer Einrichtung, beschützter Wohnung oder Familienpflege in Erwägung zu ziehen (s. S. 362 ff., 369 ff.).

Begleiterscheinungen/Komplikationen

Überforderung durch ungewohnt anspruchsvolle Tätigkeit mit begleitender Verstimmtheit oder Reizbarkeit.

Kontraindikationen

Akute und subakute schwerere psychische Erkrankungen,
fortgeschrittene Demenz,
schlechte körperliche Allgemeinverfassung. —

Allgemeines

Form der *Werktherapie* (Ergotherapie).
Unterschied zur Arbeitstherapie (s. S. 365ff.):
weniger produktzentrierte als handlungs-, personenorientierte Tätigkeit mit kreativen und musischen Elementen.
Die Betätigung des Patienten erfolgt unter *heilpädagogischen* und *sozialpsychiatrischen* Gesichtspunkten.

Therapeutischer Ansatz

Über Aktivierung und Schulung psychomotorischer und sensorischer Fähigkeiten des Patienten werden als *therapeutische Ziele* angestrebt:

- Auflockerung erstarrter Motorik (wichtig bei begleitender Pharmakotherapie!),
- Verbesserung des Antriebsverhaltens,
- Anhebung der Stimmungslage,
- Erweckung von Phantasie und Kreativität,
- Stärkung von Selbstvertrauen,
- Freude am eigenen Schaffen,
- Beruhigung und Affektabfuhr durch motorische Bewegung.

Wirksame *gruppendynamische Faktoren:*
Kontaktpflege, Förderung von Kommunikation und Solidarität, soziale Wahrnehmung, Verantwortungsgefühl.

Durchführung

Nach *Indikationsstellung* und *Besprechung* mit Werktherapeuten und Mitarbeitern:

- Werktherapeutisches Angebot innerhalb einer Gruppe von 10–15 Teilnehmern nach festem Stundenplan.
  Wenn möglich, Schwerpunktsetzung in Abhängigkeit von der Grunderkrankung:
- Bei *hirnorganischen Krankheiten* Akzent mehr auf Koordinations- und kognitiven Leistungen (z. B. Draht-, Web- und Flechtarbeiten wie andererseits Lese- und Schreibübungen).
- Bei Vorliegen *psychotischer Störungen:*
  eher Entspannungs- und Auflockerungsübungen (z. B. Modellieren, Töpfern, Schnitzen, Malen).

- Bei *sozialen und Persönlichkeitsstörungen:*
eher Gemeinschaftsarbeiten (z. B. kreative und spielerische gemeinsame Betätigung, Musikhören, kollektives Gestalten).
Anzustreben nach Beendigung der Therapiestunde:
Besprechung von Gemeinschaftsarbeiten in der Patientengruppe, ggf. therapeutische Interpretationen.
Dokumentation der werktherapeutischen Tätigkeit empfehlenswert.

Indikationen

- *Sämtliche psychischen Erkrankungen,*
insbesondere solche mit Einschränkungen an Antrieb, Belastbarkeit, Selbstwertgefühl, Kontakt- und Kommunikationsfähigkeit.

Kontraindikationen

Akute Erregungszustände (z. B. im Rahmen exogener und endogener Psychosen) (s. S. 130ff., 141ff.),
ausgeprägtere endogene Depressionen (s. S. 142ff.),
relative Kontraindikation bei deutlicherer Oligophrenie oder Demenz mit Gruppenunfähigkeit (s. S. 104ff.).

Allgemeines

Einrichtung innerhalb der *komplementären Versorgung* zum vorübergehenden (Übergangswohnheim) oder
langfristigen Aufenthalt (Wohnheim, beschützte Wohngruppe) chronisch psychisch Kranker.
Die Patienten sollten in der Lage sein, mit Unterstützung der Mitbewohner und sozialpsychiatrischer Außendienste ihre wesentlichen Angelegenheiten selbst zu regeln.

Therapeutischer Ansatz

- Als Maßnahme der *fortgeschrittenen Rehabilitation* Vermeidung einer Dauerhospitalisierung in stationären Einrichtungen.
- Gleichzeitig Training der weiteren *Verselbständigung* des Patienten.

Durchführung

Nach Indikationsstellung:
- Zusammenfassung von 3–5 Patienten zu einer *Wohngruppe,* wobei zentrale Einrichtungen wie Küche, Toilette und Aufenthaltsräume gemeinsam benutzt werden.
Wichtig: fortlaufender Kontakt zu sozialtherapeutischen Bezugspersonen.
Zusätzlich ärztliche *Supervision* empfehlenswert, ggf. regelmäßige Sprechstunde.
Erstrebenswert Anbindung an (beschützten) *Arbeitsplatz* oder *Behindertenwerkstatt* (s. S. 371).

Indikationen

Geeignet sind Patienten in schon fortgeschrittener Rehabilitationsphase mit noch verbliebener, leichterer geistiger und/oder seelischer Behinderung nach
- durchgemachten Psychosen, auch mit noch verbliebenen, geringeren Residualsyndromen (s. S. 161),
- nach Hirnerkrankungen (s. S. 104ff.),
- nach Abschluß von Suchtbehandlungen wie auch Persönlichkeitsstörungen mit sozialer Entwurzelung (s. S. 216ff., 233ff.).

Begleiterscheinungen/Komplikationen

Soziale Überforderung mit folgender Dekompensation des Patienten.
Bei *mangelhafter Aufsicht:*
Tendenz zu Verwahrlosung und sozialer Desintegration möglich. Übersehen eines drohenden Rezidivs.

Kontraindikationen

Sämtliche akuten Erkrankungen.
Schwerere geistige Behinderung, fortgeschrittener hirnorganischer Abbau.
Drogenabhängigkeit bzw. Suchterkrankung.
Persönlichkeitsstörungen mit Soziopathie und Neigung zu Delinquenz.

Allgemeines

Berufliche Tätigkeit eines Patienten auf einem *speziellen Arbeitsplatz* oder in einer *speziellen Einrichtung* unter psychiatrischer Supervision (z. B. Behindertenwerkstatt).

Therapeutischer Ansatz

Durch *strukturiertes Arbeitstraining* unter den Bedingungen der gegenwärtigen Industrie- und Arbeitswelt zunächst Erprobung von Ausdauer und Belastbarkeit mit dem Ziel der schrittweisen *Wiedereingliederung* in das frühere Erwerbsleben.

- Alternativ: Verbleiben in beschützter Einrichtung, wenn die volle Arbeitsfähigkeit nicht (wieder) erreicht wird.

Durchführung

- Zunächst genaue *Abklärung,* inwieweit der Patient ein Mindestmaß an wirtschaftlich vertretbarer Arbeitsleistung erbringen kann. Dieser sollte so weit wiederhergestellt sein, daß eine stationäre Behandlung nicht mehr notwendig ist. Möglich allerdings Kombination von *beschütztem Wohnen* (s. S. 269ff.) mit Tätigkeit auf beschütztem Arbeitsplatz.
- Die *ärztliche Tätigkeit* beschränkt sich auf ambulante Sprechstunden bzw. allgemeine Supervision.

Indikationen

Geeignet für Patienten, welche aufgrund ihrer Erkrankung nur eingeschränkt qualitativ oder quantitativ belastbar sind und *nicht ohne Aufsicht* arbeiten können, andererseits die oben genannte Selbständigkeit aufweisen.

Begleiterscheinungen/Komplikationen

Überforderung und Ausnutzung des Patienten möglich.

Kontraindikationen

Akute psychische Erkrankungen sowie schwerere geistige oder seelische Behinderung.

Sozialpsychiatrische Dienste, Außenfürsorge

Allgemeines

Von den Gesundheitsämtern der Städte und Kreise betriebene *extramurale Dienste* zur Betreuung und nachgehenden Fürsorge chronisch psychisch Kranker.
Auch *Kriseninterventionen* und – bei fehlender Krankheitseinsicht – notfalls Hilfe zur Unterbringung in einer Klinik.

Therapeutischer Ansatz

Die Überwachung und Betreuung dient vor allem Patienten mit mangelhafter Compliance, insbesondere alleinstehenden und/oder alten Menschen.

- Erstrebt werden insbesondere die Sicherstellung einer *Langzeitbehandlung,* die Rezidivprophylaxe und die rasche Versorgung bei psychiatrischen Notfällen.

Durchführung

Die betreffenden Problempatienten werden vom sozialpsychiatrischen Dienst erfaßt und in Form von Hausbesuchen durch ein *mobiles Team* (Arzt, Psychologe, Sozialtherapeut, Pfleger) betreut.

Indikation

- Nachsorge von chronisch psychisch Kranken, Alterspatienten und Suchtkranken, sofern es keine ausreichende hausärztliche Betreuung gibt.

Begleiterscheinungen/Komplikationen

Gelegentlich erhebliche Widerstände gegen Besuche.

Kontraindikationen

Nicht bekannt.

Allgemeines

Zusammenschluß von Patienten zum Zweck gegenseitiger Aussprache, Beratung und Hilfeleistung.

Therapeutischer Ansatz

Prinzip der *wechselseitigen Selbsthilfe* unter den Merkmalen des gegenseitigen Verständnisses, der Solidarität und der gegenseitigen Akzeptanz. Die Gruppe dient als Hilfsmittel der Selbstwahrnehmung und Verarbeitung von Krankheitssymptomen und ihren Folgen.

- Bekannteste Beispiele: anonyme Alkoholiker (AA), Synanon.

Durchführung

Kontinuierliche, wöchentliche oder 14tägliche *Zusammenkünfte*, die jeweils von einem Gruppenmitglied organisiert werden. Besprechung aktueller Probleme und gegenseitige Beratung, außerhalb der Gruppensitzungen auch durch Einzelkontakte.

- *Supervision* oder Stütze durch Sozio- oder Psychotherapeuten empfehlenswert.

Indikationen

- Patienten mit seelischer Behinderung.

Chronische Belastungen mit persönlichen Schwierigkeiten. Suizid- und Suchtprophylaxe.

Begleiterscheinungen/Komplikationen

Überschätzung der „Selbsttherapie"; Nichterkennen möglicher Rezidive.

Kontraindikationen

Akute und subakute psychische Erkrankungen,
Soziopathien, narzißtische und hysterische Persönlichkeitsstörungen,
schwerere geistige und seelische Behinderungen, Demenz.

Anmerkungen

Das breite Spektrum psychiatrischer Behandlungsmöglichkeiten wird abgerundet durch *physio- und bewegungstherapeutische* sowie *musiktherapeutische Aktivitäten,* welche die körperliche Leistungsfähigkeit stärken, Phantasie und Kreativität anregen sowie Stimmungslage und Antriebsverhalten verbessern sollen.
Die bewährten, seit altersher bekannten Therapiemaßnahmen richten sich im *körperlich-neurologischen* Bereich auf Störungen der Koordination, Motorik, Wahrnehmung und Trophik, im *psychischen Bereich* auf Beeinträchtigungen von Vorstellungen und Empfindungen, Sensibilität, Emotionalität und kognitiven Leistungen. Hinzugetreten ist im Bereich psychiatrische Therapien neuerdings die Behandlung von Depressionen mit Licht (s. S. 375).
Im Rahmen der stationären Behandlung stellt die *pflegerische Versorgung* die Grundlage aller anderen, darauf aufbauenden Methoden dar. Sie bestimmt auch weitgehend das therapeutische Klima und die Effizienz der Teamarbeit auf der Station.

Allgemeines

Einsatz *physikalischer Behandlungsmethoden* im psychiatrischen Bereich in Form von Massage, Elektrotherapie, Wärmeanwendung, Licht- und Hydrotherapie.

Therapeutischer Ansatz

- Angestrebt wird eine positive Beeinflussung von Leistungsbereitschaft, Aktivität und Selbstwertgefühl des Patienten.
- Medikamentöse Begleitwirkungen (s. S. 280 ff.) werden reduziert.

Durchführung

- In Abhängigkeit von Person und Erkrankungsart des Patienten *Indikationsstellung und Besprechung* der Anwendungen mit den Physiotherapeuten.
  Wichtig: Rückmeldung über Verträglichkeit bzw. Effizienz der Behandlung!

Indikationen

- Sämtliche psychische Erkrankungen, insbesondere solche, die mit *körperlichen bzw. neurologischen Beeinträchtigungen* einhergehen.
- Bei Depressionen Versuch mit *Lichttherapie:*
  Morgens und abends für je *2 Stunden* Bestrahlung des Patienten mit einer Lichtquelle von *2500–3000 Lux* durch entsprechende Leuchtstoffröhren.

Begleiterscheinungen/Komplikationen

- *Überforderung* des Patienten durch zu forcierte Behandlung.

Kontraindikationen

Schwerere körperliche Begleit- oder Grunderkrankung.
Perakute und akute endogene und exogene Psychosen.

Bewegungstherapie

Allgemeines

Sammelbegriff zu den verschiedenen Arten krankengymnastischer, tänzerischer oder sportlicher Betätigung psychisch Kranker unter Einbeziehung gruppendynamischer Einwirkungen.

Therapeutischer Ansatz

- Bei *Krankengymnastik* und *Sport* Schwerpunkt eher auf körperlichem Training. Steigerung der vegetativen Belastbarkeit und Verbesserung der Herz-Kreislaufinsuffizienz.
- *Mannschaftsspiele* verbessern Kontaktverhalten und Selbstsicherheit.
- *Rhythmisch-tänzerische* Übungen ermöglichen den Abbau von Ängsten und emotionalen Spannungen.

Durchführung

- Festlegung der *ärztlichen Indikation und Besprechung* mit den Bewegungstherapeuten.
  Wichtig: Rückmeldung über Verträglichkeit und Effizienz!
  (Einsatz von Musik: s. S. 378).
  Leistungssport *nicht* geeignet!

Indikationen

- Entaktualisierte psychische Erkrankungen, insbesondere solche mit körperlichen Begleiterscheinungen,
- Suchtleiden, Persönlichkeits- und Verhaltensstörungen,
- psychovegetative und psychosomatische Erkrankungen.

Begleiterscheinungen/Komplikationen

Überforderung bei untrainierten Patienten.

Kontraindikationen

Schwerere körperliche Begleit- und Grunderkrankung.
Relative Kontraindikationen; akute Psychosen (s. S. 130ff., 141ff.).

Allgemeines

Körperbezogene Therapieform mit psychotherapeutischen Auswirkungen.

Therapeutischer Ansatz

- Ausgegangen wird von der Einheit seelischer und körperlicher Befindlichkeit. Störungen äußern sich in *Verkrampfungen* („muskulären Blockaden" und „Muskelpanzern").
  Durch Auflockerung der Verspannungen und befreiendes Erleben der eigenen Körperfunktionen soll es zu einer Lösung blockierter Emotionen und zur Wiederherstellung der *seelischen Balance* kommen.

Durchführung

Nach Indikationsstellung:

- *spezielle körperliche* Übungen zur Erfahrung der eigenen Leiblichkeit einschließlich taktilen und Atemübungen.
  Die damit einhergehenden Wahrnehmungen und Ausdrucksverhaltensweisen werden angesprochen und bearbeitet.
  Durchführung als *Einzel- und Gruppentherapie*. Tägliche Sitzungen von 30–40 Min. Dauer.

Indikationen

- Leichtere bis mittelschwere neurotische Störungen, funktionelle Körperstörungen, Suchterkrankungen und Verhaltensstörungen.

Begleiterscheinungen/Komplikationen

Überforderung des Patienten.

Kontraindikationen

Akute und ausgeprägtere psychische Erkrankungen (s. S. 130ff., 141ff.),
Oligophrenie bzw. Demenz (s. S. 104ff.),
allgemeine Hypochondrie,
Neigung zu Selbstbeobachtung bzw. narzißtische Persönlichkeitsstörung.

Allgemeines

Systematische und gezielte *Anwendung von Musik* zur positiven Beeinflussung psychischer Störungen.

Therapeutischer Ansatz

- Bei *aktiver Musiktherapie:* Förderung von Kreativität, Spontaneität, Affektabfuhr und Ich-Stärkung.
- Bei *passiver Musiktherapie:* affektive Auflockerung und Entspannung, Phantasieanregung.
  Gemeinsames Musizieren fördert darüber hinaus soziale Aktivitäten und Kommunikationsverhalten.

Durchführung

Nach Indikationsstellung:
Unter den oben genannten Vorstellungen aktives *Musizieren* oder gemeinsames *Singen* (z. B. mit Orffschen Instrumenten).
In passiv-rezeptiver Form auch Einsatz von Tonträgern.
Rückmeldung über Effizienz empfehlenswert.

Indikation

- Anwendung bei kommunikationsgestörten, emotional eingeengten und gehemmt-aggressiven Patienten.
- Begleitend zu *Entspannungstherapien* (s. S. 309ff.), *Bilderleben* (s. S. 314ff.), *Gruppenverfahren* (s. S. 342ff.) und *bewegungstherapeutischen Maßnahmen* (s. S. 376).

Begleiterscheinungen/Komplikationen

Bei aufpeitschend-rhythmischer Musik *Unruhe und Erregtheit.*

Kontraindikationen

Nicht bekannt.

Sachverzeichnis

A

B

Sachverzeichnis

C

D

E

Sachverzeichnis

Sachverzeichnis

N

O

P

R

S